博士论文
出版项目

农地流转市场发育对
农户生计策略和福利影响研究

Research on the Impact of Farmland Rental Market Development on
Households' Livelihood Strategies and Welfare in Rural China

张 建 著

中国社会科学出版社

图书在版编目（CIP）数据

农地流转市场发育对农户生计策略和福利影响研究／张建著.—北京：
中国社会科学出版社，2021.10
ISBN 978 - 7 - 5203 - 8700 - 2

Ⅰ.①农…　Ⅱ.①张…　Ⅲ.①农业用地—土地流转—研究—
中国②农户经济—研究—中国　Ⅳ.①F321.1②F325.1

中国版本图书馆 CIP 数据核字（2021）第 136604 号

出　版　人　赵剑英
责任编辑　刘亚楠
责任校对　张爱华
责任印制　张雪娇

出　　　版　中国社会科学出版社
社　　　址　北京鼓楼西大街甲 158 号
邮　　　编　100720
网　　　址　http://www.csspw.cn
发　行　部　010 - 84083685
门　市　部　010 - 84029450
经　　　销　新华书店及其他书店

印　　　刷　北京君升印刷有限公司
装　　　订　廊坊市广阳区广增装订厂
版　　　次　2021 年 10 月第 1 版
印　　　次　2021 年 10 月第 1 次印刷

开　　　本　710×1000　1/16
印　　　张　18.75
插　　　页　2
字　　　数　260 千字
定　　　价　109.00 元

出 版 说 明

为进一步加大对哲学社会科学领域青年人才扶持力度，促进优秀青年学者更快更好成长，国家社科基金 2019 年起设立博士论文出版项目，重点资助学术基础扎实、具有创新意识和发展潜力的青年学者。每年评选一次。2020 年经组织申报、专家评审、社会公示，评选出第二批博士论文项目。按照"统一标识、统一封面、统一版式、统一标准"的总体要求，现予出版，以飨读者。

全国哲学社会科学工作办公室

2021 年

序

  "三农"工作是党和政府新时期工作的重中之重。推动农业全面升级、农村全面进步、农民全面发展，是实现乡村振兴与高质量发展，补齐农村发展短板，实现城乡共同富裕的必由之路。长期以来，农村土地产权体系不健全，要素市场化进程滞后，导致了粗放、低效的土地资源配置格局，制约了农业现代化转型发展和农民生产生活水平的提高。因此，深化土地制度改革、健全农村土地要素市场体系，对于提高农村土地资源配置效率、促进农业转型发展、实现农民共同富裕具有重要意义。近年来，随着农村土地确权颁证、农地"三权分置"和农村集体产权制度改革等一系列政策的实施，农地要素市场化快速推进，全国层次农地流转和规模经营水平也明显提升。实践中，农地流转市场快速发展的过程中地方政府也进行了多维度的介入和干预，既有加强农地流转管理与服务、农村产权交易市场体系建设的间接干预，也有通过推动农地规模经营、现代农业产业园区建设、现代农业发展等强化对农地流转的直接干预。在市场和政府共同发力的背景下，农地流转和规模经营对农民的要素配置及其效率有何影响，是否能够促进农民生计策略优化、提升农民福利水平，农地流转政策如何相应地进一步改革与完善等都是迫切需要研究的问题。

  张建博士在攻读博士学位期间基于以上问题的思考，将农地流转市场发育对农户生计策略和福利的影响作为博士论文选题，对此进行了深入研究。在此基础上完成的博士学位论文获得了南京农业大学优秀博士学位论文的称号,并幸运地获得国家社科基金优秀博士论文项目的资助。在此项目资助下,张建博士在他博士学位论文的基础上继续进行了进一步的研究与拓展,最终完成了专著《农地流转市场发育对农户生计策略和福利影响研究》的撰写工作。该书从农户农业和非农业生计策略、生计分化及流动性、劳动资本配置效率、收入与贫困等多角度揭示了农地流转市场发育对农户生计福利的影响机理。该书阐明了农地流转和规模经营推进下我国农民生计转型与福利变化机理,构建了农地流转市场发育影响农户生计策略和福利水平的理论分析框架,评价了农地流转对农户生计策略的影响以及如何通过生计转型影响农户劳动生产率、收入和贫困等生计福利,揭示了政府干预下的农户生计分化态势,最后提出了基于农户可持续生计的农地流转政策设计和保障机制。通读样稿,我觉得该书有以下几点特色:

第一,研究思路和框架设计特色鲜明。该书基于可持续生计理论,设计了从"农村土地要素市场发育—农户土地流转参与",到"农户生计策略转型—生计流动性—劳动力资本效率—农户生计福利"的分析框架,注重研究内容的逻辑性、连贯性和递进性,系统揭示了农地流转市场发育影响农户生计福利的作用机理和政策意义。

第二,研究方法多学科交叉。该书主体内容以经济学和管理学方法论为主,并融合了社会学、公共政策等多重分析方法,既采用大样本数据和统计计量分析工具揭示了农户经济行为的一般规律,也注重实践调研与个案分析,剖析农户个体的生计策略和福利变化。

第三,研究有新的发现。农地流转市场发育对农户资源配置效率和收入的优化效应得到许多学者研究的共识,然而,由于市场发育导致的流转规模差异、政府对流转干预程度不同等对农户生计策略和福利的影响尚未有文献系统揭示。该书发现在当前农业社会化服务市场不完善的情况下,政府干预下的大规模农地流转不利于农户劳动力配置效率和收入提升,农地转入后也不利于规模经营农户生计向高福利策略演进。

　　"三农"问题的核心是农民问题,而实现城乡融合发展和乡村振兴的根本目的都是为了带动农民共同富裕。该书通过研究,证实了农村土地要素市场化对于农民生计福利的重要意义,为实现农民共同富裕提供了理论支撑。同时,该书发现要有完善的劳动力、资本、服务等要素市场作为配套支撑,农户通过土地流转才能更好实现福利提升,这一发现也为农村要素市场的协同改革提供了理论依据。该书从农户福利改善视角审视当前的土地制度改革与土地经济政策,实现了把论文写在祖国大地上,也展现了张建博士深厚的学术功底。该书是对农村土地要素市场化和农户经济理论的进一步探索,丰富了土地经济研究和农户经济研究的内涵。然而,由于受时间等因素限制,该书尚缺乏从宏观层面上考察农地流转市场发育与农村福利问题,以及区域差异化的农户福利比较,这些都是有意义且有趣的研究问题。我作为张建博士的研究生导师,既欣慰他取得的已有成绩,同时也更希望他在今后的研究生涯中,继续关注农村土地制度改革与"三农"问题,在这一领域持续深入探索,为农村土地制度改革与相关政策完善提供更好的政策建议,为我国乡村振兴与农民共同富裕贡献更好的研究成果。

诸培新

南京农业大学教授 博士生导师

摘　　要

　　近年来，随着我国农村土地产权制度改革的推进、土地市场化建设与完善以及政府对土地流转的干预，农户参与土地流转的比例和土地流转规模逐渐增加。农地流转市场发展不仅改变了农户土地产权构成和农业生产效率，还对农户资源配置效率、农地规模经营水平和非农业劳动力配置产生很大影响，农户土地流转参与也必然对其生计策略和福利水平产生巨大影响。在此背景下，本书试图回答：农地流转市场发育对农户生计活动和生计多样化策略有何影响，农户资本效率和福利水平是否因为参与土地流转而增加。为此，基于可持续生计理论（Sustainable Livelihoods Framework），本书构建了"农地流转市场发育—农户土地流转参与—农户生计策略及流动性—农户资本（劳动力）效率—农户生计福利"这一逻辑框架，在梳理我国农地流转政策变迁和农地流转市场发育、农户生计（策略、收入、贫困）现状和主要问题的基础上，使用具有全国代表性的中国家庭追踪调查数据（CFPS），进行了系统的理论与实证研究。

　　第一，本书研究了农地流转市场发育对农户土地流转决策的影响，将农地流转市场发育变量划分为村级农地有偿流转率、村级土地流转面积占总面积的比重以及中介机构组织等三种类型，构建农户土地流转决策多项 Logit（multinomial logit）模型和土地流转面积Tobit 模型，分别研究了不同农地流转市场发育变量对农户土地流转的影响。第二，本书研究了农地流转与农户生计策略之间的相互影响，本书将农户生计策略界定为种植经济作物和参与非农就业，以代表农户农业多样化策略和非农业多样化策略。实证研究中用到多变量 probit（multivariate probit）模型，对农户土地流转和生计策略决策的相互影响进行了联合估计。第三，本书研究了农地流转对农户生计多样化策略的影响。农户生计多样化策略可界定为农作物多样化和非农业多样化，并分别以农户种植农作物种类数和非农就业多样化赫芬达尔指数（Herfindahl-Hirschman index）来度量。实证研究中，为避免模型内生性问题，选择基于工具变量法的似不相关 Tobit 模型进行了估计。第四，本书研究了农地流转及政府干预政策对农户生计流动和生计分化的影响。通过聚类分析法识别出农户生计策略和流动性，使用多项 Probit（multinomial probit）模型和有序 Logit（ordered logit）模型，系统探究了农地流转及其他变量对农户生计策略选择及流动性的影响。通过江苏省泗洪县的农村调研和案例分析法，将农地流转政策划分为农地流转补贴、行政命令和中介组织服务，进而讨论了农地流转政策干预下的农户生计类型分化，以及政府干预农地流转下的农户生计问题。第五，本书研究了农地流转、生计策略转型对农户生计资本（劳动力）效率的影响，劳动力生产效率划分为农业劳动生产率和非农业劳动生产率。实证研究中，本书采用多项 Logit 内生性转换回归模型（multinomial endogenous switching treatment regression），以控制可观测和不可观测异质性因素对估计造成的偏差。最后，本书探究了农地流转、生计策略转型对农户收入和贫困发生概率的影响，农户收入划分为人均总收入、人均农业收入、人均非农就业收入和人均财产性收入。实证研究中，本书构建了动态面板模型，采用动态面板工具变量法进行了估计。

经过以上研究，本书主要得出以下结论：第一，农地流转市场发育促进了农户土地流转参与，有利于优化农户生计策略选择，农户土地转出后降低了农作物多样化程度，并逐步退出农业生产领域，生计活动转向非农就业；农户转入土地增加了种植经济作物的概率，并提高了农作物多样化程度。由于土地流转规模存在很大差异，因此，农户转入一定规模的土地后才会朝着农业专业化方向发展。第二，长期而言，由于农业和非农业生产效率之间的巨大差异，转入土地不利于农户选择利润较高的非农业生计策略，对农户从事非农就业、外出务工和非农自雇等生计活动有着负向影响，且不利于农户生计向上流动。农户转出土地后生计策略出现两极分化，一部分农户进入更高水平生计策略，一部分则陷入低水平生计策略。第三，政府干预农地流转对农户生计分化影响较大，小农户和兼业户比例大幅度减少，非农户比例大幅度增加，农业大户也得到发展。第四，农户转入土地后农业劳动生产率提高了55%，但非农业劳动生产率小幅度降低了6%。此外，研究还发现转出户的农业和非农业劳动生产率分别降低了13%和9%。第五，土地流转增加了农户收入，降低了农户贫困发生概率。土地转入主要增加农户的农业收入，土地转出增加了农户非农就业收入和财产性收入。中等规模的土地转入对农户人均总收入和人均农业收入的增加效应最明显。农地流转对农户贫困发生概率的研究表明，土地转出显著降低了农户贫困发生概率，而土地转入并未发现这一规律。

根据以上研究结论，本书基于可持续生计理论，提出了针对我国村庄和农户层次的可持续生计基础，如村庄具有抵御自然灾害和风险的能力、村庄要完善资源管理制度等，农户积累足够的生计资本、农户拥有自由的资源配置权利等。为实现农户可持续生计，应当促进土地流转市场发育，优化农户生计多样化策略选择。另外，应当继续深化承包地"三权分置"改革，健全农户生计决策权利体系，完善农地经营权，保障经营大户生计安全。应当转变政府干预方式，从促生产向兼顾农户生计转变。最后，本书从完善非农业劳动配套服务、完善农业社会化服务、健全农村金融信贷服务等方面提出了促进农户可持续生计的农地流转保障机制。

关键词：农地流转；市场发育；生计策略；劳动生产率；农户福利

Abstract

In recent years, along with rural land tenure reform, land market construction and government intervention in China, the share of rural household's land rental participation as well as land transfer scale have gradually improved. Not only land transfer has changed farmers' land tenure composition and agricultural efficiency, but also caused huge impact on household's resource allocation efficiency, land scale operation level as well as off-farm labor allocation. Under this background, this paper tries to answer: how does land rental market development affects rural households' livelihood strategies and diversification, does rural households' asset efficiency and welfare be improved in this process? Therefore, based on the Sustainable Livelihoods Framework (SLF), this paper constructs the theoretical framework of "land rental market development-rural household's land transfer participation-rural livelihood strategies and mobility-asset efficiency-welfare change". After the description of land transfer policy, land rental market development, scale management as well as rural households' livelihood conditions (strategies and welfare) and problems, this paper adopts the national representative China Family Panel Studies (CFPS) and systematically researched the related topics.

Firstly, the book studied the impact of farmland rental development on farmers' land transfer decision. The indicators of farmland rental market can be divided into village-level farmland transfer rate, the share of village-level land transfer area to the total area, as well as the organization of intermediary institutions. Through constructing a multinomial logit model and a Tobit model of land transfer area for farmers' land transfer decision-making, respectively, to study the impact of different market development indicators on farmer's land transfer behavior. Secondly, this book studied the impact of land transfer on rural household's livelihood strategy choices, that are decisions of cash crop planting and off-farm employment, which represent household's "non-grain" strategy and off-farm employment. The multivariateprobit model was mainly used in the empirical work, to study the joint-decision making of land transfer and livelihood strategy decisions. Thirdly, this paper studied the impact of land transfer on rural household's livelihood diversification, that are crop diversification and off-farm diversification, which represent household's farm diversification and off-farm diversification separately. The crop diversification was measured by the number of crops that farmers grown, and off-farm diversification was measured by Herfindahl-Hirschman index. In the empirical work, we chose the seemingly unrelated Tobit model based on instrumental variables to avoid endogenous problem. Fourth, the book studied the impact of farmland transfer and government intervention policies on rural households' livelihood mobility and livelihood differentiation. In the research on the impact of farmland transfer on farmer's livelihood mobility, cluster analysis was used to identify farmer's livelihood strategies and mobility characteristics, and multinomial probit models and ordered logit models were used to systematically explore the impact of farmland transfer and other variables on farmers' livelihood strategy choice and mobility. Through rural investigation and case analysis in Sihong County, Jiangsu Province, farmland transfer policy is divided into subsidies, administrative orders and intermediary organization services, and then the differentiation of rural household livelihoods, as well as farmer's livelihood issues under government land transfer intervention were discussed. Fifth, this book studied the impact of land transfer on rural household's asset (labor) efficiency, and labor productivity can be divided into farm labor productivity and non-farm labor productivity. In the empirical part, this paper adopted multinomial endogenous switching treatment regression (MESTR) to control the bias caused by observable and unobservable factors. Finally, this book studied the impact of land transfer on rural household's income and poverty, household's income can be divided into total income per capita, agricultural income per capita, non-farm income per capita as well as property income per capita. In the empirical work, through constructing the dynamic panel data model, the dynamic panel instrumental variable method was adopted.

Through a series of relative studies, this paper derived the following conclusions. Firstly, farmland rental market development is conducive to farmers' land transfer participation, and then optimizing rural households' livelihood strategy choices. After transferring out land, rural households have significantly reduced crop diversification and gradually withdrawn from farming and specialized in non-agricultural employment. After transferring in land, rural households have increased the probability of planting economic crops and the diversity of crops. Due to the large difference in land transfer scale, farmers will move towards agricultural specialization after they transfer in a certain scale of land. Secondly, in the long run, due to the huge difference between farm and non-farm production efficiency, transferring in land was not conducive to farmers choosing a higher-profit non-agricultural livelihood strategy, such as off-farm employment, migration, and self-employment. It was also negative with farmers' livelihoods upward mobility. After farmers transferred out their land, their livelihood strategies were polarized. Some farmers entered a higher-level livelihood strategy, and some fell into a low-level livelihood strategy. Thirdly, government intervention in land transfer had a greater impact on rural households' livelihood differentiation. The share of small farmers and part-time farmers has drastically reduced, the share of non-agricultural farmers has increased drastically, and large farmers have also developed. Fourth, there are different effects of land transfer on rural household's farm and non-farm labor productivity. After renting-in land, households have improved farm labor productivity by about 55%, but slightly reduced family non-farm labor productivity by about 6%. Furthermore, we found that household's transferring-out land both reduced their farm and non-farm labor productivity by 13% and 9% separately. Lastly, rural household has improved their income after participating in land rental market, and reduced poverty rate. Considering the impact of land transferring on household's income, transferring-in mainly improved household's agricultural income, while renting-out mainly improved household's off-farm income and property income. We also found the differences of land transfer scale on household's income, the medium scale transferring-in has the most obvious improvement effect on household's per capita income and agricultural income. Referring to the result of land transfer on household's poverty rate, we found that transferring-out has significantly reduced rural poverty, while no significant evidence was found that transferring-in reduced rural poverty.

Based on the above conclusions and sustainable livelihoods theory, this book proposed a sustainable livelihood basis for villages and farmers in China. For example, villages can mortgage natural disasters and risks, villages must improve their resource management system, etc. Farmers must have accumulated enough livelihood capital, farmers have free right to allocate resources, etc. To achieve sustainable rural livelihoods, it is necessary to promote farmland rental market development, optimize the diversified livelihood strategies for farmers. Furthermore, China should continue to deepen the "three rights separation" contracted land reform and improve the right system of rural households' livelihood decision-making. Land management rights should be fully improved to ensure the livelihood security of large-scale farmers. Government intervention methods should be changed, from promoting production to take care of the livelihoods of farmers. Finally, this book proposes a guarantee mechanism for farmland transfer to promote sustainable livelihoods for farmers from aspects such as improving non-agricultural labor supporting services, improving agricultural socialized services, and improving rural financial and credit services.

Key Words: Land transfer; Market development; Livelihood strategy; Labor productivity; Livelihood welfare

目　　录

Contents

第一章

导　　论

第一节　研究问题的提出

随着我国农村产权制度改革的深化和市场交易体系的逐步完善，农地承包经营权流转市场（以下简称农地流转市场或土地流转市场）快速发展。如图1—1所示，从2009年到2015年，全国土地流转面积占总承包地面积的比例从11.93%上升到33.29%，转出土地的农户占总承包户的比例从12.82%上升到27.45%。同时，土地流向小农户的比例从71.60%下降为58.65%，下降了13%。这意味着农业生产经营格局也发生了巨大的变化，大量土地流向家庭农场、农业企业和合作社等规模经营主体（Huang and Ding，2015）。伴随着农地流转和规模经营形式的多样化，农业生产由数量导向转向质量和利益导向（Liu，2014），这些变化影响着农业产业重组，劳动力结构转型和技术创新（Liu and Liu，2016；Siciliano，2012）。土地是农户重要的生产要素资源和生计资本，土地、劳动力和资本的不同配置方式构成了农户不同的生计策略，由农地流转引起的农户其他生计策略变化影响着农户的生计资本报酬和家庭收入。因此，农村土地要素市场发育对农户土地资源配置的巨大影响必然也对农户生计产生很大影响。

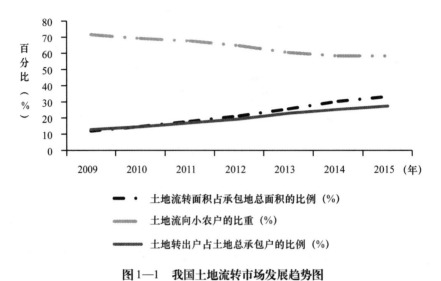

图 1—1　我国土地流转市场发展趋势图

注：数据来源于《中国农业年鉴 2010—2016》。

　　在人多地少的现实情况下，小农经济是我国农业生产的典型特征。以小农为主的农业经济或许可以吸纳剩余劳动力并满足农户基本的生存需要，但却无法解决贫困问题，也不利于农户福利水平的可持续提高。因此，为摆脱贫困、提高收入和消费水平并降低生计风险，农户家庭内部普遍采取农业或非农业多样化生计策略，如作物多样化、牲畜养殖、农副业生产、非农就业等（Barrett et al.，2001；Loison，2015）。我国高速发展的工业化经济为小农户提供了大量非农就业岗位，不断吸纳农村剩余劳动力转移到非农业领域。据统计，我国农村劳动力转向非农业部门的比例已经从 2000 年的 34% 增加到 2015 年的 75%（Zhang et al.，2018），2016 年，我国农户的打工收入占到总收入的 40%（国家统计局，2017）。与此同时，随着居民收入水平提高，居民对粮食作物的消费量减少，对瓜果蔬菜等经济作物的消费需求增加，农民种植经济作物的潜在收益增加而市场风险降低，因此，农户种植业多样化的积极性增加。据统计，农户种植菜果等经济作物的比重大幅

度增加，从 2000 年到 2016 年，蔬菜和水果的播种面积分别从
1523.7 万公顷和 893.2 万公顷增加到 2232.8 万公顷和 1298.2 万
公顷（国家统计局，2017）。

在我国农地流转快速推进的背景下，农户生计问题，包括农户
劳动力转移和农作物种植调整等生计行为变化，农户生计资本要素
回报以及农民增收问题，是国家推进农地流转过程中关注的热点问
题。2014 年，中共中央国务院联合发布的《关于引导农村土地经营
权有序流转发展农业适度规模经营的意见》提出农地流转的基本原
则，其中，农地流转要"坚持经营规模适度""不断提高劳动生产
率、土地产出率和资源利用率，确保农地农用，重点支持发展粮食
规模化生产"。同时，农地流转和规模经营的适度标准"各地要依据
自然经济条件、农村劳动力转移情况、农业机械化水平等因素"合
理制定。由此可见，农地流转后农户劳动力能否顺利转移到非农业
部门，土地流转后农户作物种植结构问题，以及农户参与土地流转
后要素资源配置效率、收入水平是否提高，这些农地流转后的农民
生计问题是国家政策层面上重点关注的问题，也是国家推行农地流
转和规模经营过程中需要优化的问题。

早期对于农民贫困和福利的研究主要关注收入水平不高、消
费能力不足、食物缺乏等不能维持基本生活需求的一种状况（苏
芳等，2009），随着对贫困、人类发展等属性认识的加深，农户生
计的概念孕育而生。农户生计不仅包括收入、现金等资产，还包
括摆脱贫困、抵御风险、应对压力、维持福利水平的能力（Cham-
bers and Conway，1992）。近年来，随着国家对扶贫工作的重视，
全国贫困人口大幅度降低，已经从 2011 年的 1.28 亿人下降到
2015 年的 5575 万人（国家统计局住户调查办公室，2015）。然
而，中国的贫困标准仍然低于一般发展中国家的贫困线标准，如
果按照一般发展中国家贫困线标准（除去 15 个最穷的国家），我
国 2014 年贫困人口仍有 1.7 亿人（王萍萍等，2015），实现贫困
人口脱贫、提高全体国民福利水平仍然任重道远。此外，由于农

业部门农用地稀缺、农业劳动力比重较大，而且农业比较收益较低，我国农业劳动力和非农业劳动生产率还有很大差距，一些文化程度较低和年龄较大的老年人口滞留在农村和农业部门，拥有较低的劳动生产率，成为阻碍农民收入增长，造成农民生计困难和贫困问题的重要原因。最后，中国经济发展进入新常态，实体经济增速放缓，未来一段时间吸纳农村劳动力非农就业的能力有限，许多地区出现农民失业后的"返乡潮"，也在威胁农民生计安全。更何况现阶段我国社会救助体系仍不完善、农村社会保障水平偏低，农民失业、大病后致贫的可能性仍然很大。因此，提高农民可持续生计水平，增强其应对风险的能力对于农村扶贫工作具有重要意义。土地资源作为农民重要的生计资源，如何通过优化土地资源配置、协调人地关系，从而实现农民生计策略的优化和生计水平的提高，是减少农村贫困问题、提高农民福利的重要问题。

中国农民生计问题的研究得到学者的广泛关注，现有研究主要围绕生计资本的量化和评估（Chen et al.，2013；蒙吉军等，2013；朱建军等，2016），生计多样化策略的影响因素（Fang et al.，2014；Hogarth and Belcher，2013；Huber et al.，2014），政策和制度环境对生计的影响（Chen et al.，2013；Lawlor et al.，2010；Zhen et al.，2014），也有部分研究关注农地流转与农户生计问题，如大量文献关注劳动力转移对农户土地流转的影响（Kung，2002；Huang et al.，2012），部分文献研究农地转出户的生计问题（张会萍等，2016；朱建军等，2016）。然而，纵观农地流转与农户生计方面的研究，多数文献将农地流转作为农户生计的"引致"行为，研究农户非农就业、劳动力外出务工等生计活动对农地流转影响的文献较多。由于农户参与土地流转后也会导致农户生计分化，而很少有文献关注农地流转对农户生计活动的反向作用，以及很少有文献关注农村要素市场尤其是土地流转市场对农户生计多样化策略的影响。随着农村土地制度改革的深化和农村土地流转市场的完善，农户生计决策研究更需要将土地流转纳入统一的分析框架。土地市场发展对农户生计决策具有重要影响，正如 Barrett et al. （2001）指出，土地市场和雇用劳动力市场的缺失解释了为何一个在非农就业具有比较优势的农民要花费稀缺的时间从事农业生产，存在土地市场时，农民可以将土地租出或卖掉。Winters et al. （2001）强调了市场对农户生计策略的重要性，市场（如土地、资本等）主要通过影响要素价格和交易成本影响农户生计决策。因此，为了弥补研究的不足，本书研究农地流转市场发育对农户生计的影响，分析土地市场发育时农户土地、劳动力要素价格、要素配置与农户不同生计策略的关系。本书遵循"农地流转市场发育—农户土地流转参与—农户生计策略及流动性—农户资本（劳动力）效率—农户生计福利"的逻辑框架，首先研究农地流转市场发育对农户土地流转参与的影响，然后研究土地流转与参和政府流转干预政策与对农户生计策略和生计多样化策略的影响，进而评价农地流转对农户资本效率的影响，研究农地流转对农户福利（收入和贫困）的影响。最后，本书提出了农户可持续生计的农地流转政策与相关政策设计，为我国农地流转和农户生计优化提供政策参考。

第二节　研究目标与研究内容

一　研究目标

研究农地流转加快背景下农户生计策略变化及其福利效应，揭示农地流转市场发育影响农户生计策略选择的作用机制，评价农地流转对农户生计资本效率和福利的影响，探讨提高农户福利水平、减缓农村贫困、促进农户可持续生计的政策设计。具体目标包括：

（1）构建农地流转市场发育对农户生计策略和农户福利影响的理论分析框架，分析农地流转对农户资源配置行为和效率、生计策略选择、生计资本效率和福利等方面的影响；

（2）研究农地流转市场发育对农户土地流转参与和流转规模的影响；

（3）揭示农户土地流转参与对其生计策略和生计多样化决策的影响，分析土地流转是否促进农户生计专业化及其条件；

（4）评价农户生计流动性，分析农户土地流转参与对其生计流动性的影响；

（5）分析政府农地流转干预政策对农户生计分化的影响，揭示政府干预下农户生计分化规律；

（6）研究农地流转市场参与对农户农业和非农业劳动生产率的影响，分析参与土地流转后农户农业和非农业劳动生产率是否提高；

（7）揭示农地流转市场参与对农户收入和贫困发生概率的影响，探讨不同规模土地流转对农户福利水平的影响差异；

（8）提出基于农户生计策略优化、福利水平提高的可持续生计政策建议。

二 研究内容

本书围绕农地流转市场发育对农户生计策略、资本（劳动力）效率以及农户福利的影响机理和实证规律展开研究，识别影响农户生计和福利水平的关键因素，探讨提高农户生计福利的农地要素市场改革和其他政策手段，具体从以下八个方面展开研究。

（一）农地流转市场发育对农户土地流转参与的影响研究

本书研究农地流转市场发育对农户土地流转概率和流转规模的影响。选择村级层次土地有偿流转率、土地流转面积占比和中介机构组织三个变量表征农地流转市场发育，在对农地流转参与理论模型分析的基础上，通过构建农户土地流转参与多项 Logit 模型和流转规模 Tobit 模型，实证研究了农地流转市场发育对农户土地流转概率和规模的影响。

（二）农地流转与农户生计策略联合决策研究

本书研究农地流转与农户生计策略决策的相互影响，农户生计策略可以分为农业生计策略（如种植粮食作物，种植经济作物和牲畜养殖等）和非农业生计策略（如非农业劳动力转移）。主要研究农户经济作物种植行为和非农业劳动力转移生计策略。通过理论分析农地流转、农户经济作物种植决策及非农就业决策三者之间的相互影响，构建农户联合决策模型，并使用 Multivariate Probit（MVP）模型估计农户土地流转和生计策略的联合决策及其影响因素。

（三）农地流转对农户生计多样化策略的影响研究

本书研究农地流转对农户生计多样化策略的影响。承接研究内容（二）中农户种植经济作物和非农业劳动力转移等生计策略，农户生计多样化策略被界定为农作物多样化和非农业多样化。农作物多样化以农户种植农作物的种类数表示，非农业多样化通过构建非农收入多样化赫芬达尔指数来表示。通过文献研究，构建了农户生计多样化策略模型，在理论分析农地流转对农户生计多样化策略影响的基础上，采用工具变量法对农地转入和转出与农户生计多样化策略的影响进行了实证研究。

（四）农地流转对农户生计流动性的影响研究

本书研究农地流转对农户生计流动性的影响。通过聚类分析法将农户生计策略分为五种不同类型，并采用随机优势分析法按照福利水平对农户生计策略进行排序，识别农户生计流动性。在理论分析农户生计流动性影响因素的基础上，构建多项 Probit 模型和有序 Logit 模型，实证研究了农地流转对农户生计策略选择和生计流动性的影响。

（五）政府农地流转干预政策对农户生计分化的影响研究

我国农地流转市场发育的一个重要特点是政府干预农地流转市场。本书将政府农地流转干预政策划分为农地流转补贴、行政命令和中介组织服务，基于江苏省泗洪县的案例，考察了政府农地流转干预政策对农户生计分化的影响，分析了政府干预农地流转下的不同类型农户生计问题。

（六）农地流转、生计策略转型对农户资本（劳动力）效率的影响研究

劳动力资本是农户从事农业和非农业生产最重要的生计资本，本书研究农地流转对农户劳动生产率的影响，劳动生产率被划分为农业劳动生产率和非农业劳动生产率。农业劳动生产率和非农业劳动生产率的巨大差异导致非农业多样化农户和纯农户之间存在着较大的劳动生产率差异，由此加剧农村内部收入不平等程度和较高的农村贫困发生率。本书从农地流转的视角研究农户家庭劳动生产率问题。在理论分析农地流转对农户农业生产效率的影响、农业和非农业劳动力配置的基础上，采用农户数据以及多项 Logit 内生性转换回归模型和中介效应模型研究农地流转对农户农业劳动生产率和非农业劳动生产率的影响，并研究随着农户生计策略（农业和非农业劳动力时间供给）转变下的农户家庭劳动生产率变化，将影响效应分解为总效应、直接效应和间接效应。

（七）农地流转、生计策略转型对农户收入和贫困发生概率的影响研究

本书主要研究农地流转对农户收入和贫困发生概率的影响，农户收入被划分为人均总收入，人均农业收入，人均非农就业收入和人均财产性收入。在理论分析的基础上，构建农户面板数据模型，采用动态面板工具变量法和固定效应模型研究农地流转对农户收入和贫困的影响。首先，将农地流转变量设置为转入和转出，研究参与土地转入和转出对农户收入和贫困发生概率的影响。其次，研究不同转入规模对农户收入和贫困发生率的影响，将土地转入户按照土地流转面积划分为小规模、中等规模和大规模农户，考察不同转入规模对农户收入和贫困发生概率的影响差异。最后，研究农地流转通过改变农户生计策略（经济作物种植和劳动力非农业转移）进而影响农户收入和贫困的作用机制，考察农户生计策略转变的效应是否存在，使用中介效应模型将农地流转对农户收入和贫困的影响

分解为总效应、直接效应和间接效应。

（八）基于可持续生计的农地流转及相关政策设计

从以上理论和实证研究结果，本书从村级和农户层次识别出影响农户可持续生计的基础因素，为实现农户可持续生计目标，从促进土地流转市场发育，深化承包地"三权分置"改革，转变政府干预方式等方面提出农地流转政策优化设计思路，从完善非农业劳动配套服务，完善农业社会化服务和健全农村金融信贷服务等方面提出农地流转相关配套政策的建议。

第三节　研究方法与技术路线

一　研究方法

（一）文献研究法

本书运用文献研究法对国内外相关研究成果进行梳理，总结前人研究成果，应用在构建相关的理论模型，提出研究假设，选择实证分析时的关键变量等。具体而言，本书系统梳理国内外有关农地流转市场发育的影响因素研究，农户生计策略及多样化研究，农地流转对农户福利的影响研究等相关文献，总结当前农地流转与农户生计影响研究的不足和空白之处，寻找研究切入点和研究意义。同时，通过文献研究构建本书的理论框架和方法体系，确保研究的严谨科学性。

（二）定性分析法

本书主要通过机理分析、理论建模、政策分析等定性分析方法揭示农地流转市场发育对农户生计策略和福利的影响机理，如构建了市场不完全下农户土地流转决策模型分析农户土地流转决策行为，理论分析了农户土地流转、劳动力转移和经济作物种植联合决策行为，构建农户生计多样化理论模型，分析了农地流转对农户生计多样化策略的影响，运用政策分析法揭示了政府农地流转干预政策对农户生计分化的影响，运用函数曲线图理论分析了农地流转对农户劳动生产率的影响机理，基于可持续生计理论框架分析了农户生计流动性的影响因素，理论分析了农地流转对农户不同类型收入的影响。

（三）定量研究法

在定性分析的基础上，为保证推理和假设的科学性，本书基于大样本农户数据和农村调研，选择多种定量研究方法进行了实证分析。具体而言，本书运用统计分析法在统计分析我国农户土地流转行为、生计策略和收入的基础上，提出了当前我国农户面临的生计问题；运用多项 Logit（Multinomial Logit）模型和 Tobit 模型实证研究了农地流转市场发育对农户土地流转参与概率和流转规模的影响；运用联合决策多变量 Probit（Multivariate Probit）模型同时估计了农户土地流转、劳动力转移和经济作物种植联合决策行为；运用有序 Logit 模型实证研究了农地流转对农户生计流动性的影响；运用多项 Logit 内生性转换回归模型（MESTR）估计了农地流转对农户农业和非农业劳动生产率的影响，很好地解决可观测和不可观测因素导致的内生性问题；引入心理学研究上较为普遍的中介效应模型，估计了农地流转对农户劳动生产率的直接效应和间接效应；采用动态面板工具变量法研究了农地流转对农户收入和贫困的影响，差分掉了不可观测因素（如土地质量、农民农业生产能力）等导致的土地流转效应偏差。

（四）问卷调查与质性访谈法

在研究政府农地流转政策干预对农户生计分化的影响研究中，本书选择江苏省农业大县泗洪县为案例分析对象，通过政府官员访谈、村干部调研、农户问卷调研等多主体调研方法，全面了解泗洪县农地流转政府干预政策、农户生计类型以及政府干预对农户生计分化的影响。

二　技术路线

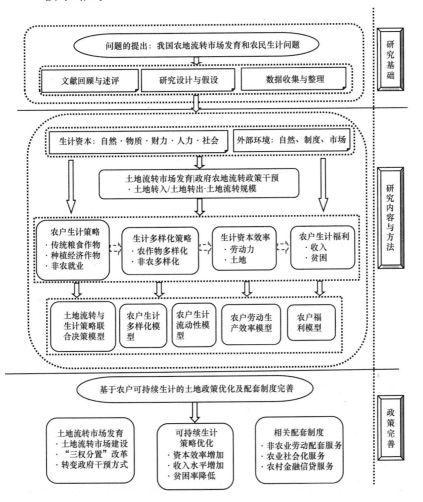

图1—2　技术路线图

第四节　相关概念界定

一　农地（承包经营权）流转市场发育

农地承包经营权是农民从事农业生产经营活动基本的财产权利，

承包经营主体对其土地拥有占有、使用、收益和部分处分的权利。《中华人民共和国物权法》将农民土地承包经营权界定为用益物权，承包关系不仅包括村集体所有的土地，还包括国家所有依法由农民集体使用的耕地、林地、草地以及其他用于农业生产的土地。

围绕着农村"三权分置"改革，在集体所有权和农户承包经营权分离的基础上，土地承包权和经营权也逐步分离，成为独立的产权配置客体。因此，土地流转就涉及承包权或经营权的转移和配置（丁关良、李贤红，2008）。《中华人民共和国农村土地承包法》将农地承包经营权流转方式界定为"转包、出租、互换、转让或者其他方式流转"，《农村土地承包经营权流转管理办法》又进一步将抵押、入股作为土地承包经营权流转的方式。在六种农地流转方式中，互换和转让涉及农地承包权的转移，抵押不改变土地承包经营权的农户主体身份，转包、出租和入股主要是农户经营权的流转。

根据研究需要，本书将农地承包经营权流转界定为农户土地经营权的流转，是指在坚持村集体土地所有权性质的基础上，承包户的土地承包权保持不变，农户土地经营权转入或转出的行为，具体可分为转包、出租和入股等流转方式。

农地流转市场发育是指农村土地要素市场的发展和完善。从宏观角度，农地流转市场发育是指农地流转市场供求关系的完善，市场价格机制和竞争机制的健全，市场中介机制完善，以及市场参与者行为规范等。从微观农户的角度，是指农户参与土地流转面临较低的交易费用，可以自由选择土地转入和土地转出以及流转面积，农户土地流转行为规范、行为市场化程度较高等。

二　农户生计资本

生计，简单讲就是"谋取生存的方式"（Chambers and Conway，1992）。生计包括两个层次的概念，第一，生计包含家庭所有的现金流和资产；第二，生计还代表一种权利，这种权利使得个人能够享受政府或社会提供的公共服务，如教育、医疗、养老保障、水资源供给等（Ellis，1998）。Chambers and Conway（1992）将生计界定为能力、资产（存货、资源和权利）和获取生存的活动。生计可以有多种层次，包括农户家庭内部、农户之间、社区内部等。

FAO（2005）将生计资本定义为社区或不同类型农户的资源基础，并将农户生计资本划分为5种类型，分别是人力资本（家庭成员数、劳动力、教育、知识和技能等）、物质资本（牲畜、设备、汽车、房产、灌溉渠等）、自然资本（土地禀赋、森林资源、水、渔业、野生物种多样性等）、财力资本（存款、收入、信贷、保险等）和社会资本（亲属关系、成员身份、政治参与和影响力等）。一些学者在实证研究中加入地区资本，以研究地区差异对农户生计的影响（Jansen et al.，2006）。

本书根据相关学者的研究，将农户生计资本划分为5种类型，分别为自然资本、物质资本、人力资本、财力资本和社会资本。

三 农户生计策略

生计策略可以界定为人们获得生计目标的一组活动和选择，包括生产性活动、投资战略和再生产选择（DFID，1999；Jansen et al.，2006）。生计策略是农户通过选择活动或资产投资以维持或提高生计的过程，可以用农户资本、承担的活动以及在给定时间得到的结果来衡量（Winters et al.，2001）。农户生计策略选择的影响因素包括生计资本、外部经济制度环境、自然灾害等（Winters et al.，2001）。生计多样化也是一种农户生计策略（Ellis，1998）。

农户土地、劳动力和资本等生产要素的组合可以产生不同类型的生计多样化策略。农户家庭通过采取多种农业或非农业生计多样化策略以充分利用家庭劳动力、降低生计风险。实践中，我国农户从事的生计多样化策略有农作物多样化、牲畜养殖、农副业生产、非农就业等。本书主要通过两种方式识别农户生计策略，一种是根据农户生计行为的划分，将农户生计策略划分为非农就业（包括本地务工、外出打工和非农自雇等）和经济作物种植；另一种是采用聚类分析和量化分析方法，将农户划分为不同的生计类型。

四 农户生计多样化策略

农户生计多样化是指农业生产活动的多样性或参与非农就业多样化等（Ellis，2000）。农户生计多样化也是农户采取的一种生计策略，通过这种策略农村家庭构建获得多元化收入和生存的能力，合理配置劳动力资源以最大化劳动生产率，提高农户生计水平（Ellis，1998；Bowman and Zilberman，2013）。农户生计多样化包括农业多样化和非农业多样化，农业多样化如种植不同种类的农作物、牲畜养殖、农副业生产等；非农业多样化为农户参与的各种非农业生产活动，如本地非农务工，外出务工和非农自营等（Shi et al.，2007）。

承接农户生计策略研究，本书将农户农业多样化界定为农作物多样化，以农户种植农作物种类数来衡量。非农业多样化选择农户从事的五种非农业生计活动（农业打工、非农散工、非农自雇、本地正式工作以及外出打工），选择赫芬达尔指数（Herfindahl-Hirschman index）来度量农户非农业生计多样化程度。

五 农户生计流动性

不同类型生计策略可能由于生计报酬的差异存在相对的优劣之分，因而同一时期可以划分出不同福利水平的生计策略，而不同时期农户转向不同福利水平的生计策略，则称为农户生计流动性（Jansen et al.，2006；Jiao et al.，2017；Walelign et al.，2017）。当农户下一阶段从事福利水平较低的生计策略，表明农户生计向下流动；反之，农户下一阶段从事福利水平较高的生计策略，则农户生计向上流动；农户下一阶段生计策略不变，表明农户生计没有发生流动。农户生计流动性受到农户资本禀赋、地区经济发展水平、不同行业劳动生产率相对变化等因素的影响（Jiao et al.，2017；Walelign et al.，2017）。

六　农户劳动力资本（生产）效率

劳动力是农户重要的人力资本，农户农业和非农业生计活动均需要劳动力参与。有别于城镇职工劳动生产率，农村劳动力大多从事以家庭为单元的农业和非农业生产活动以及非正式雇工劳动，本书研究的是农户家庭整体的农业劳动生产率和非农业劳动生产率。农业劳动生产率由农业净产值除以家庭农业劳动总投入得到，非农业劳动生产率由农户非农业活动净产值除以家庭非农业劳动总投入得到（Djido and Shiferaw，2018）。

七　农户福利

福利是指收入、财富等给人们带来的效用，或者是人们需求的满足程度。福利和人们的主观感受有关，相同的收入和财富给予不同的人的效用是不一样的，不同人之间的福利很难比较（诸培新，2005）。为了便于实际应用，现代经济学用货币收入衡量个人的福利，收入的边际效用是不变且相等的。

为便于农户之间福利水平的比较，本书选择收入来衡量农户福利。和其他农户福利研究的文献类似（Jin and Jayne，2013；陈飞、翟伟娟，2015），本书研究农地流转对农户收入和贫困发生概率的影响。按照收入来源农户收入可以分为农业收入、非农就业收入、财产性收入和转移性收入。CFPS 数据库中，农业收入为农户家庭种植业和养殖业净收入（扣除生产成本和租金支出）；非农就业收入为农户工资性收入和非农业经营性收入之和；财产性收入为农户获得的房屋、土地、股票、债券、银行存款等利息、股息和租金收入；转移性收入为农户获得的各类政府补助及他人的经济支持和赠予等。计算贫困发生率的贫困线标准为"2010 年标准"，按 2010 年价格农村家庭贫困线标准是人均纯收入 2300 元，但其他年份的标准需要按照农村居民食品消费价格指数和农村居民消费价格指数进行调整。本书使用的分别是 CFPS 数据库中 2009/2010、2011/2012、2013/

2014 和 2015/2016 生产年的收入数据，根据中国农村贫困监测报告，对应的贫困线标准分别为农村人均纯收入 2172 元、2536 元、2736 元和 2855 元（鲜祖德等，2016）。

第五节　数据来源

本书使用的数据来源于四个方面：一是农业农村统计数据，主要为《中国农业发展报告 2010—2017》《中国农业统计资料 2009—2016》《全国农村固定观察点调查数据汇编 2000—2009，2010—2015》等。二是北京大学中国家庭动态跟踪调查（China Family Panel Studies，CFPS）数据库，该调查旨在通过追踪个体、家庭、社区三个层次的数据，反映中国社会、经济和人口等方面的变迁。CFPS 农村住户数据包含农户家庭信息、资源资产禀赋、劳动力就业、土地流转、作物种植、农业生产、家庭收入等信息。同时，村级样本数据收集的信息包括村级人口和劳动力、交通、自然地貌特征、治理环境和医疗卫生等（Xie and Hu，2015）。北京大学中国社会科学调查中心于 2010 年展开第一次全国基线调查，覆盖全国 25 个省/市/自治区（除港澳台地区、新疆、西藏、青海、内蒙古、宁夏、海南等），采用三阶段不等概率的整群抽样设计。这 25 个省/市/自治区的人口约占全国总人口（不含港澳台地区）的 95%，因此，CFPS 的样本可以被视为一个全国性样本，具有很好的代表性（Xie and Hu，2015）。CFPS 于 2010 年开展了第一次全国基线调研，并在 2012 年、2014 年、2016 年和 2018 年开展了四次追踪调查。三是 2017 年实施的浙江大学"中国家庭大数据库"（Chinese Family Database，CFD）和西南财经大学中国家庭金融调查与研究中心的"中国家庭金融调查"（China Household Finance Survey，CHFS）。数据库包含了中国家庭基本特征、生产经营、信贷行为、土地流转与利用、收入与支出、资产与负债等信息。数据库共包含全国 29 个省（市、

区）的农村样本共 24764 个家庭 77132 人（其中实际居住在农村的
农村家庭样本共 12732 个家庭 45067 人）、城镇样本 15247 个家庭
49880 人，具有全国、省级城市代表性，并在农村层面、城镇层面均
具有代表性。四是江苏省泗洪县的农村调研数据，共调研五个乡镇 7
个村 199 个农户样本。

研究过程中，由于不同章节研究内容并不一致，所采用的数据
也不一致，具体为：

第三章研究我国农地承包经营权流转政策变迁、市场发育和农
民生计问题，主要是基于《中国农业发展报告》《中国农业统计资
料》等统计数据的分析。

第四章研究农地流转市场发育对农户土地流转参与的影响，使
用的是 CFD 和 CHFS2017 中国家庭调查数据。

第五章和第六章研究农地流转对农户生计策略和生计多样化的
影响，主要使用 CFPS2012 和 CFPS2014 的农户数据，因为详细的农
户农作物多样化信息只在 CFPS2014 中调查到。同时，一些存在内生
性的自变量使用 2012 年的调查数据。首先，将 CFPS2014 和 CF-
PS2012 数据库匹配；另外，保留农村住户数据和从村集体分配到土
地的住户。经过筛选，共得到 6764 个农户数据。

第七章研究农地流转对农户生计流动性的影响，主要使用中国
家庭追踪调查（CFPS）2010 年和 2014 年的两期农户数据，通过数
据匹配，共获得 413 个村庄和 132 个行政区（县）的 6116 个农户样
本数据，两期之间有着 17.58% 的数据缺失率。

第八章研究政府农地流转政策干预对农户生计分化的影响，主
要使用的是江苏省泗洪县的农村调研数据。

第九章研究农地流转、生计策略转型对农户劳动生产率影响，
主要使用 CFPS2012 的农户数据，因为详细的农户农业劳动时间和非
农业劳动时间只在 CFPS2012 数据库中存在。经过数据处理，共得到
8130 个农村住户的调查数据，使用时除去 44 户同时参与土地转入和
转出的农户，实际使用数据库中 8086 个农户样本。

　　第十章研究农地流转、生计策略转型对农户生计福利的影响，使用 CFPS2010—2016 四年的数据，构建面板数据模型。通过数据匹配，共获得 5263 个农户样本数据，平均每两轮数据损失了 9% 的样本量。

第 二 章

文献梳理与理论框架

第一节　文献综述

一　农地流转市场发育的影响因素

现有文献从农户土地流转参与和流转面积考察农地流转市场发育的影响因素，研究主要从两个角度展开，一是农户农地流转行为的内在因素；二是促使农户行为发生的外在因素。内因可以概括为农户土地、劳动力等资源要素配置报酬变化引致的农户土地流转行为变化，包括农户禀赋特征、农户劳动力非农就业等（Kung，2002；Zhang et al.，2004；Huang et al.，2012；Liu and Liu，2016）。外因则包括土地产权安全、交易费用、政府干预和相关市场发育等（Yao，2000；Kung，2002；Brandt and Huang，2002）。

（一）影响农户土地流转的内在因素

农地流转的内生动力是由非农业部门工资的增长引致的农业和非农业部门之间劳动力边际报酬差异带来的（Kung，2002；Deininger and Derek，2011）。由于农地经营规模小、机械化水平低，且传统农业滞留了大量剩余劳动力，这些过剩人口仅获得生存工资，却不增加农业产出（Lewis，1954），因此，农业部门劳动生产率较低。工业和服务业的发展为农村劳动力提供更多非农就业机会，农村劳动力转移到非农业领域，滞留在农村的劳动力通过规模经营和专业化生产提高农业劳动力生产效率，最终均等化农业和非农业劳动力边际报酬。因此，非农就业是农户参与土地流转的重要原因（Kung，2002；Zhang et al.，2004；Feng and Heerink，2008；Huang et al.，2012）。Kung（2002）基于中国6省份1999年的农户调研数据，证明农户非农业劳动力市场参与会减少土地租入数量，且农户非农就业决策外生于土地流转。然而，Feng and Heerink（2008）采用似不相关二元Probit模型，证明农户土地流转和劳动力转移具有相关性，农户决策时两者会相互影响。Huang et al.（2012）使用中国6省份2000年和2009年两期农户数据研究表明，非农就业显著促进了农户土地转出，但对土地转入影响不显著。

除了非农就业，农户其他禀赋特征对土地流转也有重要影响，但主要是通过影响劳动力在农业和非农业领域的配置效率差异进而影响土地流转。农户土地流转模型中，引入的变量一般包括劳动力数量、土地资源禀赋、家庭成员（或劳动力、户主等）年龄、受教育程度、农业资产价值等（Kung，2002；Zhang et al.，2004；Feng and Heerink，2008；Huang et al.，2012）。

（二）影响农地流转市场发育的外部因素

影响农地流转的外部因素包括土地产权安全、交易费用、政府干预和相关市场发育等（Yao，2000；Kung，2002；Brandt and Huang，2002）。大量研究表明，土地产权不安全会抑制土地市场发育，阻碍农户参与土地流转（Yao，2000；Brandt and Huang，2002；Macours et al.，2010）。中国农村经常性的土地调整降低了土地产权安全性，农民土地流转面临土地调整的风险，因此土地调整会阻碍农户土地流转（Brandt and Huang，2002）。土地流转市场缺乏时，土地调整是优化农户土地和劳动力资源配置的重要方式，因此，土地调整对土地流转市场具有替代作用（Yao，2000）。此外，土地产权不安全是农户选择亲戚、邻居等社会距离较近的对象进行交易的原因（Macours et al.，2010）。因此，各国政府为促进土地租赁市场发育，均实施保护农民土地产权安全的政策，如土地确权颁证项目。Kemper et al.（2015）基于越南农户调研数据的研究表明，越南的土地颁证项目促进了农村土地租赁市场发育。程令国等（2016）基于中国健康与养老追踪调查数据，发现2011年进行的新一轮土地确权提高了农户转入土地的概率和转入量，并显化了土地租金价格。马贤磊等（2015）基于中国农户调研，选择土地承包合同、土地流转合同和土地流转纠纷表征土地产权安全变量，发现土地承包合同和土地流转合同等产权安全变量均对农户土地流转参与有着显著的影响。

　　交易费用可能阻碍土地流转市场发育。由于交易费用概念的广度，在研究过程中存在界定交易费用的困难。由于市场失灵是存在交易费用的原因，理论上影响市场失灵的变量均对交易费用产生影响，因此，土地产权不安全、政府干预等变量均会影响农地流转交易费用，部分学者在研究时一般将交易费用作为中间变量引入理论模型（Deininger et al.，2008；吴莺莺等，2014）。关于交易费用的直接量化，学者们进行了探讨。Zhang et al.（2004）认为中国土地小规模、细碎化使得土地流转集中面临巨大的交易费用，因此，可以选择户均土地面积和土地细碎化等指标量化农地流转交易费用。Kimura et al.（2011）认为搜寻和协商成本以及由于产权不安全而失去土地的成本是租赁市场的主要交易成本。李孔岳（2009）基于中国的农户调研分析了不确定性和资产专用性对农户参与土地流转交易费用的影响，发现农地流转合同没有进行公证、村干部对农地跨村流转的干预增加了农地流转过程中农户行为的不确定性，进而增加了农地流转的交易费用；实物资产专用性、人力资本专用性对农地流转的交易费用影响有限；农户行为的不确定性、政策的不确定性对农地流转的交易费用影响显著。因此，通过降低农地流转交易费用可以促进土地市场发育。如我国地方农地流转和规模经营实践中土地信托和土地股份合作社等降低了农户参与土地流转的交易费用（Zhang et al.，2004），政府和村集体完善土地流转服务，充当中介机构也能够促进农户土地流转参与（Shi et al.，2018）。

农村土地、劳动力和资本要素市场相互影响，任意要素市场的完善都可以实现资源配置效率的改善（Kimura et al.，2011）。因此，农村劳动力和资本市场的完善也会促进土地要素市场发育。农村劳动力市场包含农村劳动力非农就业和农村雇用劳动力市场（Shi et al.，2007）。农村劳动力非农就业对土地流转市场影响的研究较多，而农村雇用劳动力市场发育对土地流转市场的影响研究相对较少。理论上，农村劳动力市场发育较好时雇用劳动力替代自家劳动力从事农业生产的效率损失更小，农户通过雇用劳动力扩大农业生产规模的动机更强，土地流转面积更大。而雇工成本较高时，农户自家劳动力有限，规模经营能力也会受到限制。关于信贷市场对农户土地流转的影响，Kochar（1997）分析认为如果农业资本投入价值超过政府金融信贷成本时，正规金融信贷将会影响农户生产；反之，资本的边际产出小于正规信贷成本时，信贷约束对生产没有影响。理论上，降低农户信贷成本有利于增加农业资本投入。然而，基于印度的实证研究，并未证实信贷对农户土地转入具有显著影响。劳动力和资本要素市场完善还可以弱化土地的就业和社会保障功能，促进土地市场发育。此外，粮食市场的完善也有助于弱化土地对农户的粮食安全功能，因为土地是农民抵御粮食价格波动、保障食品安全的重要生计资源（Brandt and Huang，2002）。

影响农地流转的政府干预政策包括粮食政策、补贴和土地流转规制等。如 Kung（2002）研究发现，中国粮食收购政策会降低土地的边际回报，减少农户非农业劳动力供给，因此减少土地市场的供给和需求。Deininger and Byerlee（2011）考察拉丁美洲等多个国家大农场形成的原因时发现，大农场往往是由政策干预或市场失灵产生的，而不是生产设施、技术创新和产权变革带来的。Deininger et al.（2008）研究印度废除中介机构、对土地持有量施加限制以及租赁合约（限制租金和租期）调节等制度改革对土地租赁市场的影响，发现土地制度改革对土地市场的政策限制会引致交易成本，并减少有效率的租赁活动。

二　农户生计资本和生计策略研究

生计，简单讲就是"谋取生存的方式"，包括个人及其家庭所拥有的能力、资产（存货、资源和权利）和获取生存的活动（Chambers and Conway，1992）。生计研究包括生计资本、生计策略和生计多样化等方面。

（一）农户生计资本研究

农户生计资本一般可以划分为 5 种类型，分别是人力资本、自然资本、物质资本、财力资本和社会资本（FAO，2005），一些研究在区分自然环境和经济发展程度等方面的差异时还加入地区资本（Jansen et al.，2006；Berg，2010）。

农户生计资本的测度是研究需要解决的首要问题。直接方法是选择衡量农户 5 种生计资本的相关变量，如人力资本选择家庭劳动力禀赋、受教育程度等来衡量，自然资本选择家庭土地禀赋、土地质量等来衡量。直接指标选择方法简单明了，便于解释；缺点是无法计算资本水平的综合值从而进行丰度比较。因此，一些研究也尝试设计出综合的生计资本指标，如 Chen et al.（2013）在研究中国甘肃地区林业社区共同治理组织（CBCM）对农户生计资本影响时，根据地区特点和研究目的设计了一套指标量化和赋值方法，使用等级量表方法对应不同的权重对所有指标进行处理，使得指标之间具有可比性。该研究综合考虑了 CBCM 的运行表现和当地农户的生计资本状况，从 5 种资本方面构建了测度指标。如 CBCM 可能改变农户的能源结构，因此在物质资本里加入能源结构的指标；CBCM 可能改变人们对资源的认知，因此在自然资本方面加入对生态多样性的感知、国有林业健康的感知、林业保护的感知、林业保护活动等。在人力资本方面，加入是否为 CBCM 领导者，在社会资本方面加入是否为 CBCM 会员、是否参与 CBCM 工程等。Shivakoti（2005）构建了理论框架和指标体系用于评价尼泊尔地区的灌溉系统对农户生计资本的影响。Cinner（2010）研究印度地区层次生计资本和贫困的关系，将年降雨量和土壤能力指数纳入自然资本，因为年降雨量和土壤能力指数代表了资源质量、潜在的生产能力和价值。

一些学者使用熵值法确定生计资本指标的权重，如蒙吉军等（2013）对中国鄂尔多斯市乌审旗农牧户生计资本的研究，朱建军等（2016）基于中国家庭追踪调查（CFPS）数据对转出户生计资本的研究。当然，也有学者使用层次分析法（Analytic Hierarchy Process，简称 AHP）确定权重，如苏芳等（2009）对中国张掖市农户生计资本和生计策略的研究。熵值法的特点是客观性强，可以避免专家打分的局限性。

（二）农户生计策略和生计多样化研究

生计策略可以界定为人们获得生计目标的一组活动和选择，包括生产性活动、投资战略和再生产选择（DFID，1999；Jansen et al.，2006）。生计多样化也是一种农户生计策略（Ellis，1998）。

生计多样化界定为一种策略，通过这种策略农村家庭构建获得多元化收入和生存的能力，以提高农户生活水平（Ellis，1998）。生计多样化不仅包括收入多样化（收入多样化是既定时间点内家庭收入的构成），更关注获取收入过程中的行动。关于生计多样化与农户福利水平的关系有两种理解（Cinner，2010），第一种认为多样化是农户受制于资源禀赋条件而进行的"被动"选择，多样化并不能带来可持续的生计，并且会使得农户陷入贫困的循环，导致两极分化。在此种情况下，生计从多样化转向专业化意味着由低到高的生计水平演进过程。第二种认为，多样化和社会网络是农户采取的积极主动的策略，是基于投资组合和分散风险的原则做出的决策。这种情况下多样性提高了农户面临偶然冲击的适应力，有利于农户可持续生计的实现。

现有研究对农户不同类型生计策略的分类方法可以归纳为三种。第一种是根据农户土地、劳动力和资本的资源配置情况进行划分，如 Liu and Liu（2016）根据中国上海市农户土地流转和非农就业状况将农户生计策略分为六种类型，分别是以非农就业为主（从事非农就业且不参与土地流转）、平衡农户、非农就业、赋闲在家、农业专业化和传统小农户。根据农户农业和非农业生产类型，可以分为农作物多样化、牲畜养殖、农副业生产、非农就业等，其中，非农就业又可以分为本地务工、外出打工和非农自雇等（Kasem and Tha-pa，2011；薛庆根等，2014）。第二种是根据农户禀赋特征进行分类，如 Shi et al.（2007）在研究中国农村劳动力市场发展的影响因素时，根据家庭资源禀赋将农户类型划分为四组，第一组是家庭中没有一个劳动力接受过 4 年以上教育的农户；第二组是家庭没有公牛且有一个家庭成员受教育年限在 4 年以上的农户；第三组是农户家里有公牛且家里有 1—2 个受教育年限在 4 年以上的农户；第四组是家庭拥有公牛且拥有 3 个或以上受教育年限在 4 年以上的农户。Deininger and Zegarra（2003）按照土地禀赋将尼加拉瓜农户分为大农户和小农户，当然，使用这种划分方法的前提是不同的农户分类在作者所研究的问题上具有显著的差异，如 Shi et al.（2007）按照教育程度对农户进行划分是因为受教育程度是影响农户劳动力非农就业的重要因素。第三种是按照农户不同收入来源（农业和非农业）的比重进行划分，如 Deininger and Zegarra（2003）在研究尼加拉瓜农地流转时根据农户主要的收入来源将农户生计策略分成牲畜生产者、咖啡生产者、传统作物和大豆生产者以及其他类型。王成等（2013）在研究重庆市农户生计对耕地生产投资影响时，按照农户收入来源构成和劳动力农业、非农业分配等将农户分为农业规模化经营、农业多样化经营、兼业化经营、非农业经营四种类型。廖洪乐（2012）采用日本的农户划分方法，根据农户劳动时间构成和农户收入构成对农户分类，农户所有家庭成员每年从事非农业劳动 30 天以下的为纯农户；所有家庭成员每年从事非农业劳动 30 天以上，且农业生产（农林牧渔）收入占家庭生产性收入比重大于 50% 的为 I 兼农户；所有家庭成员每年从事非农业劳动 30 天以上，且农业生产收入占家庭生产性收入比重少于50%的为Ⅱ兼农户。第四种是基于聚类量化方法的分类，如 Nielsen et al.（2013）使用聚类量化方法按照农户资本在不同收入来源活动的分配情况将莫桑比克、尼泊尔和玻利维亚三地的农户分为五类，分别是小规模农户（各种资产投入水平均较低）、大规模农户（农业和牲畜投入较高）、非农业工人、牲畜生产者和非农业工人、非农业工人和小农户。Jansen et al.（2006）在研究洪都拉斯农户生计策略选择时，使用要素聚类分析法根据农户土地和劳动力两种资产的配置方式进行农户分类，将农户分为牲畜生产者、咖啡生产者、基本谷物生产者、基本谷物和非农业工人、基本谷物和牲畜生产、永久性谷物生产者等。Berg（2010）研究自然灾害对尼加拉瓜农户生计策略选择的影响时，使用分层聚类分析按照农户土地和劳动力两种资产的配置方式进行农户分类，将农户划分为七种类型，分别是纯农户、非农就业、非农自营、农业打工、作物生产、非农就业及经济作物种植农户。罗小娟、冯淑怡等（2013）基于江苏省农户调研数据将农地经营规模和兼业化程度（用家庭非农收入表征）作为聚类因子，通过对农户样本进行聚类分析，得到四种农户类型，分别为低度兼业小农户、中度兼业小农户、高度兼业小农户和专业化种植大户，这种分类方法一般通过聚类分析等统计分析方法综合考虑农户生产要素投入指标来完成，科学性较强，可以避免主观因素导致的分类偏差。Zhang et al.（2019）使用基于资本和收入为基础的聚类分析法将我国的农户划分为五种生计类型，并识别出优势生计策略，研究农户生计策略的影响因素以及动态变化的影响因素。

关于农户生计多样化策略的驱动因素，Ellis（2000）根据农民的自主程度区分了两种农户生计多样化策略，分别是主动性（Choice）策略和被动性（Necessity）策略。主动性生计策略包含了农民主观能动性的多样化过程，这种策略是农民基于成本收益分析后做出的理性选择，一般可以最大限度地改善农户福利；而被动性策略包括了非自愿的多样化，如地主驱逐租户，环境退化导致的作物产量下降，自然灾害等。Ellis（2000）将农户多样化生计选择的影响因素分为六个。第一是季节性，即为了解决农业生产和消费的错配，平滑消费。农业雇用劳动力和农业劳动均是季节性劳动，农户不需要全天候的从事种植活动，农闲时存在"剩余劳动力"问题。因此，农户在农闲时间可以进行非农就业以增加家庭收入。此外，农户每季度收获时才能获得农业收入，而消费则每天都在发生，非农就业等生计策略多样化还可以平滑生产和消费。第二是风险承担策略，通过多样化收入来抵御个人活动不确定性造成的福利损失。收入多样化是一种高收入高风险和低收入低风险之间选择的权衡。第三是劳动力市场。农业劳动力的边际回报低于非农业时，部分农户劳动力便转向非农就业。第四是信贷市场失灵。由于信贷市场失灵，农户无法获得贷款，往往从事非农业打工获得收入以用于购买农业设备和生产资料。第五是资产策略。相比于当前的收入，农户更看重长期的生计安全，因此，增加投资以提高未来收入的可能性是重要的策略选择。农民有五种资产，通过改善农民可以控制的资产策略，如投资关系网络，改善产权关系等提高未来的生计安全。第六是应对行为和适应性。应对是农户面临没有预料到的生计失败时求生的方法，应对包含了面临灾难时的消费维持策略，如寻求亲友、社区的帮助，使用存贮、库存粮食等，售卖牲畜、资产。应对风险是造成农户采取新的生计策略的重要原因，应对行为延伸出生计适应性（Livelihood adaptation）。生计适用性被定义为提高当前的安全和财富或减少脆弱性和不确定性的持续行为，多样性只是适应性的一种。

Winters et al.（2001）构建了自然驱动力和人文驱动力对农户生计策略选择的理论分析框架。其中，自然驱动力是指外在于农户特征的自然灾害、环境因素、病虫害等；而人文驱动力包括市场、国家和民主社会。人文驱动力之间构成有机的系统，三种要素之间相互联系，如国家政策影响着农村要素市场的功能，民主社会受到国家政策支持的影响，国家政策的落实部分依赖于社会信任。个人在正式和非正式合约中的交易规则影响着市场交易成本。市场主要通过投入和产出品价格影响农户生计。Barrett et al. （2001）在研究非洲地区农民生计多样化的驱动因素时，认为不完善市场是影响农户生计多样化的重要因素，市场完善有利于农户生计专业化。由于运转良好的资产市场的缺失，农户无法通过市场交换实现资源的最佳配置，多样化就成为自然的选择。个人从事不同的生计活动可以使生产要素边际回报均等化以达到最优配置。农户无法流转土地，拥有土地的农户从事非农就业的同时兼顾农业生产，无法实现专业化。劳动力市场的缺陷使得农业劳动力雇工面临着巨大的交易费用，阻碍雇工市场的发展。拥有较多土地和较少劳动力的农户，在土地市场失灵时，往往部分劳动力既从事农业生产又从事非农雇工。在较远的地区，由于接近市场的成本很高以及要素和产品市场的失灵，农户通过生产方式多样化以满足多样化的消费需求。然而，市场也可能阻碍生计多样化。缺少信贷市场使得农户缺少资金进入一些门槛较高的生计活动，如小农户没有资金购买卡车从事利润丰厚的运输行业。能够抵押的土地资产则会缓解农户的资金约束。国家通过生产基础设施投资、提供服务、协调活动、实施和执行法律、与NGO部门的互动等影响农户生计策略。国家可以实施土地确权以保护农户土地产权，促进农户生产投资。公民社会是市场活动的参与主体和政府政策的影响主体，公民社会影响着人们对制度的接受程度，并会自下而上建立起社会资本的使用规则，用以约束人的行为。

实证研究中大量文献研究农户生计策略及多样化的影响因素（Kar et al. , 2004；Kasem and Thapa, 2011；Huang et al. , 2014；Asfaw et al. , 2018），这些因素主要包括户主和农户家庭资产禀赋特征、外部自然环境、社会经济因素及地区因素等。农户的风险偏好是农户家庭资产的函数，因此，农户的五种生计资产禀赋被纳入农户生计策略选择模型中（Ellis, 1998；Loison, 2015；Asfaw et al. , 2018），如Jansen et al. （2006）在研究洪都拉斯农户生计策略时由于缺少滞后的生计资本变量，将变化最小的自然资本、地区资本和人力资本变量引入模型；Nielsen et al.（2013）对比研究莫桑比克、尼泊尔和玻利维亚三国的农户生计策略选择的影响因素，选择的影响因素有家庭中男性和女性劳动力数量、户主受教育年限、家庭存款、生产设备、牲畜存栏量、土地拥有量、民族关系（在尼泊尔代表着财富状况）。生计资本不仅决定了农户生计策略，也被用于农户生计多样化的解释（Loison，2015），如受到土地资源约束，存在剩余劳动力的农户可以种植劳动密集型的经济作物或从事非农就业以充分利用劳动力。劳动力丰富、受教育程度较高的农户从事非农就业的概率更高等（Deininger et al.，2014）。

影响农户生计策略及多样化的自然因素包括气候变化、水土资源和自然灾害等（Kar et al.，2004；Kasem and Thapa，2011；Huang et al.，2014；Asfaw et al.，2018）。农户生计策略多样化既是一种事前防范风险的生计选择，也可能是事后处理风险的方法（Ellis，1998）。Asfaw et al.（2018）研究发现，强降雨和干旱均会增加农户农作物多样化和非农业多样化，证明农户通过生计多样化以应对气候变化带来的风险。Huang et al.（2014）研究发现，经历过极端天气变化的农户会显著增加种植多样化农作物的概率。Kasem and Thapa（2011）强调了水土条件对农户农作物多样化的影响，排灌良好、水源充足的土壤环境有利于农户种植果树、水果等经济作物，而灌溉条件较差的黑土壤或陶土等一般只种植单一的水稻作物。Kar et al.（2004）认为印度高地地区农户种植作物多样化是为了缓解干旱并提高水资源利用效率。

影响农户生计策略及多样化的社会经济环境因素包括市场、制度和政策等（Bowman and Zilberman，2013）。市场通过影响要素价格和工资改变农户生计策略（Winters et al.，2001）。市场包括产品市场和要素市场，农产品市场风险是农户采取生计多样化的重要原因，农户通过作物种植多样化以减少单一作物的价格变化风险（Bowman and Zilberman，2013）。随着我国居民生活水平的提高，农产品消费市场对瓜果蔬菜等需求量的增加提高了种植经济作物的比较收益，也引导农民改变种植业结构（薛庆根等，2014）。农村要素市场包括土地、劳动力和资本要素市场等，由于农村劳务市场并不发达，寻找合适的农业劳动力的交易成本较高，并且农业生产的监工成本较高，农村雇用劳动力发展缓慢（Barrett et al.，2001；Huang et al.，2012）。农村正规信贷市场也由于农民缺少完整的土地抵押权和其他抵押物而发展滞后。发展中国家农村地区由于农村要素市场的缺失，农户被动通过农业和非农业多样化以增加收入、平滑消费和投资农业等（Barrett et al.，2001）。

农业政策对农户生计多样化也有重要影响。以我国的农业政策为背景，学者们主要关注农业补贴政策和退耕还林项目对农户生计的影响。吕炜等（2015）从省级层面研究农机具购置补贴对劳动力转移的影响，发现我国农机具购置补贴提高了农业机械化水平，进而导致农机对农业劳动力的替代，促进农村劳动力非农业转移。Liu and Lan（2015）研究发现农户参与退耕还林项目提高了生计多样化水平，农户耕地退出后受到更大的土地约束，进而转向非农就业市场。其中，低收入农户多样化水平更高。Uchida et al.（2009）发现退耕还林项目促进从事农业经营的农户向非农就业转移，主要原因是项目资金补贴解除了农户非农就业的流动性资金约束。

关于地区因素或地理位置对农户生计多样化的影响，Zasada（2011）研究发现地理位置对农户生计多样化具有需求驱动效应，靠近旅游景点或城镇地区的农民农业多样化的可能性更高。然而，也有学者发现靠近城镇地区有利于农户非农就业多样化，并且降低了农户农业劳动力多样化（Mishra et al.，2014）。地理区位表征经济发展水平、市场接近程度和信息机会等，好的地理区位往往可以帮助农户克服生计的单一性，赋予农户劳动力多样化配置的能力。

最后，农户农业和非农业多样化之间相互影响（McNamar and Weiss，2005；Asfaw et al.，2018）。McNamar and Weiss（2005）建立的农户模型假设受到总劳动时间的约束，农户劳动力需要在农业和非农业生计多样化之间进行分配，农业多样化会降低农户非农就业的概率；反之，非农业多样化也会降低农业多样化的概率。Mc-Namar and Weiss（2005）和 Asfaw et al.（2018）的实证研究均证明了农业和非农业多样化两者的负相关关系。

三　农地流转市场发育与农户生计策略和农户福利

（一）农地流转与农户作物种植选择

基于我国部分地区案例观察，农地流转后"非粮化"趋势明显，许多地方农地流转后由传统的水稻、小麦等粮食作物改种非粮经济作物、瓜果、花卉苗圃等（卞琦娟等，2011；蔡瑞林等，2015）。蔡瑞林等（2015）认为土地流转较高的成本降低了传统作物种植的利润率，农户转入土地后为提高土地经济效益，不得不种植附加值较高的经济作物。然而，关于农地流转与农户作物种植选择的理论解释和严格的计量分析并不多。Liu et al.（2018）以甘肃地区农户为样本研究农地流转对农户作物种植的影响，发现农户转入土地后倾向于种植玉米，且种植玉米的面积随着土地转入规模而增加，但土地转入对小麦种植没有影响。罗必良等（2018）实证研究发现，土地流转后农户是否种植经济作物主要受农业劳动力和机械化水平的影响。小农户为充分利用土地和劳动力资源倾向于种植经济作物，而受制于劳动力约束，较大转入规模的农户具有更小的激励去种植经济作物。由于土地流向可分为小农户及规模经营主体（张兰等，2016），而规模经营主体在农产品市场信息获取、市场风险承受能力上更强，种植经济作物的动机可能会更大。一些地方土地流转后大规模改种附加值更高的经济作物的原因很可能是由龙头企业或合作社的带动完成的。

（二）农地流转与农户劳动力转移

土地资源是农户家庭重要的生产和资本要素，土地禀赋及其配置方式对农户劳动力在农业和非农业领域的配置决策具有重要影响。许多文献关注土地分配不均对农户家庭成员劳动力转移的影响。如 Adams（1999）基于相对贫困理论对埃及农户的实证研究发现，土地的不平等分配促进了农户劳动力转移，土地资源禀赋稀缺的农户难以依赖农业收入维持家庭生计，劳动力不得不参与非农就业以满足家庭消费需求。Bhandari（2004）从农户的相对贫困感的角度解释土地禀赋稀缺对家庭劳动力转移决策的影响，以尼泊尔农户家庭的调查分析为例，发现土地禀赋稀缺的农户相对贫困感更强，进行劳动力非农业转移的概率更大。Yao（2001）以我国农户家庭为例，证明了农户土地禀赋与家庭非农业劳动力转移的"U形"关系，即土地禀赋中等的家庭成员劳动力转移的概率更大，土地稀缺或土地拥有量较大均不利于农户参与劳动力转移。陈会广、刘忠原（2013）基于南京市外出务工人员的调查研究实证分析了农户家庭土地承包经营权禀赋对农民工劳动力转移行为和意愿的影响，发现丰富的土地禀赋对外出务工人员留在城镇就业的意愿具有显著负向影响，即丰富的土地资源禀赋不利于外出务工人员劳动力转移。

关于农村劳动力转移和农村土地流转的关系研究，多数学者认为劳动力非农业转移对农户参与土地流转具有很大影响。一般而言，农民劳动力转移到收入更高的非农业部门，损失了从事农业生产的劳动力，因此把土地流转出去（Kung，2002；Deininger，2005；谭丹、黄贤金，2007）。当然，也有研究认为农地流转对农户家庭成员劳动力转移具有反向关系（Kung，2002；Feng and Heerink，2008；Liu et al.，2017），如 Liu et al.（2017）对通过土地股份合作社流转土地的农户进行研究，发现土地转出对户主非农就业的促进作用存在异质性，估计结果表明土地流转仅对存在剩余劳动力的农户和地区经济发达程度较低的农户转移劳动力有显著促进作用。Feng and Heerink（2008）和杜鑫（2013）均发现农户土地流转和劳动力转移具有相关性，农户土地流转参与决策也会影响劳动力转移决策。Shi et al.（2007）基于江西省的农户调研发现，土地转出对农户外出就业具有显著的正向影响，然而该研究并未控制模型内生性问题。为避免内生性问题，田传浩、李明坤（2014）选择村级土地流转市场合约稳定性与市场交易规模变量，研究农地流转对农户劳动力转移的影响，发现稳定的合约和交易量均有利于农户非农业劳动力转移。然而，在当前政府大规模干预农地流转的背景下，也有研究认为农地流转对农村劳动力的转移效应依赖于地区工业化进程、农地禀赋拥有量降低和农村社会保障制度的完善等（游和远和吴次芳，2010）。马贤磊、曲福田（2010）基于江西省农户调研数据采用二元 Probit 模型估计了农户非农业转移和土地转出的联合决策行为，发现农户两种决策不存在显著关系。农民土地转出后，劳动力可能赋闲在家，劳动力转移的机会则与农民的非农就业能力和市场环境相关。

（三）农地流转与农业生产效率

对于发展中国家，由于农村信贷约束，土地买卖市场在适度规模经营效率上的表现并不理想，土地租赁市场被认为是实现农地规模经营效率的重要方式（Deininger and Byerlee，2011；Jin and Jayne，2013）。农地流转对农业生产效率的影响研究集中在农地流转与农户资源配置和规模经济效益上。

第一，农地流转与农户土地和劳动力资源配置效率。由于传统农业部门滞留了大量剩余劳动力，劳动力相对于土地资源稀缺，部分过剩人口仅获得生存工资，却不增加农业产出（Lewis，1954）。因此，随着单位土地劳动力投入的增加，劳动力边际生产效率递减。土地市场发展时，农户转入土地后剩余劳动力可以和更多的土地结合，从而提高劳动力生产效率（Zhang，2008）。因此，土地流转提高劳动力生产效率这一假设存在的前提是，农业生产中存在剩余劳动力，通过扩大土地经营规模，提高土地—劳动力配置比，从而充分利用农户家庭劳动力。此外，许多学者的研究表明农业生产能力较强、土地生产效率较高的农户倾向于转入土地（Deininger and Jin，2005，2008，2009），而具有非农就业比较优势而缺少农业生产经验的年轻农民倾向于退出农业（De Brauw and Giles，2018）。因此，农地流转（包括土地转入和转出）均有利于提高农业生产效率（戚焦耳等，2015）。

第二，农地流转促进农地规模经济效益的实现。农业生产中随着土地要素投入的增加，农业生产效率增加或生产成本降低，表现为单位面积土地利润率的提升和土地规模经济（曲福田，2011）。由于农地产权制度缺陷和农地市场的缺失，农民参与土地流转面临着巨大的交易费用，阻碍了农地规模经济效益的实现，如中国农村经常性的土地调整降低了农地产权安全性，阻碍农地租赁市场的发育（Kung，2002；Brandt et al.，2002；钱忠好，2002；贾生华等，2003）。农户自发的土地流转难以解决土地细碎化问题，无法实现农地规模经营（田传浩等，2005；钟甫宁、王兴稳，2010）。因此，政府往往通过政策干预农地流转市场来实现农地规模经营。如通过土地立法、土地确权颁证等措施提高农地产权安全（Deininger and Feder，2009），促进农地流转市场发育；以行政命令、财政补贴等干预农地流转市场，实现规模经营（张建等，2016）；通过农地股份合作制创新，提高农户参与土地流转市场的组织化程度，降低农地产权交换的交易费用，促进规模经济效益的实现（Ito et al.，2016）。田传浩等（2005）基于苏浙鲁的农户研究表明，由于存在较高的信息搜集和谈判成本，农户自发流转无法解决耕地细碎化问题，而村集体介入农地流转可以减少交易费用，降低转入户的土地细碎化程度。张建等（2016）研究政府干预下的农地流转对农户农业生产效率的影响，发现通过政府主导下的土地转入户农业生产效率要高于农户自发的土地转入户，原因是通过政府平台完成的土地流转更容易实现农地规模经营。当然，政府不恰当的市场干预可能阻碍农地流转，降低农业生产效率。如印度20世纪80年代实施的土地租赁管制严重制约了农地流转市场的发展，阻碍了农地流转市场效率实现（Deininge et al.，2008）。由于农地经营规模超过临界点会出现规模报酬递减现象，政府过度干预农地流转和规模经营也会降低农业生产效率。

（四）农地流转与农户福利

农户福利研究一般将农户收入、消费、贫困等纳入农民福利范畴（Berg，2010；Jin and Jayne，2013；陈飞、翟伟娟，2015）。关于农地流转对农户福利的影响，从农户收入角度研究的较多，对消费、贫困等问题研究的相对较少。

农户生产活动中，土地和劳动力是农户生计活动和资本回报最重要的两种资源要素。土地流转引起农户土地和劳动力配置方式和资本报酬的变化，从而影响农户收入。如农户转入土地后家庭劳动力与更多的土地资源相结合，农户扩大农地经营规模从而增加农业收入。农户转出土地后，土地资源回报由农业生产收入转变为土地租金收入。同时，农户部分或全部劳动力与土地分离从事非农就业，家庭非农收入变化（诸培新等，2015）。陈飞、翟伟娟（2015），李庆海等（2012）以及薛凤蕊等（2011）均发现了农地流转对农户的收入增加效应。其中，转入土地后农业生产投资的增加是农户收入增加的重要原因，而转出户收入增加来源于非农收入和土地租金收入的增加（薛凤蕊等，2011；陈飞、翟伟娟，2015）。然而，也有学者指出，农地流转对农户收入的影响是复杂的。事实上，在现行工商资本和外来资本大规模加入农地流转的背景下，有可能会产生农地流转后的规模收益与农户收入之间的关系割裂的状况，导致农地流转与农户收入增长无关（王德福、桂华，2011）。如张建等（2016）研究政府干预农地流转对农户收入的影响，发现政府干预下转入户收入大幅度提高，而转出户收入增加的并不明显。刘向南、吴群（2010）理论上探讨了影响农户土地流转收益的因素，主要包括农业生产经营效益、劳动力非农转移能力以及土地租赁期限等。刘鸿渊（2010）指出政府主导农地流转增加农户收入的现实条件是农民非农业劳动力能否顺利转移，以及农地规模经营能够化解农业生产风险。许恒周、郭玉燕（2011）采用协整方法分析了农地流转与农户非农收入关系，发现农地流转对农户非农收入的影响具有滞后效应，即短期效应较弱，长期而言农地流转对农户非农就业的影响较强。杨渝红、欧名豪（2009）利用统计数据研究发现，经营小规模或较大规模的农民人均纯收入要高于中等规模的经营户。

关于消费和贫困等福利指标，Jin and Jayne（2013）研究肯尼亚地区土地租赁市场的公平和效率含义，发现通过土地租入可以增加禀赋较少的低收入农户的收入水平，但由于市场发生率较低，农地租赁市场不足以降低贫困发生率。陈飞、翟伟娟（2015）基于中国家庭追踪调查（CFPS）数据研究农户土地流转参与对其福利的影响，发现通过转入和转出土地均降低了农户贫困发生率。Kemper et al.（2015）研究越南土地确权项目对农户消费的影响，认为产权安全可以促进农地租赁市场发育，农户通过土地流转可以平滑消费，减少消费波动；但也可能由于增加租赁土地的投资而增加消费波动性。李庆海、李锐等（2012）使用农村固定观察点 2003—2009 年面板数据估计农地流转对农户福利的影响，发现租入土地对农民消费支出并不显著，但会显著减少转出户消费支出。

四　文献述评

现有文献从农地流转市场发育的影响因素、农地流转对农户劳动力转移、规模经营、资源配置效率和农户收入等方面进行了系统研究，全面揭示了农地流转与农户资源配置、资源要素价格、农户生产行为及农户福利之间的关系，丰富了以人地关系协调发展为理念的人口经济学和土地经济学理论。然而，考察农地流转与农户生计方面的研究，还存在以下研究领域的空白。

第一，多数文献将土地流转视为农户劳动力非农就业等生计活动的"引致"行为，研究农户生计活动对农地流转的文献较多，而鲜有文献关注农地流转市场发育对农户生计活动的影响。农地是农户重要的生产要素和资产要素，对农户还具有就业和社会保障等多重职能，农户参与土地流转后土地和劳动力配置方式发生变化，农户生计策略也会发生很大变化。

第二，农户生计影响因素的研究中，现有文献较多关注自然灾害、土地退化等环境因素、农民自治组织或政府改革等制度因素、非农业劳动力转移等农村劳动力市场因素，而较少关注农村土地要素市场发育对农户生计的影响。中国正处于农地流转和规模经营的剧烈转型期，农村内部土地要素市场在政府土地产权制度改革、农地规模经营政策等多种因素影响下出现了市场发育水平差异，影响着农户参与土地市场的交易规模，对农户农业和非农业专业化产生很大影响，最终影响农户生计策略、生计资本效率和农户福利水平等。

第二节　理论基础

一　农户行为理论

（一）小农经济行为假设

围绕着小农行为是否理性，西方经济学发展出两个主要的理论，即道义小农和理性小农（饶旭鹏，2011）。道义小农的观点是由美国经济学家詹姆斯·斯科特（James Scott）提出，但这一思想来自苏联社会农学家恰亚诺夫（Chayanov）。恰亚诺夫在其《农民经济组织》一书中完整论述了其道义小农思想。他反对将西方经济理性普遍化的做法，认为小农户既是生产单位又是消费单位，小农户生产和消费决策难以分开，因此不应当以"利润最大化"的假设形容小农，而应当以"家庭效用最大化"的原则来描述小农生产行为，家庭效用是指在家庭劳动辛苦程度和家庭消费需求之间达到的一种均衡。因此，家庭农场的经济活动量是家庭劳动供给和家庭消费需求的函数（王庆明，2015）。耶鲁大学政治科学和人类学家斯特林的突出贡献是他完整地阐述了道义小农的两个基本原则，即"安全第一"和"互惠"。他在《农民的道义经济学》一书中研究东南亚社会中下阶层的小农，指出在动荡的社会环境和变化莫测的气候条件下，小农户家庭经营的首要目标是竭力避免农作物的歉收，以保障基本的生产安全。围绕"安全第一"的生存法则，小农户为规避风险而屈从传统习惯，小农行为以生计安全为目标而非追求利益最大化。

然而，理性小农把农户看成和资本主义企业一样的理性经济人，其经济决策的目标是利润最大化。美国经济学家舒尔茨（T. W.

Schultz）是理性小农的代表，在《改造传统农业》一书中，他指出在传统农业生产中，农业生产要素是落后的，但农民并不是慵懒和不思进取的，而是像资本主义企业家一样是经济理性的。传统农业中，农民会充分考虑成本、收益和风险，并在现有技术条件下充分利用其生产要素，以实现各种生产要素的最大安排。然而，只是由于农民传统生产活动创造的价值无助于储蓄和投资，因此，小农户无法摆脱贫困。舒尔茨将传统农业总结为贫穷但有效率的。他提出从以下三个方面改造传统农业：第一，建立适应市场变化的家庭农场；第二，为引进现代农业生产要素创造条件；第三，提高农民教育水平、健康等人力资本素质。萨缪尔·波普金（Samuel Popkin，1979）进一步深化了舒尔茨的理性小农观，他强调小农精于理性计算的行动中，甚至可以比拟精明的资本主体企业家，小农是为追求利益最大化而做出合理决策的理性经济人。实际上，面对着复杂多变的环境，无论是道义小农还是理性小农，规避风险是小农生产的重要考虑。为规避风险，小农许多看似非理性的行为实质是理性的决策，如不首先使用新技术、拒绝农业产品贸易等。然而，小农的规避风险属性在不同的经济社会和制度情境下并不一致，处于饥饿边缘的小农，他们唯一的目标是生存，会为了生计安全而规避任何风险行为。农户面临的最主要的风险有自然风险、市场风险、技术风险、政策风险、环境风险、制度风险、信息风险、交易风险和生产风险等（宋雨河，2015）。随着经济发展、社会保障制度完善以及民主制度的建立，小农所处的外在风险程度降低，小农的"趋利"属性会占主导地位。

（二）小农生产决策

由于风险的存在，农业生产中面临着很大的不确定性，农户农业生产中既要考虑利润最大化，也要考虑风险最小化（毛慧等，2018）。市场参与者可以分为三类，分别是风险厌恶者、风险爱好者和风险中性者。不同农户的风险偏好有所差异，且大多数的农户属于风险厌恶者（毛慧等，2018）。小农户农业生产决策的前提是风险小于预期收益，风险包括采纳新技术或新策略遭到失败的可能性以及需要承担的预期成本，预期收益是从预期行动中获得的期望回报。因此，小农的收益函数因风险因子而面临贴水。假设一个风险厌恶的小农户，其期望收益为 $E(X)$，小农为规避风险愿意付出 P，P 称为风险溢价（或风险贴水），则考虑风险因素的农户确定性等价收益 CE 可以表示为：

$$CE = u(E(X) - P) = u(E(X) + \varepsilon) \tag{2—1}$$

其中，ε 是农业生产预期收益的微小变化，P 为马科维兹风险溢价，其值越大表明小农风险厌恶程度越高。

如果小农的效用函数是二次连续可微的，对式（2—1）两边在 $E(X)$ 处做泰勒级数展开，并只保留一阶和二阶导数：

$$u(E(X)) + u'(E(X))\varepsilon + \frac{1}{2}u''(E(X))\varepsilon^2 + Re =$$
$$u(E(X)) - u'(E(X))P + Re \tag{2—2}$$

$$u(E(X)) + \frac{1}{2}u''(E(X))Var(\varepsilon) = u(E(X)) - $$
$$'(E(X))P \tag{2—3}$$

由此可得风险溢价：

$$P \approx -\frac{1}{2}\frac{u''(E(X))}{u'(E(X))}var(\varepsilon) \tag{2—4}$$

式（2—4）的右边有两个因素，$\dfrac{u''(E(X))}{u'(E(X))}$ 是体现小农个体偏好的因素，$var(\varepsilon)$ 则是农业经营收益的期望方差，体现不确定性风险。将农业经营风险的 ε 因素除去，留下仅反映小农户个体的因素，则更一般化的风险厌恶指标为：

$$\lambda(E(X)) = -\frac{u''(E(X))}{u'(E(X))} \tag{2—5}$$

经济学家普拉特（Pratt，1964）和阿罗（Arrow，1971）分别证明了在一定的假设条件下，反映经济主体的效用函数特征的 $-\dfrac{u''(E(X))}{u'(E(X))}$ 可以用来度量经济主体的风险厌恶程度。因此，λ 也被称为阿罗—普拉特绝对风险厌恶系数（Arrow-Pratt absolute aversion）。

二　可持续生计理论

可持续生计理论是围绕可持续发展而提出的一种新的研究理论视角，是一种旨在分析制度、社会和物质环境之间多元复杂关系的框架。可持续生计理论主要应用于贫困和农村发展问题的研究，将人们对农村和农民福利问题的研究从静态的贫困、收入和消费等角度拓展到抵抗风险的能力、脆弱性和资本等概念，强调可持续的生计发展。过去几十年，许多国际机构发展了可持续生计框架（如FAO，DFID，UNDP）。其中，英国国际发展署提出的可持续生计框架得到广泛的认可和应用，该框架围绕生计这一核心概念建立起生计资本、生计脆弱性、制度和组织发展、生计策略和结果之间的理论框架（DFID，1999）。

如图2—1是可持续生计分析框架（SLF），该框架以生计资本为基础，农户根据所拥有的资产基础选择相应的生计策略并取得生计结果，农户生计资本被划分为自然资本、人力资本、社会资本、物质资本和金融资本五种资本，资本可得性受到脆弱环境下不可预见风险因素的冲击、政策和制度等方面的影响（DFID，1999）。

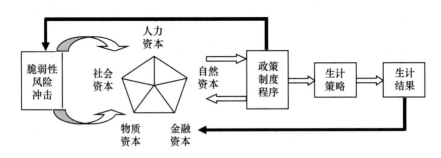

图2—1　可持续生计分析框架

生计资本的度量范围包括农户家庭内部、农户之间、社区、村庄内部等（Chambers and Conway，1992）。生计资本包括有形资产（如存款、物质资源等）和无形资产（可得性）（Scoones，1998）。有形资产是农户生计资本的资源基础，资产可得性是农户使用资源、存货、服务或取得信息、物质、科技和收入的能力，反映了农户抵御风险冲击、维持资产水平的能力（Chambers and Conway，1992）。自然资本由土地、水和其他环境资源所组成，环境资源对农户生计的贡献取决于资源的有用性和产权状态，如安全、完善的土地产权能够促进土地资源的充分流动和价值增值，进而提高资源配置效率（冀县卿、钱忠好，2010）。人力资本包含资本的数量和质量两个范畴，农户人力资本的数量包括家庭劳动力数，劳动力有效劳动时间，质量包括劳动力的健康、受教育程度、知识和技能等。人力资本不仅决定了农户能否进入更高回报的生计领域，人力资本的技能、知识和信息获取能力等，还影响着自然资源的利用效率和社会关系的建立；物质资本包括农户所拥有的牲畜，各类生产性设备，家用电器等消费性资产以及房产等固定性资产（FAO，2005）；社会资本被定义为社会关系、社会结构和社会制度安排中的规则、规范、责任、互惠和信任等（Rakodi，1999），实证研究中常以农户是否参与合作组织、农户家庭礼金支出、困难时能否得到他人帮助、社会信任等指标来反映（黎洁等，2009；Chen et al.，2013；韩自强等，2016）；金融资本包括农户家庭现金、存款、收入、信贷可得性和保险等。

　　生计资本和风险冲击的关系是相互的，风险冲击会减少农户的生计资产，同时生计资产降低了生计脆弱性并增强了抵抗冲击的能力（FAO，2005）。风险冲击可能来自于自然灾害，如地震、海啸等，还有可能是政策和制度带来的，如农业保险市场的缺失加剧了农业生产的风险，土地调整增加了农民失地风险等。FAO（2005）将影响农户生计资本的政策和制度划分为四类，分别是正式的社会组织（如合作社）、非正式组织（如民间借贷）、经济制度（如市场、银行、土地权利和税收系统等）和社会文化组织（如关系、婚姻、继承和宗教等）。政策和制度影响着人们的资产可得性和应对风险的能力，有利于贫穷农户的资产分配方案能够提高其资产可得性，改善低收入农户的生计水平。好的政策和制度环境应当减少农户生产的不确定性和风险，提高农户生产劳作的积极性，提高农户生计水平。

生计策略是人们获得生计目标的一组活动和选择，包括生产性活动、投资战略和资产使用方式（DFID，1999）。生计多样化也是农户充分利用劳动力、减少收入波动性及抵御风险的一种生计策略（Loison，2015）。现有文献认为，农户生计多样化主要有两种原因，即风险管理和广度经济（Chavas and Di Falco，2012；Loison，2015）。风险管理是指农户为应对农业风险而采取的农业和非农业多样化生计策略。小农经济中农户利用自有资金投入农业生产，农业生产中面临着生产风险和价格风险等，使得小农户偏向风险厌恶（Bowman and Zilberman，2013）。风险厌恶的小农户可以通过种植多种农作物以防范某种农产品价格波动风险，通过轮换种植不同的作物或复种组合以恢复土壤养分，减少土壤退化的风险（Bowman and Zilberman，2013）。农户还可以通过非农就业减少风险，以劳动力雇用为主的非农就业无须资本投入，被认为是较低的风险活动（Goodwin and Mishra，2004）。广度经济是指农户将劳动力分配到不同的生产活动中，以降低单一配置劳动力导致的边际递减效应，提高劳动力边际生产效率。小农生产以家庭劳动力为主，但农业生产的季节性较强，农户农忙时可能面临着劳动力短缺，农闲时又会面临劳动力剩余。因此，农户通过种植不同时节收获的农作物以合理配置劳动力，或通过农闲时外出务工、农忙时回家耕作等多样化形式合理分配劳动力（Bowman and Zilberman，2013），提高劳动力配置效率。

三　农业规模经济理论

农业规模经济的理论基础是农业规模报酬递减和要素的不可分性（彭群，1999）。新古典经济学关于土地报酬递减的研究中，首次论述了农业生产中的要素投入和规模报酬变化规律。早在 17 世纪，

著名的经济学家威廉·配第在其政治经济学名著《政治算术》就提
出了"报酬递减"的概念和简要模型。此后，亚当·斯密也注意到
了农业生产中的报酬递减现象，并着重从专业化分工角度提出劳动
力专业化和分工可以避免农业生产报酬递减现象。最早运用经济学
和数学方法论述报酬规律的经济学家是法国重农学派的代表人物杜
尔阁，他讨论了要素投入与报酬变化的增减规律，以及报酬最大化
下的要素最优投入量和配置问题。

　　农业规模经济理论是指在长期的农业生产中，所有农业生产要
素投入均是可变的，当生产要素投入发生变动时，农业经营规模也
发生相应的变动，产生的收益就是规模经济或不经济（彭群，
1999）。农业生产中的要素投入主要包括土地、劳动力和资本，而技
术和管理等要素对全要素生产率也有很大影响。其中，土地流转主
要与农地规模有关，仅考虑农地要素投入，农地规模经济理论是指
随着农业生产中土地要素投入的增加或减少，农业生产效率的变动
情况。当农地经济规模较小时，通过追加土地投入以实现农地适度
规模经营，增加农地规模报酬；当农地投入达到适度经营规模，扩
大土地规模会导致规模报酬不变或递减。规模报酬考察的是全要素
配置效率，农地规模经济考察土地要素投入变化对农业生产规模报
酬的影响。在这里，通过土地规模报酬曲线图来说明这一机制。假
设农户生产要素投入不受约束，如图2—2所示，由A→B，土地、
劳动力和资本等生产要素投入分别增加1.5倍，农业生产经营总产
出增加2倍，此阶段为规模报酬递增；由B→C，各种生产要素投入
分别增加2倍，而农业总产出也相应地增加2倍，此时规模报酬不
变。以此类推，C→D段中农业产出增加的倍数小于生产要素投入倍
数时，此时规模报酬递减。因此，合理的生产要素投入规模应当为
A→B和B→C区间，此阶段所有生产要素按同比例增加时，会带来
产出同比例或更大的增加。

　　土地规模经济是土地规模报酬处于递增或不变阶段时的状态。
随着土地投入面积的扩大而产生的单位土地面积收益的增加，或是

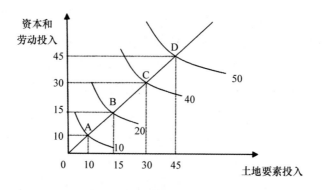

图 2—2 土地规模报酬曲线

单位土地产品成本的下降。在农业长期生产经营过程中，之所以会经历报酬变化的三个阶段，根源在于长期平均成本要经过三个阶段。图 2—3 为规模经济与规模不经济曲线（曲福田，2011），LAC 为长期平均成本曲线，AB 段为长期平均成本下降阶段。随着土地投入规模扩大，长期平均成本下降。随着土地经营规模扩大到 BC 段，企业长期平均成本不变。C 点之后，农产品长期平均成本上升，此时已经处于规模不经济阶段。

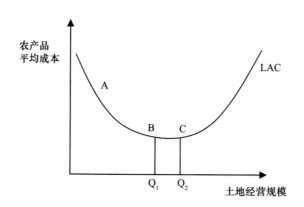

图 2—3 规模经济与规模不经济

农地流转是我国农户调整农地经营规模的重要机制。当前，在农地均分承包政策下，农户普遍以小规模经营为主，很难达到适度规模经营点。此时，通过转入土地，增加农业生产中的土地投入，可以提高农业生产报酬，实现土地规模经济，从而增加农户农业生产利润和经营性收入。对于一部分劳动力转移为主的农户，自家农业投入多为老龄化劳动力，劳动生产效率较低，此时，通过将土地流转给经营效率较高的农户，在提高土地利用效率的同时，土地资本化为地租从而增加转出户财产性收入。

第三节　理论分析框架

本书借鉴可持续生计分析框架（SLF），遵循"农地流转市场发育—农户土地流转参与—农户生计策略及流动性—农户资本（劳动力）效率—农户生计福利"这一逻辑主线，构建农地流转影响农户生计策略和福利水平的理论分析框架，如图2—4。农户生计受到外部环境和自身生计资本的影响，外部环境可分为自然环境（自然灾害、气候及农作物病虫害等）及人文环境（市场、政策与制度）。其中，农地流转市场属于影响农户生计的要素市场，农户参与土地流转后优化土地—劳动力资源配置，改变农户农业和非农业生计活动及生计多样化策略，进而带来生计资本效率（土地、劳动力和资本）的变化，最后影响农户福利水平。

一　农地流转市场发育对农户土地流转参与的影响

市场主要通过影响生产要素投入价格和产出品价格进而影响农户资源配置活动，农地流转市场发育会引起土地和劳动力等要素价格变化，引导农户土地、劳动力和资本要素的重新配置，进而改变农户土地流转参与决策。

农地流转要素市场由农地经营权的供给与需求关系、价格机制和竞争机制、市场中介机构发育等组成。完善的农地流转市场拥有充分的供给和需求主体。然而，需要注意的是，相对于普通的商品市场，由于农村土地资源稀缺、位置不可移动等特征，农地市场的供给弹性一般大于需求弹性，从而使得农地流转市场成为买方市场。农地流转市场的完善能够充分披露市场信息，减少买方垄断，从而有利于供需双方市场交易。从主要指标上，农村土地流转市场发育主要反映在有偿流转率，土地流转比例和中介组织建设等方面，相对于亲戚、熟人之间"零租金"或低租金的土地流转，有偿流转率的提高反映了市场价格机制的形成与作用，土地流转比例反映了市场的土地流转供给情况，较高的土地流转比例反映了活跃的土地流转市场。土地流转中介组织机构的建立与完善为农地流转谈判交易、竞价、法律政策咨询、合同签订等提供服务，有利于土地流转市场发育完善。通过建立农户土地流转参与比例和流转规模理论与计量模型，选择村级层次农地流转市场发育变量引入模型，实证研究了农地流转市场发育对农户土地流转参与的影响。

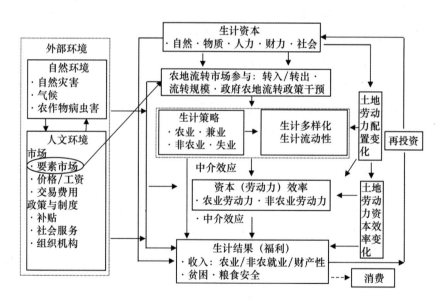

图2—4 农地流转与农户可持续生计理论框架

二 农地流转对农户生计活动及多样化策略的影响

农户参与土地流转进而改变生计策略。重点研究农户两种重要的生计活动（策略），包括经济作物种植和非农就业。农地流转会直接影响农户土地—劳动力资源配置，进而影响农户生计策略。不存在土地流转市场时[①]，留在农村的农户家庭劳动力资源围绕着土地禀赋进行配置，在满足家庭农业生产需求的同时，剩余劳动力从事非农就业；在农业生产内部，相对于粮食作物，经济作物的劳动密集度较高，劳动力禀赋相对于土地禀赋较丰富的农户可能选择种植经济作物，以充分利用农业劳动力资源。当然，如果外出务工相对种植经济作物的机会成本更高，农户可能选择从事非农就业。存在土地流转市场时，农户根据不同生计活动的边际报酬做出选择。首先，农户根据是否存在剩余劳动力及劳动力比较优势选择转入土地或转出土地，以调节农业生产中的土地—劳动力资源配比。具有非农比较优势且不存在农业剩余劳动力的农户选择转出土地，转出土地后劳动力可能赋闲或从事非农就业。其次，存在农业剩余劳动力的农户家庭可以转入土地扩大农地经营面积，而农地经营面积扩大后又可能引起种植作物类型的变化。最后，农户农业剩余劳动力本身在经济作物种植和非农就业之间进行分配，两者可能具有反向决策关系。

农地流转引起农户生计策略变化时，也在改变农户生计多样化策略。农户生计多样化相应的被划分为农业多样化（农作物多样化）和非农就业多样化。与此同时，农地流转通过改变农户土地—劳动力资源配置进而影响农户生计多样化决策。

三　农地流转及政府干预对农户生计流动和生计分化的影响

要素市场完善时，农户不同资源配置的报酬相等，农户福利差距只与其资源禀赋有关，而与资源配置方式无关，即不存在生计策略的优劣。当市场不完善时，不同资源配置方式的回报存在差异，

———————

① 这里还假设农村雇用劳动力市场存在失灵，非农就业市场存在很大约束（Carter and Yao，2002）。

农户不同类型生计策略的回报不一致，则农户生计策略存在福利上的优劣。农户福利相对较高的生计策略为优势生计策略，福利相对较低的为劣势生计策略。农户不同时期选择的生计策略福利水平不一致时，就会发生生计流动。农地流转会改变农户土地和劳动力配置方式，影响农户生计策略选择，进而影响农户生计流动性。如农户转入土地时，随着土地经营规模的扩大，资本和劳动力更多与土地结合，投入以农业生产为主的生计策略。而农户转出土地时，农户劳动力转移到非农业领域，农户生计以非农业活动为主。尽管农地流转可能短期内优化农户土地和劳动力资源配置，长期来看，农地流转是否有利于农户生计向上流动则与该项生计活动的边际回报有关。当非农业和农业存在较大的生产效率差距，非农业领域的劳动报酬较高时，从事农业生产未必是优势生计策略选择。因此，农地流转对农户生计流动性未必是积极的影响。

政府农地流转干预政策旨在促进农地流转和规模经营。政府农地流转干预政策可划分为农地流转补贴、行政命令和中介组织服务，不同政策干预手段对农户生计的影响存在差异，如针对农地流转的补贴可以激励农户转入土地成为农业大户，政府行政命令可能使得更多农户转出土地成为"失地"农民。政府对农户生计分化的影响取决于政策的影响程度以及农户响应程度。

四　农地流转对农户生计（劳动力）资本效率的影响

随着农地流转市场发展，农户参与土地流转后优化土地—劳动力配置关系，改变农业和非农业生计策略，影响农户土地、劳动力和资金等生计资本效率。在农户农业和非农业生计活动中，均需要家庭劳动力的参与，因此，劳动力是不同生计活动生产效率和收入来源最重要的资本类型。本书研究农地流转对农户劳动生产率的影响，农户劳动生产率被细分为家庭农业劳动生产率和非农业劳动生产率。农户参与土地流转，对土地生产效率和农业生计策略（农业劳动力供给）产生影响，进而影响农户农业劳动生产率。与此同时，土地流转还会影响农户非农业生计策略（非农业劳动力配置），进而影响家庭非农业劳动生产率。例如，农户转入土地后，土地规模扩大后剩余劳动力与更多土地资源结合，农业劳动生产率提升；农户转出土地后，原先从事农业生产的劳动力可能赋闲或进入非农就业市场，增加农户家庭非农就业时间，由于这部分劳动力的边际生产率较低，可能会降低整体的非农业劳动生产率。

五　农地流转对农户生计福利的影响

农地流转对农户福利的影响是生计研究的最后一环。随着农地流转优化农户生计策略，改变农户生计资本效率，最终影响农户福利水平。本书选择收入和贫困水平来衡量农户福利，主要研究农地流转对农户收入和贫困发生概率的影响。农户收入被分为总收入、农业收入、非农就业收入和财产性收入。农地流转影响农户农业生计决策、农业劳动时间供给以及农业劳动生产率，进而影响农户农业收入；农地流转也会改变农户非农就业决策、非农业劳动时间供给以及非农业劳动生产率，进而影响农户非农就业收入；通过土地流转市场，农户土地资本化为地租，影响农户财产性收入。最后，由于农村要素市场不完善，农户土地转入规模存在很大差异，不同土地转入规模使得农户土地—劳动力配置比例发生很大差异，对农户农业收入和非农就业收入也会产生很大影响。

第四节　本章小结

本章在文献综述和相关理论的基础上，遵循"农地流转市场发育—农户土地流转参与—农户生计策略及流动性—农户资本（劳动力）效率—农户生计福利"这一逻辑主线，构建了农地流转与农户可持续生计理论框架。本章理论分析了农地流转市场发育对农户土地流转参与、农地流转对农户生计活动和生计多样化策略，以及农地流转及政府干预对农户生计流动性和生计分化的影响机制，以及农地流转对农户劳动生产率和收入的影响机理。农地流转优化农户土地—劳动力资源配置，进而影响农户农业和非农业生计策略和生计多样化程度，影响农户农业和非农业生计资本（劳动力）效率，最后作用于农户福利（收入和贫困）。理论框架在理顺研究逻辑的基础上，将在下文展开以下实证研究：第四章是农地流转市场发育对农户土地流转参与的影响研究，第五章是农地流转与农户生计策略联合决策研究，第六章是农地流转对农户生计多样化策略的影响研究，第七章是农地流转对农户生计流动性的影响研究，第八章是政府农地流转干预政策对农户生计分化研究，第九章开展农地流转对农户劳动生产率的影响研究，第十章进一步研究农地流转对农户收入和贫困发生率的影响。第十一章提出了基于农户可持续生计的农地流转政策等选择和保障机制构建。

第 三 章

我国农地承包经营权流转 政策变迁、市场发育和 农户生计问题

我国自 1978 年实施农村家庭联产承包责任制以来，农村土地制度整体朝着市场化方向改革发展，着力于稳定农地产权、保护农民土地权益和激发农地流转权能。改革开放以来，农地流转政策也先后经历了禁止、允许、依法规范、政府全面干预等阶段，逐步赋予农民相对完整的土地流转权利。随着我国农地流转政策的完善，农地流转市场逐渐发育，全国范围内参与土地流转的农户比例和土地流转面积逐年增加。农地流转市场发育影响农户土地和劳动力资源配置，对农户农业和非农业生产活动产生影响，也引起一系列农户生计变化，如农地经营规模、农作物种植结构调整和劳动力转移等，最终影响农户生计福利。本章在介绍我国农地流转政策变迁和农地流转市场发育的基础上，分析我国农民生计和福利现状，最后提出农地流转市场发育下农户生计变化和农户福利问题。

第一节　我国农地承包经营权流转政策变迁和市场发育

一　我国农地承包经营权流转政策变迁

家庭联产承包责任制实施之初，为巩固土地集体所有制的基础地位及稳定土地承包关系，国家禁止土地转让、出租，农民无力经营或转营他业时需要将土地退还给村集体。随着工业化发展和乡村劳动力转向非农业部门，许多农民无力耕种土地，土地抛荒以及兼业生产大量存在，私下里的土地转包、出租等现象也普遍存在，国家法律政策也在放开土地流转行为，并逐渐规范农村土地流转。总体而言，我国农地流转政策先后经历了禁止转包、有条件转包、依法流转、法律规范及政府干预阶段。

（一）禁止流转阶段（1978—1983 年）

1982 年之前，我国家庭联产承包责任制实施之初，为巩固家庭联产承包责任制的基础地位，法律政策严禁土地流转。如 1982 年《全国农村工作会议纪要》和《中华人民共和国宪法》，均做出了农村承包地不准买卖、出租、转让等规定，严格禁止非法占用耕地，以保护农地用于农业生产。

（二）有条件流转时期（1984—1987 年）

家庭联产承包责任制调动了农民农业生产的积极性，农业生产投入带来生产效率和产量的快速增加。与此同时，改革开放进程中我国由计划经济体制转向社会主义市场经济体制，第二、第三产业得到发展，非农业工资率逐步上涨，并远超过农业生产领域，吸引大量农村劳动力开始向第二、第三产业和城镇地区转移，农村地区开始出现耕地抛荒、弃耕等现象，私下里也早已出现农地转包现象。在此背景下，禁止农地流转的政策已脱离农村生产的现实需求，中央开始有条件地放开土地流转。1984 年"中央一号"文件率先打开土地流转的大门，允许社员在征得集体同意后转包土地，即有条件地进行土地流转。这一时期，一些外出务工、无力耕种土地的农户把土地私下里转包给亲戚、邻居耕种，转入方代为缴纳农业税费。然而，正如"中央一号"文件和1987年颁发的《把农村改革引向深入》的通知规定，农户可以退出承包地，也可以经过集体批准转包给他人，目的是提高农业生产效率，满足分化了的农户经营需求。

（三）依法流转阶段（1988—2001年）

社会主体市场经济改革逐渐深入，资源有价的观念也深入人心，过去土地无偿、无限期使用的政策逐步转变为有偿、有限期使用，并采取市场化配置供单位和个人建设使用。这一时期，农村土地市场化的改革也进入了法制化轨道。1988年"土地使用权可以依法转让"这一规定首次写入《中华人民共和国宪法》，意味着我国土地市场化配置上升到最高法律地位，明确了未来的土地制度改革和管理方向。这里的土地使用权既包括国有土地使用权，也包含农村集体土地使用权，两权可转让的详细规定则出现在同年颁布的《中华人民共和国土地管理法》中。随后的法律政策针对农地流转中出现的"返租倒包"现象，明确了农地流转要遵循"群众自愿原则"。同时，为指导地方农地流转实践，规范农地流转过程，1993年党的十一届三中全会和1995年农业部《关于稳定和完善土地承包关系的意见》进一步将农地流转分为"转包、转让、互换、入股"等方式，与此同时，初步探索了土地承包经营权流转机制，对农地流转的经济补偿、承包合同管理等问题做出说明。

（四）法律规范阶段（2002—2007年）

尽管法律政策鼓励农地承包经营权流转，但我国农地流转的速度始终较慢，参与土地流转的农户数和流转的土地规模均无法满足我国农地规模经营的发展。农地流转市场发育缓慢的主要原因之一是缺乏农地流转政策法规的规范，农民土地流转存在顾虑。2002年，国家将农民土地自由流转的权利上升到法律并写进《中华人民共和国土地承包法》，对农地流转的形式、流转承包方和发包方的关系、流转租金等进行了明确规定，为农村土地流转提供了完善的法律依据。2005 年颁布的《农村土地承包经营权流转管理办法》更加详细、明确地规定了流转当事人的权利、流转方式、流转合同的签订以及土地流转管理工作。2007 年颁布的《中华人民共和国物权法》将土地承包经营权正式定性为用益物权，加强了农地承包经营权的保护，为参与土地流转的农民吃下了定心丸。

（五）法律规范与政府强化干预阶段（2008 年至今）

农地流转作为实现我国农地规模经营的重要途径而受到政府的干预。由于长期以来农村社会团体受到严格管制，农地流转中介组织发展缓慢，市场机构缺失，无法为有土地流转需求的农户提供服务。为此，2008 年党的第十七届中央委员会第三次全体会议确定了政府主导下的土地承包经营权流转市场化原则，允许官办或半官方的土地产权交易平台建设，为农户土地流转合约签订、交易鉴证、租金评估等提供服务。从此，我国进入了法律规范和政府干预农地流转的新时期（于传岗，2012）。此后，围绕着农地流转中的政府职能、发展新型规模经营主体、农地"三权分置"改革等，中央出台了一系列文件，如 2008—2014 年连续六年的"中央一号"文件，对基层政府土地流转合同、登记、备案等服务的职责，以及健全县乡村三级土地流转服务网络做出指导。与此同时，从土地市场的需求端发力，采取财政补贴、贷款政策、税收政策、教育培训等综合政策促进专业大户、家庭农场、合作社等规模经营的发展，满足规模经营主体农业生产的基础设施和人力资本需求。

二　我国农地流转市场发育

（一）全国农地流转市场发育情况

随着法律逐步规范和政府干预的加强，农地流转市场快速发展。表 3—1 是 2009—2016 年全国农地流转市场发育情况统计表。从2009 年到 2016 年，全国承包耕地流转面积增加了 3.16 倍（47921万亩除以 15154 万亩）；家庭承包耕地流转面积比重从 11.93% 上升到 35.13%，意味着农业生产中超过三分之一的土地来自于租赁地；土地转出户占总承包户的比例由 12.82% 上升到 29.69%，意味着近三分之一的农户完全或部分退出农业生产。

表3—1 　　　　　　　 **2009—2016 年全国农地流转市场发育情况**

年份	家庭承包耕地流转总面积（万亩）	家庭承包耕地流转面积比重（%）	土地转出户占总承包户的比例（%）
2009	15154	11.93	12.82
2010	18668	14.66	14.54
2011	22793	17.84	16.94
2012	27833	21.24	19.32
2013	34000	25.62	22.87
2014	40339	30.36	25.34
2015	44683	33.29	27.45
2016	47921	35.13	29.69

注：数据来源于《中国农业发展报告 2010—2017》和《中国农业统计资料 2009—2016》。

表3—2 是 2009—2016 年全国农地流转形式统计表，可以看出，转包和出租是农地流转的两种最主要形式，转包和出租的土地总面积占总流转面积的近 80%。其中，转包的比例逐年下降，而出租的比例逐年增加。由于转包主要发生在本村组内部，而出租则是农户将土地租赁给本村组以外的经营主体，出租的比例增加而转包的比例下降，表明土地流转的范围在扩大。农户以转让方式流转土地的比例从 2009 年的 4.54% 下降为 2016 年的 2.69%，表明随着土地资本化率的提高以及农地附加的农业补贴价值的增加，农户将土地承包经营权转让的概率降低。互换是农户为方便农业生产和其他农户之间采取的调地、换地行为，采取互换方式的土地流转比例始终维持在 4% 至 7% 之间。作为一种新型的土地流转制度创新，以股份合作流转土地的比例也从 2009 年的 5.42% 增加到 2015 年的 6.08%，但 2016 年却大幅度下降为 5.10%。

表3—2　　　　　　　　2009—2016年全国农地流转形式统计

年份	转包占流转总面积的比重（%）	转让占流转总面积的比重（%）	互换占流转总面积的比重（%）	出租占流转总面积的比重（%）	股份合作占流转总面积的比重（%）	其他形式占流转总面积的比重（%）
2009	52.89	4.54	4.39	25.69	5.42	7.07
2010	51.61	5.01	5.13	26.36	5.96	5.93
2011	51.06	4.43	6.41	27.07	5.58	5.46
2012	49.32	3.95	6.47	28.86	5.89	5.50
2013	47.01	3.28	6.20	31.77	6.96	5.08
2014	46.57	2.96	5.83	33.15	6.72	4.77
2015	47.03	2.79	5.39	34.30	6.08	4.41
2016	47.14	2.69	5.36	35.09	5.10	4.63

注：数据来源于《中国农业发展报告2010—2017》和《中国农业统计资料2009—2016》。其他形式的流转包括继承、抵押等。

图3—1是全国土地流转市场合同签订情况统计，如图所示，从2009—2016年，转出户中签订土地流转合同的比例和签订合同的耕地流转面积比例均逐年增加。其中，转出户中签订土地流转合同的比例从2009年的58.62%上升至2016年的75.7%，签订合同的耕地流转面积比例则从53.18%上升至68.23%。由此可见，我国土地流转市场的合同规范性逐渐加强，农民土地流转中的合约意识在提高。

（二）农户土地流转和经营情况分析

表3—3统计了2009—2016年全国农地流转的去向。如表所示，流转入农户的土地面积比例持续下降，2016年转入农户的面积比例已经低于60%。而土地流转给专业合作社和企业的土地面积比例持续增加，表明合作社和企业两种规模经营主体的迅速发展。

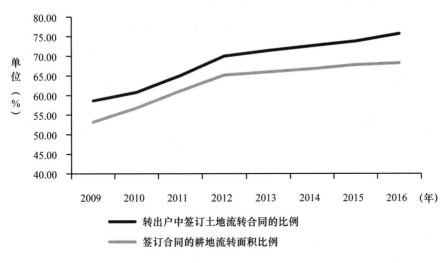

图3—1　全国土地流转市场合同签订情况

注：数据来源于《中国农业发展报告2010—2017》和《中国农业统计资料2009—2016》。

转出户中签订土地流转合同的比例＝签订耕地流转合同份数/流转出承包耕地的农户数

签订合同的耕地流转面积比例＝签订流转合同的耕地流转面积/家庭承包耕地流转总面积

表3—3　　　　　　　　2009—2016年全国农地流转去向统计

年份	流转入农户的面积比例（%）	流转入专业合作社的面积比例（%）	流转入企业的面积比例（%）	流转入其他主体的面积比例（%）
2009	71.60	8.87	8.87	10.66
2010	69.17	11.87	8.08	10.88
2011	67.63	13.40	8.37	10.60
2012	64.69	15.84	9.18	10.28
2013	60.47	20.42	9.47	9.94
2014	58.37	21.91	9.62	10.10
2015	58.65	21.79	9.47	10.09
2016	58.38	21.58	9.68	10.36

注：数据来源于《中国农业发展报告2010—2017》和《中国农业统计资料2009—2016》。其他主体包括科研机构、城镇居民个人等。

表3—4统计了2010—2015年农户家庭户均土地流转和经营面积。如表所示，户均家庭经营耕地面积变化不大，始终在7亩左右小范围波动。家庭经营耕地面积的构成中，承包地的面积在下降，转包田的面积增加，表明农户经营耕地中来自于土地流转的比例增加。2015年，农户经营耕地中已有32.5%［（1.49+0.81）/7.07］的土地来自于转包田和转入地。与此同时，户均转入面积和转出面积均有所增加。

表3—4   2010—2015年农户家庭土地流转和经营面积（亩/户）

年份	经营耕地面积	承包地面积	转包田面积	转入面积	转出面积
2010	6.83	5.15	0.96	0.37	0.60
2011	7.04	5.12	1.11	0.47	0.63
2012	7.26	5.13	1.21	0.50	0.73
2013	7.03	4.95	1.15	0.50	0.75
2014	7.11	4.73	1.31	0.68	0.88
2015	7.07	4.68	1.49	0.81	0.92

注：数据来源于《全国农村固定观察点调查数据汇编2010—2015》。转包田即以转包、出租等流转方式获得的土地。

第二节   我国农户生计策略和
生计福利现状分析

本书研究农户参与土地流转后生计策略变化，主要关注农户农作物种植"非粮化"策略和非农就业生计策略，即农户经济作物种植和非农业劳动力转移。在农地流转与生计策略研究的基础上，本书研究农地流转对农户生计福利（收入和贫困）的影响。因此，本章主要从宏观层次上简要介绍我国农户生计策略和收入、贫困等福利现状，指出农地流转中存在的农户生计问题。

一　我国农户农作物种植结构

表3—5统计了我国农户粮食作物播种面积和经济作物播种面积。如表所示，就全国而言，两种农作物播种面积均有所降低。对于粮食作物，2013年的播种面积降到最低点6.51亩/户，而经济作物2015年播种面积最小值为1.25亩/户。农作物播种面积的减少与我国耕地资源的减少密切相关，据统计，从1996年到2008年，我国耕地面积共减少1.25亿亩，耕地减少的原因主要有生态退耕、农地非农化、灾毁耕地及农业结构调整等。其中，生态退耕和建设占用耕地是耕地面积减少的两个最主要原因（段玉婉等，2012）。分地区而言，东部和西部地区的户均粮食作物播种面积逐渐减少，而中部地区户均粮食作物播种面积有所增加；就经济作物而言，东部地区播种面积变化的幅度更大，但整体上呈下降趋势。西部地区经济作物户均播种面积整体下降幅度较小。

表3—5　　　　　　　　　2000—2015 年我国农户农作物种植面积

年份	粮食作物播种面积（亩/户）				经济作物播种面积（亩/户）			
	全国	东部	中部	西部	全国	东部	中部	西部
2000	7.87	5.55	10.14	7.51	2.01	1.68	2.13	1.77
2001	7.85	5.14	10.25	7.95	1.84	1.54	2.37	2.04
2002	7.56	4.89	10.61	6.72	2.30	2.20	2.60	2.05
2003	6.83	4.62	9.83	5.75	2.03	1.86	2.34	1.83
2004	7.28	4.59	10.78	5.93	1.86	1.83	2.04	1.63
2005	7.26	4.58	10.89	5.81	1.89	1.68	2.13	1.85
2006	7.30	4.42	10.99	5.84	1.84	1.74	2.03	1.69
2007	7.22	4.46	10.87	5.74	1.94	1.64	2.17	2.05
2008	6.90	4.38	10.25	5.49	1.80	1.56	2.15	1.63
2009	6.99	4.47	10.36	5.74	1.71	1.44	1.99	1.70
2010	6.71	4.28	10.03	5.37	1.53	1.42	1.72	1.41
2011	6.84	4.36	10.34	5.03	1.62	1.47	1.88	1.45

续表

年份	粮食作物播种面积（亩/户）				经济作物播种面积（亩/户）			
	全国	东部	中部	西部	全国	东部	中部	西部
2012	6.85	4.55	10.24	4.94	1.56	1.13	1.94	1.57
2013	6.51	4.32	9.88	4.70	1.52	1.39	1.70	1.44
2014	6.56	4.12	10.36	4.56	1.46	1.10	1.67	1.67
2015	6.66	4.08	10.99	4.48	1.25	0.98	1.44	1.36

注：数据来源于《全国农村固定观察点调查数据汇编 2000—2009，2010—2015》。粮食作物分为小麦、稻谷、玉米、大豆和薯类；经济作物分为棉花、油料、糖料、麻类和烟草。

二 我国农户非农业劳动力转移

按照劳动力转移范围，农户非农业劳动力转移可以分为乡（镇）内就业，乡（镇）外县内就业，县外省内就业，省外国内就业以及境外就业等。表3—6 统计了不同就业范围村级层次劳动力非农业转

表3—6   2005—2015 年我国农村劳动力非农就业情况

年份	村级劳动力非农就业人数占比（%）				
	共计	出乡（县内）就业人数占比	出乡（省内）就业人数占比	出省（国内）就业人数占比	境外就业人数占比
2005	256.5	31.7	26.8	39.8	1.8
2006	267.6	30.5	27.5	39.9	2.0
2007	297.3	32.2	28.3	37.5	2.1
2008	307.7	32.5	27.9	37.5	2.1
2009	323.0	33.2	28.2	36.4	2.1
2010	347.5	36.2	28.9	33.3	1.6
2011	368.1	37.5	29.1	32.0	1.5
2012	352.9	36.0	28.2	34.5	1.4
2013	391.1	39.2	28.0	31.8	1.0
2014	414.0	38.9	27.9	31.9	1.3
2015	389.7	40.5	29.2	28.7	1.5

注：数据来源于《全国农村固定观察点调查数据汇编 2000—2009，2010—2015》。

移人数，从 2005 年到 2015 年，平均每个村庄劳动力非农就业人数整体上呈上升趋势。2010 年之前，农村劳动力转移以出省（国内）为主，2005 年和 2006 年农村劳动力出省（国内）就业的比例占农村外出劳动力转移的近 40%。这一时期，东部地区部分省份工业化的快速发展创造了大量就业岗位，吸引中西部地区农村劳动力转移。2010 年以后，随着东部地区工业产业向中西部地区转移，中西部地区省份工业化进程也得到发展，跨省作业的民工回流到本省或本县参与非农就业。因此，2010 年以后出乡（县内）就业的劳动力比例持续增加，2015 年已经占到非农业劳动力就业人数的 40.5%，成为农民最主要的外出就业方式。此外，出乡（省内）就业的劳动力比例变化不大，始终低于 30%。境外就业的劳动力比例则低于 2%。

图 3—2 汇报了我国农村居民劳动力外出就业情况。由图可知，我国农村家庭户均外出从业劳动力人数于 2011 年达到顶峰，平均每户有 0.81 个外出务工劳动力，随后每户外出就业劳动力下降。这一趋势同样和中西部省份地区工业化快速发展相关，许多农民就地非农化，而不需要跨省从事非农就业。然而，农户家庭劳动力平均外出从业时间出现很大波动，并于 2008 年和 2009 年大幅度下降。这一时期，受到国际金融危机的影响，我国外贸出口锐减，国内工业

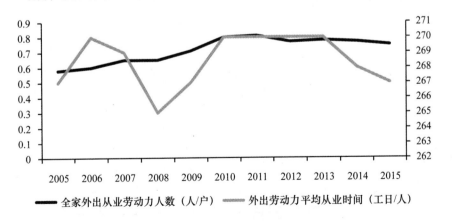

图 3—2　我国农村居民劳动力外出就业情况

注：数据来源于《全国农村固定观察点调查数据汇编 2000—2009，2010—2015》。

企业大量裁员,从而降低了对外出务工人员的需求。2013 年以后农户家庭劳动力平均外出从业时间的降低可能和我国产业结构调整有关。2013 年以后的产业升级政策重点支持资本、技术密集型的高新技术产业,许多劳动密集型产业被淘汰,因此,外出劳动力就业时间大幅度减少。

三 我国农户收入来源及构成

表 3—7 统计了 2007—2016 年我国农村居民人均收入情况,可以看出,我国农村居民人均纯收入逐年递增,农民收入结构也发生很大变化,由以家庭经营性收入为主转为以工资性收入为主。

表 3—7　　　　　　2007—2016 年我国农村居民人均收入统计

年份	我国农村居民人均纯收入绝对值					各项收入占纯收入的比重			
	纯收入	工资性收入	经营性收入	财产性收入	转移性收入	工资性收入	经营性收入	财产性收入	转移性收入
2007	4140.4	1596.2	2193.7	128.2	222.3	38.6	53.0	3.1	5.4
2008	4760.6	1853.7	2435.6	148.1	323.2	38.9	51.2	3.1	6.8
2009	5153.2	2061.3	2526.8	167.2	397.9	40.0	49.0	3.2	7.7
2010	5919.0	2431.1	2832.8	202.2	452.9	41.1	47.9	3.4	7.7
2011	6977.3	2963.4	3222.0	228.6	563.3	42.5	46.2	3.3	8.1
2012	7916.7	3447.5	3533.4	249.1	686.7	43.5	44.6	3.1	8.7
2013	8895.9	4025.4	3793.2	293.0	784.3	45.2	42.6	3.3	8.8
2014	9429.6	4152.2	4237.4	194.7	1647.5	40.6	41.4	1.9	16.1
2015	11421.7	4600.3	4503.6	251.5	2066.3	40.3	39.4	2.2	18.1
2016	12363.4	5021.8	4741.3	272.1	2328.4	40.6	38.3	2.2	18.8
增幅(%)	198.6	214.6	116.1	112.2	947.3				
年均增长率(%)	11.56	12.14	8.01	7.82	26.48				

注:数据来源于《中国农村统计年鉴 2008—2017》。

　　总体而言，从2007—2016年，农户人均纯收入增加了198.6%，年均增幅达到11.56%。工资性收入和经营性收入仍然是农户最重要的两种收入来源。其中，农户经营性收入占总收入的比重从2007年的53.0%下降到2016年的38.3%，工资性收入所占比重先上升后下降，2013年工资性收入的比重达到最高值45.2%。2013年之后农民转移性收入大幅度增加，2016年农户人均转移性收入占总收入的比重已经达到18.8%。从2007—2016年，增幅最大的是农户转移性收入，增幅高达947.3%，年均增加26.48%；其次是农户工资性收入，增幅为214.6%，年均增加12.14%。

四　我国农村贫困现状

　　表3—8统计了2010—2016年我国农村贫困人口和贫困发生率。从农村贫困人口规模来看，六年间我国农村贫困人口减少了约73.8%

表3—8　　　　　　2010—2016年我国农村贫困人口和贫困发生率统计

年份	农村贫困人口规模（万人）				农村贫困发生率（%）			
	全国	东部	中部	西部	全国	东部	中部	西部
2010	16567	2587	5551	8429	17.20	7.40	17.20	29.20
2011	12238	1655	4238	6345	12.70	4.70	13.10	21.90
2012	9899	1367	3446	5086	10.20	3.90	10.60	17.50
2013	8249	1171	2869	4209	8.50	3.30	8.80	14.50
2014	7017	956	2461	3600	7.20	2.70	7.50	12.40
2015	5574	653	2007	2914	5.70	1.80	6.20	10.00
2016*	4335	442	1988	1856	4.50	2.35	5.19	7.95

　　注：数据来源于《中国农村贫困监测报告2016，2017》，计算贫困发生率的贫困线标准为国家"2010年标准"；

　　*：2016年东中西部地区的贫困人口和贫困发生率根据各省情况汇总，由于《中国农村贫困监测报告2017》农村贫困人口和贫困发生率分省统计中省略了贫困人口较少的省份数据，本表展示的各地区加总数据要小于国家统计局直接统计的全国贫困人口数据。

［（16567－4335）/16567］，其中，东部地区农村贫困人口减少的幅度最大，为82.9%［（2587－442）/2587］，其次是西部地区（78%）。从农村贫困发生率来看，全国农村贫困发生率为4.50%，其中，西部地区的贫困发生率最高，为7.95%，东部地区的农村贫困发生率最低，为2.35%。

　　农村贫困发生率由贫困人口的收入所决定。如表3—9所示，2015年贫困地区的农户人均收入占全国农村平均水平的67%，其中，人均工资性收入差距较大，贫困地区的农户人均工资性收入仅是全国平均水平的55.6%，相差2044元（4600－2556）。此外，贫困地区农户人均经营净收入与全国平均水平相差1222元（4504－3282），人均财产净收入仅是全国农村平均水平的36.9%。由此可见，降低农户贫困发生率，关键在于增加农户的工资性收入、农业经营性收入和财产性收入。

表3—9　　　　　　　　2015年贫困地区与全国农村收入对比

指　标	贫困地区水平（元）	全国农村水平（元）	贫困地区相当于全国农村平均水平（%）	贫困地区收入构成（%）	全国农村收入构成（%）
人均可支配收入	7653	11422	67	100	100
工资性收入	2556	4600	55.6	33.4	40.3
经营净收入	3282	4504	72.9	42.9	39.4
财产净收入	93	252	36.9	1.2	2.2
转移净收入	1722	2066	83.3	22.5	18.1

　　注：表格来源于《中国农村贫困监测报告2016》。

第三节　我国农地承包经营权流转对农户生产和福利的影响

一　农地流转、转入户小规模经营与农户生计福利

转入户农地流转和规模经营面积整体偏小，土地流转对纯农户

经营性收入增长效应不明显。家庭经营性收入增加依赖于土地、劳动力和资本等生产要素的投入以及农业技术水平的提高。土地、劳动力和资本三要素中，土地的可替代性最弱。尽管整体上我国农地流转率和参与土地流转的农户数均大幅度增加，然而，转入户土地流转面积普遍较小，规模经营水平偏低。如表3—4统计分析表明，2015年户均家庭经营耕地面积只有7.07亩。其他研究也有类似的发现，如何欣等（2016）基于中国家庭金融调查数据对全国29省的分析表明，2013年转入户平均经营土地面积只有26.5亩，且50%的转入户土地经营面积低于11亩。从1990年到2013年，我国户均农地经营面积反而从0.67公顷下降到0.61公顷，即使仅考虑耕种土地的农户，户均土地经营规模也只有0.78公顷（Huang and Ding，2015）。据第三次全国农业普查数据统计①，2016年，全国20743万农业经营户中，只有398万规模农业经营户②，比例仅占1.9%。

农户经营主体土地流转面积小限制了农业生产中的土地投入，不利于农户农业经营性收入增加，也不利于以农为主的农户脱贫。此外，转入户土地流转面积较小，农业生产无法实现规模经济效益，购买农资和农业服务的成本要高于规模经营主体，也会降低农业生产利润和农业经营性收入。据统计，从2007年到2016年，我国农村居民经营性收入的比重已经从53.0%下降到38.3%，经营性收入的年均增长率也比工资性收入少了4个百分点（见表3—7）。由于统计数据无法将非农业经营性收入剔除，剔除这部分收入，农户农业经营性收入的比重会更低。由于贫困地区缺少非农就业机会，农户对农业生产的依赖度更高（表3—9），依靠农业脱贫的现实可能性更大。农地流转市场不足时，土地流转和小规模经营对农户农业

---

① 数据来自于《第三次全国农业普查主要数据公报》，http：//www. xinhua-net. com//finance/2017 – 12/14/c_ 129765895. htm。

② 规模经营户的界定标准为：从事种植业的农户，一年一熟制地区露地种植农作物的土地达到100亩及以上、一年二熟及以上地区露地种植农作物的土地达到50亩及以上、设施农业的设施占地面积25亩及以上。

经营性收入的增加效应不明显，自然也会阻碍贫困地区农户脱贫。

二 农地流转、农户作物种植结构调整与农户生计福利

土地市场发育时，农户既可以从土地市场上租入土地，增加农地经营面积，进一步改变农业生产中的劳动力投入和生产成本构成，引起农户作物种植结构变化。一般而言，粮食作物的生产以土地密集型为主，经济作物以劳动密集型为主，农户土地经营规模扩大后可能会选择种植土地密集型的粮食作物。然而，需要考虑租入土地后生产成本上升对农户种粮决策的影响。由于土地租金占农业生产成本较高，经营传统作物利润率较低，流转农户可能会种植经济作物以最大化利润（蔡瑞林等，2015）。当然，土地转入一定规模时，受制于家庭农业劳动力约束，农户可能会增加粮食作物种植。当农户转出土地时，农地经营面积减少，农业生产中的平均土地面积减少，农户可能会种植劳动力密集型的经济作物。然而，考虑到转出土地后农户可能以非农就业为主，进一步减少农业生产的劳动力投入，逐步退出农业生产领域，农户可能会减少经济作物种植的概率。

统计数据表明，土地流转后用于经济作物种植的比例上升。图3—3统计了2011—2016年土地流转后用于种植粮食作物的比例，由图可知，土地流转后用于种植粮食作物的比例不超过60%，40%的土地流转后用于种植经济作物或转为建设用地。2011年后土地流转用于种植粮食作物的比例小幅度上升，但每年都不超过57%。其他学者的研究也发现了同样的问题，如西北农林大学课题组2013年对河北、河南、山东和安徽四省的土地流转调查发现，四省的土地流转"非粮化率"达61.1%，且流转规模越大，"非粮化"倾向越明显（周怀龙，2014）。河南省地方经济社会调查队基于全省17个市的抽样调查表明，截至2013年年底，全省农户转出土地的"非粮化"高达40%。

尽管种植经济作物是农户自由的选择，但这种选择伴随着土地流转而发生是否有利于农户仍然是需要研究的课题。经济作物的市场价格波动较大，无疑增加了转入户农业生产经营的市场风险，威

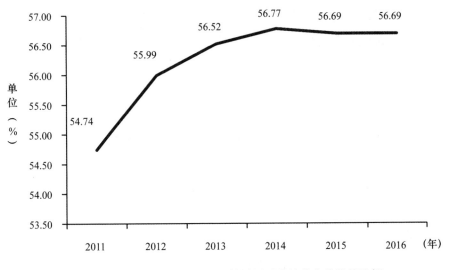

图3—3　2011—2016年土地流转后用于种植粮食作物的比例

注：数据来源于《中国农村统计资料2011—2016》。

胁着农户生计安全。农户通过农作物多样化程度尽管可以降低农业生产风险，但同时也会增加多样化带来的劳动力转换成本，不利于劳动力专业化，降低了农业劳动力生产效率。因此，需要研究农地流转市场发育影响农户农作物种植结构调整和农作物多样化的条件，并总结这种条件变化对农户福利和可持续生计的可能影响。

三　农地流转、非农就业多样化与农户生计福利

理论上，农户转出土地后附着在土地上的劳动力得以解放，转移到非农业生计领域以增加非农收入。然而，实践中农地流转对农户非农就业多样化的影响还取决于多种条件。第一，取决于农户土地流转是否自愿。若农户土地流转完全是基于自愿基础上的理性选择，则土地转出后农户劳动力从农业生产中解放，拥有非农就业能力的农户转向非农业部门（诸培新等，2015）。第二，取决于农户家庭劳动力转移能力和地区经济发展。存在剩余劳动能力的农户家庭土地流转后有能力转向非农就业领域，土地流转因而促进农户向非

农业生计转移（Liu et al., 2017）。地区工业化发展能够为农户提供更多的非农就业机会，则农地流转对农村劳动力的转移效应增加（游和远等，2010）。

　　然而，在当前我国各地区普遍以"定指标、下任务"的方式推动农地流转和规模经营的过程中，还存在许多"强制"农户土地流转的现象（张建等，2017），许多农户被动转出土地，即使转出土地后劳动力也未必能够转移到非农业领域（游和远和吴次芳，2010；诸培新等，2015），也不必然增加农户非农就业收入。土地是我国多数农民赖以生存的生产资料，在当前社会保障系统不完善及充分就业无法实现的情况下，土地承担了社会保障功能，为农民提供最后的劳动和生活保障（姚洋，2000）。农地流转后农户自然资本大幅度减少，若人力资本无法增加，将直接威胁到转出农户的生计安全。因此，减少农地流转与农户劳动力转移不同步问题，需要研究农地流转促进农户劳动力转移的条件，并完善农地流转相关配套政策，以更好地促进农地流转和农户劳动力非农业转移。

第四节　本章小结

　　本章在梳理我国农地流转政策的基础上，从全国农地流转的比例、土地流转形式、合同规范性及农地流转去向等方面论述了当前我国农地流转市场发育情况。在对我国农民生计策略、福利（收入和贫困）现状描述性统计的基础上，指出当前我国农地流转市场发育下主要存在的农民生计问题，包括转入户小规模经营与农业经营性收入增长缓慢，农户农作物种植结构调整和土地、劳动力资源配置效率，转出户非农业劳动力转移效应不明显抑制了农户非农就业收入的增加，不利于贫困人口脱贫等。针对这些问题，本书接下来将从微观农户层次研究农地流转对农户农业"非粮化"和农户非农业劳动力转移的影响，研究农地流转及不同流转规模对农户生计福利的影响。

第 四 章

农地流转市场发育对农户
土地流转参与的影响研究

　　本书构建的农地流转市场发育对农户生计策略和福利水平影响的理论框架中，市场发育对农户土地流转参与的影响是框架的第一环节，是需要首先考虑的内容。尽管土地制度改革已经赋予农民相对完善的农地流转权利，但由于农户农业生产能力、劳动力非农业转移、市场信息掌握能力等内在因素不同，以及各地农地要素市场发育水平、土地产权制度、政府干预政策、社会经济发展水平等外部制度环境等差异，农户参与土地流转面临着不同的交易费用，部分农户被排除在土地流转市场之外，部分农户参与土地流转；部分转入户小规模流转土地，部分农户转入较大规模土地实现农地规模经营。本章在控制其他变量的情况下，研究农地要素市场发育、中介干预等变量对农户土地流转市场参与的影响。

第一节　农地流转市场发育对农户土地
流转决策的影响机理

一　市场不完全下农户土地流转决策模型

假设农村土地要素市场发育是不完善的，农户参与土地流转面临着交易费用，本章构建一个交易费用为正的农户土地流转决策模型。假设农户的劳动力资源禀赋为 L，自有承包地面积为 T。农户以其自有资金投入农业生产。农户家庭成员劳动分工，主要在两种生计策略上分配自己的劳动时间，一种是在农业生产上投入劳动力 L^a；另一种是给定工资 w 下从事非农业生产，投入劳动力 L^o。设农户的农业生产函数为 $Q = f(K, L^a, T^a)$。T^a 表示农户自家耕种的土地面积，K 表示农户生产过程中投入的资本。$f(\cdot)$ 满足一些标准假设：$f_{L^a} > 0$，$f_{T^a} > 0$，$f_{T^a} > 0$，$f_{LL}^{aa} < 0$，$f_{TT}^{aa} < 0$，$f_{LT}^{aa} > 0$，$f_{T^aT^a} < 0$，$f_{L^aT^a} > 0$。随着农村土地流转市场的发育，农户可能选择转入土地、转出土地或不参与土地流转，假设农户实际经营的土地面积为 T^a，则对于转入土地有 $T^{IN} = T^a - T$，转出土地有 $T^{OUT} = T - T^a$。假设转入单位面积土地面临的交易费用为 C^{IN}，转出土地面临的交易费用为 C^{OUT}，农地流转市场发育程度越高，农户参与土地流转交易费用越低。在以上模型的设定和假设条件下，农户最大化如下目标函数：

$$Max_{L_a, L_o, T_a}, \; pf(K, L^a, T^a) + wL^o + I^{OUT}[T^{OUT}(r - C^{OUT})] - I^{IN}[T^{IN}(r + C^{IN})]$$

$$s.t. \; L^a + L^o \leqslant L \tag{4—1}$$

$$T^a + T^{IN} - T^{OUT} \leqslant T$$

（4—1）式中，p 为农产品价格，w 为外出务工的工资，I^{OUT} 是农户转出土地的指示变量（$I^{OUT} = 1$ 表示农户转出土地，否则为 0），I^{IN} 是农户转入土地的指示变量（$I^{IN} = 1$ 表示农户转入土地，否则为 0），r 为村庄内部土地流转租金。上述最优化问题的拉格朗日函数为：

$$L = pf(K, L^a, T^a) + wL^o + I^{OUT}[T^{OUT}(r - C^{OUT})] - I^{IN}[T^{IN}(r + C^{IN})] - \lambda(L - L^a - L^o) \tag{4—2}$$

分别对 L^a、L^o、T^a 求导数，得到如下一阶条件：

$$pf_{L^a}(K, L^a, T^a) = w \tag{4—3}$$

若农户转出土地，则有：

$$pf_{T^a}(K, L^a, T^a) = r - C^{OUT} \tag{4—4}$$

若农户转入土地，则有：

$$pf_{T^a} \left(K, L^a, T^a \right) = r + C^{IN} \qquad (4—5)$$

若农户自给自足，则有：

$$r - C^{OUT} \leqslant pf_{T^a} \left(K, L^a, T^a \right) \leqslant r + C^{IN} \qquad (4—6)$$

由于交易费用的存在，转入户需要支付比竞争市场环境下更高的租金，而转出户只得到较少的土地租金，因而降低了农户参与土地流转的概率。交易费用还会随着土地流转面积的增加而增加，因而降低农户土地流转面积。

二　农地流转市场发育测度及其对土地流转决策的影响

农地流转市场发育与地方政府干预程度、产权流转中介组织、产权保护情况等密切相关，呈现出市场化水平的地区差异和农村内部差异（Qian et al.，2004；Ito and Bao，2016）。

关于农地流转市场发育水平测度方面的研究较少，且主要以单一指标为主。如林鹰漳（2002）在测算农村土地市场化水平时，以土地流转率作为农村土地要素市场化方面的衡量指标。田传浩、李明坤（2014）在研究农地市场发育对劳动力非农就业的影响时，选择村庄耕地流转面积占耕地总面积比例和土地租赁合同平均期限来代表土地市场发育的数量和质量。也有文献通过构建综合指标衡量农地要素市场发育，如张月娥、杨庆媛（2011）等从土地市场供需均衡度、土地资源市场化配置度、土地流转驱动模式市场化度、土地市场配套机制完善度四个方面构建九个评价指标来测度农地要素市场发育，并采用层次分析法测度各指标权重。张莘锟（2020）选择村庄土地流转规模和土地流转成本测度土地流转市场发育，研究市场发育对农户非农就业的影响。尽管市场发育和市场化程度是更加宏观层次的概念，一般要在省、市、县级层面去衡量。然而，多数学者从村庄层级考察我国农地流转市场发育，主要原因是农地流转市场发育在村级层次表现出较强的异质性，与村庄管理、村庄经济以及村干部特征等密切相关。另外，由于统计数据的缺失，很难从宏观上测度农地要素市场发育水平。因此，选择以村级层面的测度指标是更好的选择。

微观经济理论中，市场供需和价格是反映市场均衡规律的重要因素。市场供需与市场规模有关，而价格是引导供需主体市场参与的指挥棒。基于此，本章首先从市场理论入手，从市场规模和市场价格角度选择相关指标表示农地流转市场发育。当前，农地流转过程中还存在许多无偿或者远低于市场租金的土地流转现象，制约了土地流转市场化水平的提高（陈奕山等，2019）。因此，村级土地有偿流转率可以作为土地市场发育的指标。农地流转市场的供给和需求实践中无法直接观察到，可以用村级土地流转面积占总面积的比例来表征，村级土地流转率越高，市场供求越充分。此外，由于我国农村土地制度的公有性，基层政府和村委会是农地的直接管理者，政府和村集体中介组织也对农村土地流转市场发育有着重要影响（张建等，2017；Shi et al.，2018）。因此，村集体组织干预也是影响农村土地流转市场的重要因素。

农地流转市场发育通过交易费用影响农户土地流转参与。随着村庄内土地流转规模的增加，交易对象增多，农户寻找潜在交易对象的信息搜寻成本降低（田传浩、李明坤，2014）。随着村庄内农地流转有偿率增加，价格信号机制得到强化，可以降低农村土地流转的信息不对称性，更好地引导农户土地流转参与，因而也能够降低农地流转交易费用。最后，村集体组织干预可以降低规模经营主体与众多小农户的谈判成本，且村集体引导交易双方签订规范的合约并监督合约执行，有助于土地流转合约关系的稳定，降低不确定性带来的交易成本。因此，本章选择的三个村级农地流转市场发育变量对于降低农地交易成本、促进农户土地流转参与具有重要作用。由此，本章提出以下假说：

随着农地要素市场发育水平的提高，农户参与土地流转的交易费用降低，市场参与的范围和规模均扩大。

第二节　农户土地流转计量
模型与描述性统计

一　数据来源

本章所用数据来源于 2017 年实施的浙江大学"中国家庭大数据库"（Chinese Family Database，CFD）和西南财经大学中国家庭金融调查与研究中心的"中国家庭金融调查"（China Household Finance Survey，CHFS）。数据库包含了中国家庭基本特征、生产经营、信贷行为、土地流转与利用、收入与支出、资产与负债等信息。数据库共包含全国 29 个省（市、区）的农村样本共 24764 个家庭 77132 人（其中实际居住在农村的农村家庭样本共 12732 个家庭 45067 人）、城镇样本 15247 个家庭 49880 人，具有全国、省级城市代表性，并在农村层面、城镇层面均具有代表性。

本章所用数据主要为 2017 年农村调研数据，用到农户调研和村庄调研数据。进行数据筛选时，主要保留实际居住在农村以及从村集体分到土地的农户样本。然后将农户样本与村庄调研数据进行合并，删除缺失变量、异常值、既转入又转出的样本数据，最终得到 6174 个有效样本。其中，土地转入 823 户，土地转出 1201 户，未流转农户 4150 户。

二　农户土地流转计量模型

农户土地流转决策分为两部分，一是土地流转参与，即是否选择转入和转出土地，其次选择转入或转出规模。农户土地流转参与和流转规模模型如下：

$$R_i = \alpha_0 + \alpha_1 X_{ij} + \alpha_2 Q_j + \alpha_3 P_j + \alpha_4 I_j + \varepsilon_{ij} \qquad (4\text{—}7)$$

$$RS_i = \beta_0 + \beta_1 X_{ij} + \beta_2 Q_j + \beta_3 P_j + \beta_4 I_j + \varepsilon_{ij} \qquad (4\text{—}8)$$

模型（4—7）是农户土地流转行为模型，因变量 R_i 是土地转入或转出虚拟变量，自变量 X_{ij} 包括户主特征、农户家庭特征、村庄特征、省份虚拟变量等一系列控制变量。Q_j 表示村级农地流转比例，通过村级土地流转面积除以总耕地面积得到，P_j 表示村级土地有偿流转率，通过村庄内调研农户中土地流转租金为正的农户数占调研农户总数得到。I_j 是农地流转中介组织变量，即村庄内是否有政府或村集体提供土地流转组织服务。模型（4—8）是农户土地转入量和转出量模型，RS_i 表示农户土地转入或转出量，表征农地流转市场发育变量以及控制变量与模型（4—7）相同，相关变量见表4—1。

表4—1　　　　　　　　　　变量统计

变量类型与名称	描述	平均值	标准差
因变量			
土地转入	农户转入土地 =1；否 =0	0.14	0.343
土地转出	农户转出土地 =1；否 =0	0.20	0.400
土地转入面积[1]	农户转入土地面积（亩）	23.70	133.32
土地转出面积[2]	农户转出土地面积（亩）	5.00	7.60
农户生计资本自变量			
人均承包地面积	农户承包地面积除以总人口数（亩）	2.93	5.21
户主年龄	户主的实际年龄	57.00	11.87
户主性别	男性 =1；女性 =0	0.90	0.30
户主初中以上学历	户主初中及以上学历 =1；否 =0	0.47	0.50
家庭人口数	家庭总人口（个）	3.60	1.77
劳动力平均年龄	家庭18—60岁劳动力平均年龄（岁）	33.00	18.89
劳动力平均受教育年限	家庭18—60岁劳动力平均受教育年限（年）	6.30	4.27
村干部家庭	家庭成员有村干部 =1；无 =0	0.07	0.25
党员家庭	家庭成员是党员 =1；无 =0	0.08	0.27
农业技术指导	是否接受农业技术指导（是 =1；否 =0）	0.10	0.30
农业机械资本价值	家庭拥有的拖拉机、播种机、插秧机、收割机等农业机械总价值（元）	4547	91949
金融资产价值	现金、存款、股票、基金、债券等金融性资产价值（元）	28281	81291

续表

变量类型与名称	描述	平均值	标准差
农业补贴	从事农业生产获得的补贴额（元）	576	3427
交通成本	家庭常住地县市范围内发生的一系列交通费用（元）	314	1026
村级层级变量			
距农贸市场距离	本村距最近农贸市场的距离（公里）	5.41	7.56
村级土地有偿流转率	村级调研有偿流转的农户数占流转农户总数的比例（%）	0.46	0.32
村级土地流转面积占比	本村土地流转面积占总耕地面积比重（%）	0.24	0.24
中介机构组织	村委会或其他机构是否组织土地流转（是＝1；否＝0）	0.05	0.22

注：1：仅统计823个实际发生土地转入的农户。

2：仅统计1201个实际发生土地转出的农户。

三　农地流转市场发育与农户土地流转决策描述统计

本章主要采用的是村级层次土地流转市场发育变量。为考察不同市场发育衡量指标之间的相互关系，表4—2展示了它们之间的相关系数。如表所示，土地有偿流转率和土地流转面积比例之间的相关性最强，相关系数为0.36，其次是土地流转面积占比与村级中介机构组织的相关性，为0.24，土地有偿流转率与村级中介机构组织的相关关系最弱。

表4—2　　　　　　　土地流转市场发育变量相关性检验

类型	村级土地有偿流转率（%）	村级土地流转面积占比（%）	村级中介机构组织（%）
村级土地有偿流转率	1	0.36	0.17
村级土地流转面积占比	0.36	1	0.24
村级中介机构组织	0.17	0.24	1

注：表中汇报了皮尔逊相关系数，是研究土地流转市场发育变量之间线性相关程度的量。

表4—3汇报了不同土地流转市场发育水平下农户土地流转参与

情况。如表所示，按照村级土地流转市场发育变量将村庄分为市场发育程度高、发育程度低两种类型，分别统计了不同市场发育情况下的农户土地流转情况。可以看出，对于市场发育程度较高的村庄，农户土地转入转出概率和土地转入面积均显著高于市场发育程度较低村庄的农户。然而，对于土地转出面积，仅在以土地有偿流转率划分的不同市场发育水平下存在显著差异，对于其他两类市场发育的村庄并没有显著差异。可能原因是农户转出土地面积主要与其土地资源禀赋相关，且由于农户耕地资源普遍较少（样本中农户人均承包地面积仅为2.93亩），转出土地面临的交易费用并不高，许多发生在亲戚、邻居之间的土地流转现象并不受市场环境的影响。最后，从农户土地流转差距看，以中介机构组织划分的市场发育水平下农户土地流转概率和规模差距最大，如村委会或其他中介机构组

表4—3　　　　　　　　　**土地流转市场发育与农户参与统计描述**

	土地转入	土地转出	土地转入面积	土地转出面积
以土地有偿流转率划分[1]				
市场发育程度高	0.15 ***	0.24 ***	31.90 ***	5.60 ***
市场发育程度低	0.11	0.14	4.80	3.30
以土地流转面积占比划分[2]				
市场发育程度高	0.14 ***	0.45 ***	64.8 ***	5.05
市场发育程度低	0.09	0.16	19.20	5.02
以中介机构组织划分				
市场发育程度高	0.20 ***	0.80 ***	100.30 ***	4.60
市场发育程度低	0.13	0.16	16.70	5.20

注：1：村级土地有偿流转率高于50%界定为土地流转市场发育程度高，低于50%界定为市场发育程度低。

2：村级土地流转面积占比高于50%界定为土地流转市场发育程度高，低于50%界定为市场发育程度低。

以市场发育程度低的村庄农户为对照组，分别检验了两组样本各个变量的均值是否与对照组存在显著差异，***、**、*分别表示在1%，5%和10%的统计上显著。

织下的村庄土地转出率可达 80%，平均土地转入面积为 100 亩，远高于缺乏中介组织参与的农户土地流转面积。相关研究也表明，中介组织机构发育可以有效降低市场交易费用，促进农户土地流转（陈姝洁等，2015；Huang and Ding，2015）。

第三节　农地流转市场发育对农户土地流转参与的计量检验

一　生计资本对农户土地流转参与概率的影响

表 4—4 汇报了农户土地流转参与影响因素多项 Logit 模型估计结果。如表所示，自然资本中，农户人均耕地面积分别对农户转入土地和转出土地有着显著正向影响，边际效应表明，人均耕地面积增加 10%，土地转入和转出概率分别提高 0.3% 和 2.6%。表明当前对于土地禀赋丰富的农户存在两种土地流转倾向，一类农户由于对农业生产存在路径依赖，更希望通过转入土地扩大土地经营规模从而专业化农业生产；而另一类农户由于劳动力转移到非农产业从而农业劳动力不足，更希望转出土地后优化人地关系。这一点不同于 Deininger and Jin（2005）、张建等（2020）学者的研究，后者发现土地禀赋丰富的农户倾向于转出土地，而土地禀赋不足的农户倾向于转入土地。

人力资本是影响农户土地流转决策的重要因素。其中，户主年龄对农户转入土地的影响并不显著，但对转出土地的影响呈现出"U 形"曲线关系，年龄较小或较大户主倾向于转出土地，而中等年龄的户主转出土地的概率最低（转折点为 38 岁）。可能原因是中等年龄的户主农业生产的经验和劳动力资源均较为充沛。男性户主的农户家庭转出土地的概率显著较低，边际效应表明，男性户主家庭转出土地的概率相较于女性户主降低了 4.8%。相对于低学历户主家庭，户主初中以上文化程度的农户家庭转出土地的概率增加了 2%。

可能原因是高学历农户非农就业机会更多，可能选择非农就业从而转出土地。家庭人口数对农户转入土地有着正向显著影响，对其转出土地有着负向显著影响。从边际效应来看，农户家庭人口增加 1 人，农户转入土地的概率提高 0.7%，而转出土地的概率降低 1.1%。劳动力平均年龄对农户土地转入决策的影响并不显著，但显著提高了其转出土地的概率，劳动力平均年龄每增加 1 岁，农户转出土地的概率降低 0.1%。同样，劳动力平均受教育年限增加 1 年，转出土地的概率提高 0.6%。最后，接受过农业技术指导的农户转出土地的概率下降 5.5%。

物质资本中，农户家庭所拥有的农业机械资本对农户转入土地的影响显著为正，而对转出土地的影响显著为负，边际效应表明，农户家庭所有的农业机械资本提高 10%，其参与土地转入的概率提高 1.5%，土地转出的概率下降 2%。

金融资本中，随着农户金融资本的增加，其转出土地的概率提升，具体而言，农户金融资本增加 10%，转出土地的概率提高 1.1%。农业补贴变量对农户土地转入的概率显著为正，而对农户土地转出的概率显著为负，随着农业补贴额度增加 10%，农户转入土地的概率增加 0.2%，转出土地的概率降低 2.1%。

二　农地流转市场发育对农户土地流转参与概率的影响

由表4—4 可以看出，村级土地有偿流转率、村级土地流转面积占总耕地面积比重和村级中介机构组织三个表征农地流转市场发育水平的变量对农户转入土地和转出土地均有着较显著的正向影响。具体而言，村级土地有偿流转率提升 10%，农户转入土地的概率提高 6.1%，农户转出土地的概率提高 16.2%。村级土地流转面积占总耕地面积比重提高 10%，农户转入土地的概率提高 5.1%，转出土地的概率提高 15.4%。最后，村级中介机构提供土地流转组织服务的村庄农户转入土地的概率提高 12.1%，转出土地的概率提高 55.5%。

表4—4　　　　**农户土地流转参与影响因素多项 Logit 模型估计结果**

	土地转入		土地转出	
	估计系数	边际效应	估计系数	边际效应
人均耕地面积（对数）	0.332 ***	0.030 ***	0.267 ***	0.026 ***
	(0.079)	(0.008)	(0.083)	(0.010)
户主年龄	0.034	0.004	− 0.047 *	− 0.006 **
	(0.030)	(0.003)	(0.025)	(0.003)
户主年龄平方	0.0004	0.00005 *	0.001 ***	0.00008 ***
	(0.0003)	(0.00003)	(0.000)	(0.00003)
男性户主	0.112	0.017	− 0.346 ***	− 0.048 ***
	(0.169)	(0.016)	(0.123)	(0.018)
户主初中以上文化程度	− 0.013	− 0.004	0.165 *	0.020 *
	(0.094)	(0.010)	(0.091)	(0.011)
家庭人口数	0.058 *	0.007 **	− 0.088 ***	− 0.011 ***
	(0.030)	(0.003)	(0.032)	(0.004)
劳动力平均年龄	0.002	0.000	− 0.008 ***	− 0.001 ***
	(0.003)	(0.000)	(0.003)	(0.000)
劳动力平均受教育年限	0.015	0.001	0.054 ***	0.006 ***
	(0.016)	(0.002)	(0.015)	(0.002)
村干部家庭	− 0.002	− 0.001	0.041	0.005
	(0.173)	(0.018)	(0.173)	(0.021)
共产党员家庭	− 0.276 *	− 0.024	− 0.201	− 0.019
	(0.166)	(0.015)	(0.149)	(0.016)
农业技术指导	0.035	0.011	− 0.534 ***	− 0.055 ***
	(0.125)	(0.014)	(0.167)	(0.014)
农业机械资本（对数）	0.119 ***	0.015 ***	− 0.151 ***	− 0.020 ***
	(0.011)	(0.001)	(0.014)	(0.002)
金融资本（对数）	0.013	0.000	0.096 ***	0.011 ***
	(0.018)	(0.002)	(0.018)	(0.002)

续表

	土地转入		土地转出	
	估计系数	边际效应	估计系数	边际效应
农业补贴（对数）	−0.004	0.002 *	−0.175 ***	−0.021 ***
	(0.014)	(0.001)	(0.014)	(0.002)
交通成本（对数）	0.022	0.003	−0.021	−0.003
	(0.032)	(0.003)	(0.029)	(0.003)
村级层次特征变量				
距自由市场距离（对数）	0.023	0.003	−0.052	−0.007
	(0.050)	(0.005)	(0.048)	(0.006)
村级土地有偿流转率	0.812 ***	0.061 ***	1.477 ***	0.162 ***
	(0.171)	(0.018)	(0.159)	(0.019)
村级土地流转面积占总耕地面积比重	0.293	0.051 **	1.258 ***	0.154 ***
	(0.222)	(0.023)	(0.180)	(0.021)
村级中介机构组织	2.780 ***	0.121 ***	3.777 ***	0.555 ***
	(0.253)	(0.030)	(0.234)	(0.035)
省级虚拟变量	控制	控制	控制	控制
常数项	−3.417		−1.311 *	
	(0.824)		(0.744)	

Log likelihood = −4104.53；样本量：6174；Pseudo R^2：0.229；LR chi2（90）=2441.35

三　生计资本对农户土地流转面积的影响

表4—5汇报了农户土地流转面积影响因素的 Tobit 模型估计结果。如表所示，代表自然资本的人均耕地面积变量的估计系数均显著为正，与其对农户土地流转参与的影响方向一致，较丰富的土地资源禀赋提高了农户土地流转面积，具体而言，人均耕地面积增加10%，农户土地转入面积提高6.52%，土地转出面积提高5.57%。

人力资本中，户主年龄对土地转出面积的影响为"U形"曲线，随着户主年龄的增加，农户土地转出面积先降低后升高，拐点为36岁，此时农户土地转出量最少。男性户主家庭土地转出面积下降了

30.5%。户主初中以上文化程度的农户家庭土地转出面积降低了18.2%。劳动力平均年龄对农户土地转出面积有显著负向影响,劳动力平均年龄增加1岁,农户土地转出面积降低0.6%。劳动力平均受教育年限每增加1年,农户土地转出面积显著提高4.1%。最后,接受农业技术指导的农户家庭土地转出面积下降44.2%。

物质资本中,农业机械资本价值增加10%,农户土地转入面积提高24.1%,转出面积降低16.1%。

金融资本中,农户金融资本价值增加10%,土地转出面积提高8.1%。农业补贴变量对农户土地转入面积有着正向影响,而对转出面积存在负向影响,具体而言,农户获得的农业补贴额度增加10%,转入土地面积增加6.7%,转出土地面积降低15.9%。

四　农地流转市场发育对农户土地流转面积的影响

如表4—5所示,农地流转市场发育变量对农户土地流转面积均存在显著正向影响。其中,村级土地有偿流转率提高10%,农户土地转入面积和转出面积分别增加11.77%和12.68%。村级土地流转面积占总耕地面积比重提高10%,农户土地转入面积和转出面积分别增加10.62%和9.44%。村级中介机构组织服务对农地流转规模的影响效应最大,对农户土地转入面积和转出面积分别提升185.8%和193.7%,增长了近2倍。

表4—5　　　　农户土地流转面积影响因素 Tobit 模型估计结果

	土地转入量(对数)	土地转出量(对数)
人均耕地面积(对数)	0.652 ***	0.557 ***
	(0.115)	(0.067)
户主年龄	0.050	− 0.036 *
	(0.043)	(0.021)
户主年龄平方	− 0.0001 *	0.0005 ***
	(0.000)	(0.000)

续表

	土地转入量（对数）	土地转出量（对数）
男性户主	0.139	− 0.305 ***
	(0.240)	(0.106)
户主初中以上文化程度	− 0.065	0.182 **
	(0.140)	(0.076)
家庭人口数	0.154 ***	− 0.024
	(0.044)	(0.025)
劳动力平均年龄	0.005	− 0.006 ***
	(0.005)	(0.002)
劳动力平均受教育年限	0.016	0.041 ***
	(0.023)	(0.013)
村干部家庭	− 0.012	0.037
	(0.255)	(0.142)
共产党员家庭	− 0.210	− 0.052
	(0.237)	(0.122)
农业技术指导	0.228	− 0.442 ***
	(0.189)	(0.129)
农业机械资本（对数）	0.241 ***	− 0.161 ***
	(0.018)	(0.011)
金融资本（对数）	− 0.007	0.081 ***
	(0.027)	(0.015)
农业补贴（对数）	0.067 ***	− 0.159 ***
	(0.021)	(0.012)
交通成本（对数）	0.085 *	− 0.002
	(0.048)	(0.024)
村级层次特征变量		
距自由市场距离（对数）	0.073	0.008
	(0.075)	(0.040)
村级土地有偿流转率	1.177 ***	1.268 ***
	(0.259)	(0.137)

续表

	土地转入量（对数）	土地转出量（对数）
村级土地流转面积占总耕地面积比重	1.062***	0.944***
	(0.325)	(0.150)
村级中介机构组织	1.858***	1.937***
	(0.233)	(0.111)
省级虚拟变量	控制	控制
常数项	-6.194	-2.151
	(1.206)	(0.624)
观测量	6174	6174
PseudoR^2	0.11	0.18
Log likelihood	-3547.52	-3853.39

第四节　本章小结

　　本章研究农地流转市场发育对农户土地流转决策的影响，将农地流转市场发育变量划分为村级农地有偿流转率、村级土地流转面积占总耕地面积的比重以及村级中介机构组织三种类型，分别研究了不同农地流转市场发育变量对农户土地流转的影响。基于"大样本农户调查数据"，通过构建农户土地流转决策多项 Logit 模型和土地流转面积 Tobit 模型，研究发现农地流转市场发育对农户土地转入转出决策以及土地转入和转出面积均有着显著正向影响，且村庄中介机构组织对农户土地流转概率和流转面积的影响效应更大。

第 五 章

农地流转与农户生计策略
联合决策研究

受制于土地资源禀赋约束，我国小农户通过农业种植多元化和非农就业等生计多样化策略充分利用劳动力，提高家庭收入。农业生产中，种植经济作物是农户从自给自足向商品化、高价值、市场化生计策略转型的方式，当然也面临较高的市场风险。在众多农户生计策略中，种植经济作物和非农就业是小农户广泛采纳且经济有效的农业和非农业多样化策略。因此，本章考察农地流转与农户经济作物和非农业劳动力转移之间的关系。分析认为，农户土地流转参与、经济作物种植和非农业劳动力转移之间具有很强的相关性，单方面地考察某种生计行为对另一种的影响而忽视这种相关性将导致理论逻辑上的缺陷（杜鑫，2013）。因此，本章通过构建农地流转与农户生计策略联合决策模型，考察农地流转、经济作物种植和非农业劳动力转移三者的联合决策关系，并考虑不同土地流转市场发育（流转规模）下的联合决策差异。

第一节　农地流转与农户生计
策略决策理论机理

本书考察农地流转市场发育下农户生计策略决策行为，理论分析围绕着农地流转、农户非农就业及种植经济作物决策的相互影响展开。

一　农地流转与非农业劳动力转移

农地流转市场缺失时[①]，农户根据自有土地禀赋分配劳动力，非农业领域较高的报酬会使得农户选择兼业，即农忙时间耕种土地，农闲时间非农就业。当存在土地要素市场时，农户土地转出后会减少自家耕种的土地面积，劳动力赋闲或转移到非农就业，农地流转促进劳动力转移的前提是农户家庭存在剩余劳动力且拥有非农就业的能力。Liu et al.（2017）对通过土地股份合作社流转土地的农户进行研究，发现土地转出对户主非农就业的促进作用存在异质性，估计结果表明土地流转仅对存在剩余劳动力的农户和地区经济发达程度较低的农户转移劳动力有显著促进作用。如果农户选择土地转入，增加土地经营规模，则更多家庭剩余劳动力或非农业劳动力转移到农业生产领域。当然，土地转入是否影响农户非农业劳动力配置取决于两个方面，首先，与土地转入面积和家庭剩余劳动力相关，当转入土地面积只需要部分剩余劳动力从事农业生产时，家庭其他劳动力仍然可以从事非农务工，土地转入对农户非农业劳动力配置未有影响；另外，取决于机械化替代劳动力的可能性。当农户转入土地可以通过机械化作业经营，机械作业取代部分劳动力投入，农户土地转入也不会对农户非农就业产生影响。

我国工业化和城镇化的快速发展为农村劳动力提供了更多非农就业机会，非农业较高的工资报酬吸纳农村劳动力转移到非农业领域，农业部门劳动力减少。农业劳动力非农业转移后，许多农户家庭转出土地，减少或放弃土地经营，留在农村的劳动力通过规模经

[①]　这里假设农业劳动力雇工市场不存在。因为农业生产中雇用劳动力的效率要低于自有劳动力，监工成本过高，因此雇用劳动力市场发育程度要低于土地要素市场（Huang et al.，2012）。

营和专业化生产提高农业劳动力生产效率，最终均等化农业和非农业劳动力边际报酬。因此，非农就业是农户参与土地流转的重要原因（Kung，2002；Feng and Heerink，2008；Huang et al.，2012）。非农就业造成农户家庭农业劳动力损失，促使农户转出土地。同时，从事非农就业的农户转入土地的概率降低。Kung（2002）基于中国6省份1999年的农户调研数据，证明农户非农业劳动力市场参与会减少土地租入数量。Huang et al.（2012）和 Che（2016）证明了非农就业显著促进了农户土地转出，并显著地降低了农户转入土地的概率和转入面积。当然，也有学者认为，随着机械化服务的推广以及农机投入对劳动力替代的增强，劳动力转移带来的农业劳动力损失对农业生产的影响减弱（Zhang et al.，2017）。同样，随着农机投入对劳动力替代的增强，农业劳动力规模经营的能力增强，非农就业对农户土地流转的影响也会减弱。

根据以上分析，本书提出第一个研究假设：

假设1：农户劳动力非农业转移和土地流转决策的关系与土地流转规模和农业机械化水平相关，土地大规模转入与非农业劳动力转移决策负相关；土地转出与农户非农业劳动力转移决策正相关；农业机械化服务完善的地区土地流转与农户劳动力转移的相关性减弱。

二　农地流转与农户经济作物种植决策

一些研究表明，农地流转后"非粮化"趋势明显，许多地方农地流转后由传统的水稻、小麦等粮食作物改种非粮经济作物、瓜果、花卉苗圃等（卞琦娟等，2011；蔡瑞林等，2015）。关于农地流转后"非粮化"的原因，部分学者认为当前较高的土地流转成本导致粮食作物利润率低，转入户种植经济作物以获取更高的利润（蔡瑞林等，2015）。也有学者认为土地流转后农户是否种植经济作物主要受农业劳动力和机械化水平的影响。小农户为充分利用土地和劳动力资源倾向于种植经济作物，而受制于劳动力约束，较大转入规模的农户具有更小的激励去种植经济作物（罗必良等，2018）。此外，农业机械化得以推广时，农户采用农业机械化生产可以节省家庭劳动力，提高单位劳动力的土地产出能力。相对果蔬、蚕桑等经济作物，粮食生产投入的劳动密集度较低，比较容易采取机械化作业（郑旭媛、徐志刚，2017）。因此，机械化程度更高的地区随着转入户土地经营规模的扩大，农户采用机械化作业替代劳动力投入成为可能，大幅度降低劳动力成本，转入户倾向于种植粮食作物而非经济作物（罗必良等，2018）。

然而，现有研究并未考虑经济作物种植对农地流转的反向关系，农户种植经济作物可能是其转入土地的动机。由于土地租金是在转入户耕种土地前商定的，转入户在订约时便会做出作物种植决策，以保障自己的土地租金支付能力。从这一角度，农地流转并不是农户种植经济作物的原因，而是同时决策的结果。同样，农户土地转出后，将弱化对农业生产的依赖程度，种植劳动密集型的经济作物的概率也会降低。因此，简单地将农地流转作为原因引入农户种植决策模型会导致因果倒置，得到错误的估计。基于此，本书提出第二个研究假设：

假设2：土地转出决策与农户经济作物种植决策为负向关系；土地转入决策与农户经济作物种植决策取决于土地转入规模和农业机械化水平，大规模的土地转入与经济作物种植决策负相关；农业机械化服务完善的地区土地转入与农户种植经济作物的相关性减弱。

三　劳动力非农业转移与农户经济作物种植决策

农户参与非农就业可能会减少农业生产劳动力投入，"损失"部分劳动力，而非农就业会增加农户家庭收入，缓解因信贷约束和资金不足对农业生产投资的影响（Shi et al.，2007）。由于多数经济作物需要劳动力和资本的密集投入，因此非农就业对农户种植经济作物的影响也是两方面的（齐元静、唐冲，2017）。一方面，非农就业带来的农业劳动力"损失"可能会降低农户种植经济作物的概率，如 Qian et al.（2016）基于我国江西省的农户数据研究发现，劳动力转移降低了农户家庭种植资本密集和市场风险较大的经济作物的概率。齐元静、唐冲（2017）研究发现，农户非农就业降低了经济作物种植比例，且不同劳动力转移范围对经济作物种植的影响强度存在差异。刘晓丽（2017）基于我国省级层面的数据研究表明，非农就业增加了粮食作物的播种比例，但降低了经济作物的播种比重。另一方面，非农就业增加了农户家庭收入和资产规模，提高了农户种植经济作物的投入能力，如 Li et al.（2013）基于甘肃省的农户样本研究发现，农户外出打工寄回家的收入增加了农户家庭投资经济作物（苹果）的能力。

据笔者检索文献，现有文献鲜有研究经济作物种植对农户劳动力转移的影响。农户劳动力要素在农业和非农业领域分配，农业领域的劳动力配置也必然影响非农业劳动力配置，如杜鑫（2013）通过估计农户劳动力转移、土地流转和农业资本投入联合决策模型，发现农业生产资本投入和劳动力非农就业之间存在负相关关系。由于多数经济作物种植需要较为密集的资本和劳动力投入，当农户家庭存在剩余劳动力时，农户种植经济作物对非农业劳动力转移决策未有影响；而当农户家庭不存在剩余劳动力时，农户种植经济作物必然以牺牲部分劳动力非农业转移为代价。因此，本书提出第三个研究假设：

> 假设 3：农户劳动力非农业转移与经济作物种植决策是不确定的。当农户非农业劳动力转移对农业生产的劳动力"损失"效应占主导时，农户非农业劳动力转移和经济作物种植决策负相关；而当农户非农就业收入增加缓解了农业生产的资金投入不足时，农户非农业劳动力转移决策和经济作物种植决策正相关。

以上文献回顾和理论分析表明，农户生计行为具有协同性和联合性，先验性的假设一种生计行为是另一种行为的原因存在理论逻辑上的缺陷（杜鑫，2013）。因此，需要同时估计农户土地流转、劳动力转移和经济作物种植决策模型。

第二节　数据说明与 MVP 联合决策模型

一　数据说明

本章使用的数据来源于中国家庭追踪调查（CFPS）中的农村住户调查数据。由于只有 CFPS2014 包含农户经济作物种植信息，本书研究以 2014 年数据为主，劳动力转移、土地转入、转出和经济作物种植变量来源于 CFPS2014。同时，为控制部分自变量内生性，部分资本变量来源于 CFPS2012 的调查数据。经过筛选，共得到 6764 个农户数据和 584 个村级数据，样本分布在全国 25 个省（自治区或直辖市）的 182 个县（区）。

二　Multivariate Probit（MVP）联合决策模型

本书研究农户土地流转、劳动力转移和经济作物种植决策的相关性。农户非农就业的方式可划分为非农自雇、本地务工和外出务工（Shi et al.，2007），本书并未细分农户非农就业方式，而是认为农户家庭存在以上非农就业行为的均视为劳动力转移。农户土地流转行为可分为土地转入和转出。CFPS2014 数据库共询问了农户家庭 11 种农林作物种植信息，其中包括谷类作物（水稻、小麦、玉米）、薯类作物（红薯、马铃薯等）和豆类作物（大豆、黄豆等）等粮食作物，也包括蔬菜、水果、花生、棉花、菜籽（油）等经济作物及林产品。本书将农户经济作物种植界定为种植蔬菜、水果、花生、棉花、菜籽（油）等作物的行为。农户劳动力转移、土地流转和经济作物种植决策相互关联，忽视不可观测因素和生计决策的相关性将导致偏差和无效估计。因此，本书选择 Multivariate Probit（MVP）模型估计三种生计决策的联合效应。MVP 模型在控制外生变量的影响后，允许每种决策模型之间的误差项相互关联（Cappellari and Jenkins，2003）。模型具体可设置为：

$$\begin{cases} R_{in}^* = \alpha_1 X + \delta_2 \\ R_{out}^* = \alpha_2 X + \delta_3 \\ M^* = \alpha_3 X + \delta_1 \\ C^* = \alpha_4 X + \delta_4 \end{cases} \tag{5—1}$$

$$R_{in}, \ R_{out}, \ M, \ or \ C = \begin{cases} 1, \ if \ R_{in}^*, \ R_{out}^*, \ M^*, \ or \ C^* \geqslant 0 \\ \quad\quad 0, \ otherwise \end{cases}$$

R_{in}^*，R_{out}^*，M^* 和 C^* 是农户土地转入、土地转出、劳动力转移和经济作物种植的潜变量，农户根据一系列外生变量 X 做出决策，R_{in}，R_{out}，M 和 C 代表农户土地流转和生计策略选择的实际决策行为。α_1，α_2，α_3 和 α_4 是待估计系数，δ_1，δ_2，δ_3 和 δ_4 是服从多元正态分布的随机误差项，且均值为零，协方差矩阵为1。模型之间的关系矩阵 Cov（δ_1，δ_2，δ_3，$\delta_4 | X$）表示土地流转、劳动力转移和经济作物种植三种决策之间的相关性，是本书重点关注的结果。本书使用 STATA 13 估计 MVP 模型，估计 MVP 模型最常用也是最有效的方法是 Geweke - Hajivassiliou - Keane 估计法（GHK simulator）。在估计 MVP 模型时，为保证模拟误差（simulation bias）最小化，在计算模拟似然估计值（simulated likelihood）时，需要根据样本数量选择相应的随机变量个数（the number of random variates drawn），Cappellari and Jenkins（2003）认为随机变量个数应该为样本量的平方根，以保证模拟误差的最小化以及估计结果的精确性（Cappellari and Jenkins，2003）。本书样本量为 6764，因此将随机变量个数设置为 80。同时，由于我国土地政策、农业政策等均在县级层次上实施，为控制县级政策制度对农户生计选择的影响，本书使用县级层次聚

类稳健标准误。

三　变量选择

本书研究农户土地流转与劳动力转移和经济作物种植等生计策略的影响因素及其联合决策关系，相应的变量如表5—1所示，土地转入概率为15%，土地转出的农户比例为13.5%。68%的农户以非农自雇、外出务工和本地务工等方式参与非农就业。34%的农户种植蔬菜、水果、花生、棉花、菜籽（油）等经济作物。

本书自变量选择的理论基础是可持续生计理论，影响农户生计行为的因素被划分为生计资本、外部自然和经济社会环境等因素（DFID，1999）。五种生计资本分别为自然资本、人力资本、物质资本、金融资本和社会资本（Rakodi，1999），一些存在内生性的变量使用CFPS2012数据以减少内生性问题。农户最重要的自然资本是土地资源，本书选择农户承包地面积衡量农户自然资本。人力资本包含数量和质量两个范畴，数量包括家庭劳动力数、劳动力有效劳动时间；质量包括劳动力的健康、受教育程度、知识和技能等。人力资本不仅决定了农户能否进入更高回报的生计领域，人力资本的技能、知识和信息获取能力等还影响着自然资源的利用效率和社会关系的建立。本书选择户主特征（年龄、受教育程度）、家庭劳动力特征（数量、平均受教育年限、技能培训）等表征农户人力资本。物质资本包括农户所拥有的牲畜，各类生产性设备，家用电器等消费性资产以及房产等固定性资产（FAO，2005），本书选择农户生产性资产来衡量物质性资产，生产性资本被划分为农业生产性固定资本和非农业生产性固定资本。金融资本包括农户家庭现金、存款、收入、借贷、保险等，本书选择家庭存款、政府农业补贴、家庭是否购买商业保险等衡量。社会资本被定义为社会关系、社会结构和社会制度安排中的规则、规范、责任、互惠和信任等，实证研究中常以农户是否参与合作组织、农户家庭礼金支出、困难时能否得到他人帮助、社会信任等指标来反应（黎洁等，2009；Chen et al.，

2013)，本书选择家庭成员是否加入共产党或其他团体组织和交通通信费用支出来衡量社会资本。

本书选择部分村级变量和地区变量来代表外部自然和经济社会环境等因素对农户生计策略的影响。选择 2013/2014 生产年村庄是否遭受旱灾、洪涝、台风等自然灾害表征风险和脆弱性环境对农户生计选择的影响，已有研究表明农业生产较高的自然风险使得农户选择生计多样化以规避风险（Asfaw et al.，2018）。村庄离县城距离和村级农忙雇工价格反映村级层次市场可接近程度和雇用劳动力市场发育程度。为反映经济发展对农户生计策略的影响，本书将调研地区划分为东、中、西部三大类地区，设置东部地区和中部地区两个虚拟变量。由于缺少土地制度和其他农业制度的变量，在估计MVP 模型时采用县级层次的聚类稳健标准误，以控制县级层次的制度变量对农户生计选择的影响。

表5—1 变量描述性统计

变量名称	描述	平均值	标准差
因变量			
土地转入	农户转入土地 =1；否 =0	0.15	0.362
土地转出	农户转出土地 =1；否 =0	0.135	0.342
劳动力转移	农户家庭成员参与非农就业 =1；否 =0	0.68	0.466
经济作物种植	种植蔬菜、水果、花生、棉花、菜籽（油）等经济作物 =1；否则 =0	0.34	0.475
农户生计资本自变量			
人均承包地面积	农户承包地面除以总人口数（亩）	2.2	2.760
户主年龄	户主的实际年龄	51	12.52
户主初中以上学历	户主初中及以上学历 =1；否 =0	0.41	0.490
家庭劳动力数	家庭 18~60 岁的劳动力数	2.6	1.220
劳动力平均受教育年限	家庭劳动力平均受教育年限（年）	10.3	7.600
技能培训	2012 年家庭成员是否接受农业或非农培训（是 =1；否 =0）	0.50	0.500

续表

变量名称	描述	平均值	标准差
因变量			
农业生产性固定资本[a]（对数）	2012 年农业机械设备资产价值（元）对数	2.80	3.608
非农业生产性固定资本[a]（对数）	2012 年家庭拥有的非农业生产设备等资产价值（元）对数	0.86	2.877
家庭存款[a]（对数）	2012 年末家庭所拥有的现金和存款总额（元）对数	7.73	2.658
政府农业补贴[a]（对数）	2012 年政府粮食直补、良种和农机补贴、农资综合补贴等总和（元）对数	4.12	3.032
家庭是否购买商业保险	2012 年家庭是否购买商业医疗、汽车险和房屋财险等商业保险（是 =1；否 =0）	0.17	0.379
是否参加合作组织	2012 年家庭成员是否加入共产党或其他团体组织（是 =1；否 =0）	0.47	0.499
交通通信费用支出[a]（对数）	2012 年家庭成员交通通信费用总支出（元）对数	6.90	1.873
村级层次控制变量			
自然灾害	2013/2014 生产年村庄是否遭受旱灾、洪涝、台风等自然灾害（是 =1；否 =0）	0.68	0.467
距县城距离	村庄距县城距离（公里）	3.46	1.106
农忙雇工价格（对数）	农忙时农业生产雇工价格（元/天）对数	4.55	0.477
地区层次控制变量			
西部地区	广西、贵州、云南、重庆、四川、陕西和甘肃等7省（市区）=1；其他 =0	0.35	0.478
中部地区	山西、吉林、黑龙江、安徽、江西、河南、湖北和湖南等8省 =1；其他 =0	0.29	0.454
东部地区	北京、天津、河北、辽宁、上海、江苏、浙江、福建、山东、广东等10省（市）=1；其他 =0	0.36	0.479

注：a：农业生产固定资本，非农业生产性固定资本，家庭存款，家庭总收入，政府农业补贴，交通通信费用支出等变量存在部分零值数据，取对数时采取 $log(x+1)$ 的形式。

第三节　农地流转与农户生计策略影响
因素和相互关联实证结果

表5—2和表5—3是土地流转、劳动力转移与经济作物种植联合决策的估计结果，其中表5—2是农户土地流转和生计决策的影响因素估计结果，表5—3是农户生计决策相关性的估计结果。

一　生计资本对农户土地流转和生计选择的影响

如表5—2所示，自然资本中，土地资源禀赋对农户土地流转和生计决策具有不同的影响。人均承包地面积对农户转入土地影响为负（不显著），但会显著促进农户转出土地，研究结果与 Deininger and Jin（2005）、Chamberlin and Ricker-Gilbert（2016）的一致，表明土地流转将土地资源从禀赋丰富的农户转移到禀赋稀缺的农户手中。劳动力转移模型中，人均承包地面积的估计结果显著为负，表明丰富的土地资源禀赋会降低农户参与非农就业的概率。这一研究结果与陈会广、刘忠原（2013）的发现相似，即较为丰富的土地资源对农村劳动力转移产生抑制作用。农户种植经济作物的概率随着土地资源禀赋的增加而降低，反映了土地相对稀缺的农户种植经济作物、提高土地集约度的意愿更强。

人力资本是影响农户劳动力和土地资源配置最重要的因素。户主年龄与农户土地转入决策呈现"倒U形"关系，但与转出决策呈现"U形"关系，转折点分别为44岁和45岁。结果表明相对于中等年龄的户主，年轻户主以及老年户主倾向转出土地而非转入土地。可能的解释是相对于中年户主，年轻户主缺乏种植经验而老年户主缺乏体力（Feng and Heerink，2008）。家庭劳动力稀缺且受教育年限较高的农户家庭转出土地的概率较高，但对农户转入土地并未有显著影响。户主年龄、家庭劳动力数、劳动力平均受教育年限、技能培训等人力资本均对农户劳动力转移有显著影响。户主年龄与非农就业呈现"倒 U 形"关系，转折点为 39 岁，即年龄为 39 岁的户主家庭非农就业的概率最高，老年户主家庭和年轻户主家庭非农就业的概率较低。家庭劳动力数和劳动力平均受教育年限对劳动力转移的影响均在 1% 的水平上显著为正，表明家庭劳动力资源丰富、平均受教育年限较高的农户参与非农就业的概率更高。对农户经济作物种植有着显著影响的人力资本因素有户主年龄和劳动力数，其中，中等年龄的农户（57 岁）种植经济作物的概率最高，原因是中等年龄的农户种植经验和体力上均较强，进行农业投入的积极性也最高。家庭劳动力数在 10% 的显著性水平上提高农户种植经济作物的概率。农户家庭成员参加农业或非农业技能培训有助于提高非农就业、土地转入和经济作物种植概率，表明农业或非农业技能培训有利于增强农户人力资本素质，提高农户农业和非农业生产参与能力。

物质资本中，农业生产性固定资本能够显著提高农户转入土地和种植经济作物的概率，但会抑制劳动力转移和转出土地的概率；非农业生产性固定资本能够显著促进农户非农就业和转出土地，但是显著降低了农户种植经济作物的概率。表明农户决策依赖于生产性固定资本属性，农业生产性固定资本禀赋较丰富的农户倾向于专业化农业生产，而非农业生产性固定资本丰富的农户倾向于退出农业经营而从事非农就业。

金融资本中，家庭存款对农户非农就业参与的影响显著为正，家庭存款显著提高了农户种植经济作物的概率，表明拥有充足的流动性资金的农户家庭更有能力进行劳动力转移和经济作物种植，可能的原因是许多非农就业活动如非农自雇、外出务工等需要初始资本，经济作物种植是资本密集型农业活动，资金富足的农户更有能力支持家庭成员参与非农就业和经济作物种植。政府农业补贴显著提高农户转入土地和经济作物种植的概率，主要原因是政府粮食直补、良种和农机补贴、农资综合补贴等农业补贴使得农户农业生产有利可图，也增强了农户土地租金支付能力，使得农户愿意进行农业生产投资。

社会资本中，家庭成员参加共产党或其他团体组织会显著促进农户劳动力转移，但会抑制农户转入土地。可能原因是加入组织的农户拥有更广泛的社会关系，参与非农就业的能力更强，转入土地扩大农业生产的动机较弱。

二 环境与制度因素对农户土地流转和生计选择的影响

如表5—2所示，村级变量中，自然灾害对农户不同生计活动的影响均为负，并显著降低了农户转入土地的概率。可能原因是自然灾害增加了农业生产风险，导致土地租赁市场的不稳定，因而增加了土地流转交易成本。距县城距离反映了农户接近市场的能力，随着村庄和县城距离的增加，农户参与非农就业、土地流转和种植经济作物等生计活动的概率均显著降低。

表5—2 **土地流转与农户劳动力转移和经济作物种植**
联合决策 MVP 模型估计结果

	土地转入	土地转出	劳动力转移	经济作物种植
农户生计资本自变量				
人均承包地面积	−0.004	0.015**	−0.046***	−0.022***
	(0.008)	(0.007)	(0.009)	(0.007)
户主年龄	0.056***	−0.032***	0.027***	0.027***
	(0.012)	(0.010)	(0.010)	(0.009)
户主年龄平方	−0.0006***	0.0004***	−0.0004***	−0.0002***
	(0.0001)	(0.0001)	(0.0001)	(0.0001)
户主初中以上学历	−0.029	−0.043	−0.034	−0.025
	(0.041)	(0.041)	(0.036)	(0.034)
家庭劳动力数	0.016	−0.079***	0.249***	0.030*
	(0.021)	(0.022)	(0.019)	(0.017)
劳动力平均受教育年限	−0.002	0.008***	0.019***	0.002
	(0.003)	(0.003)	(0.003)	(0.002)
技能培训	0.074*	−0.054	0.086**	0.072**
	(0.042)	(0.042)	(0.037)	(0.034)

续表

	土地转入	土地转出	劳动力转移	经济作物种植
农业生产性固定资本（对数）	0.050 ***	-0.039 ***	-0.012 **	0.033 ***
	(0.005)	(0.006)	(0.005)	(0.004)
非农业生产性固定资本（对数）	-0.010	0.031 ***	0.022 ***	-0.021 ***
	(0.007)	(0.006)	(0.007)	(0.006)
家庭存款（对数）	-0.014 *	-0.003	0.022 ***	0.017 ***
	(0.008)	(0.008)	(0.006)	(0.006)
政府农业补贴（对数）	0.024 ***	0.010	0.005	0.015 ***
	(0.007)	(0.007)	(0.006)	(0.005)
家庭是否购买商业保险	0.040	0.122 **	0.167 ***	-0.053
	(0.052)	(0.052)	(0.049)	(0.044)
是否参加合作组织	-0.079 *	0.041	0.148 ***	0.021
	(0.042)	(0.042)	(0.036)	(0.034)
交通通信费用支出（对数）	0.013	0.013	0.014	0.008
	(0.012)	(0.011)	(0.010)	(0.009)
村级层次控制变量（环境与制度因素）				
自然灾害	-0.269 ***	-0.070 *	-0.021	-0.113 ***
	(0.043)	(0.041)	(0.036)	(0.034)
距县城距离	-0.303 ***	-0.048 **	-0.120 ***	-0.134 ***
	(0.017)	(0.020)	(0.017)	(0.014)
农忙雇工价格	-0.068 *	-0.006	-0.037	0.152 ***
	(0.039)	(0.041)	(0.039)	(0.036)
地区层次控制变量				
中部地区	0.083 *	0.187 ***	0.107 **	-0.342 ***
	(0.051)	(0.053)	(0.045)	(0.042)
东部地区	0.052	0.193 ***	0.175 ***	-0.168 ***
	(0.049)	(0.050)	(0.043)	(0.039)
常数项	-0.187	-1.229 ***	-0.491	-1.636 ***
	(0.384)	(0.357)	(0.329)	(0.306)
观测值	6764			

注：*** 、** 、* 分别表示在1%、5%和10%的水平上显著；为控制县级政策制度对农户生计选择的影响，本书使用县级层次聚类稳健标准误（括号内为标准误）。

劳动力要素价格（农忙时雇工价格）虽然会降低农户土地转入概率，但会显著增加农户种植经济作物的概率，研究结果与杜鑫（2013）相同。两个地区虚拟变量反映了地区经济发展差异对农户土地流转和生计选择的影响。可以看出，除了中部地区农户土地流转概率高于西部地区外，东部地区农户土地转入概率与西部地区未有明显差异。此外，由于中部和东部地区经济较发达，劳动力非农业转移的概率和农户土地转出的概率也显著较高。而中东部地区农户种植经济作物的概率较低。

三　土地流转、劳动力转移和经济作物种植决策的相关性

如表5—3所示，农地流转与农户不同生计模型误差项的独立相关性似然比［Likelihood ratio test，chi2（6）＝199.36，p＜0.000］检验结果表明，模型之间相互独立的假设条件不满足，具有很强的相关性，因此，采用MVP模型控制土地流转与生计决策的相互关系是合适的。

表5—3农户土地流转和生计决策的相关系数表明，农户土地转入决策与劳动力转移决策显著负相关，与经济作物种植决策显著正相关。此外，土地转出与劳动力转移的相关系数显著为正，表明土地转出概率与劳动力转移概率正相关。土地转出与经济作物种植的相关系数显著为负，表明土地转出概率与种植经济作物概率负相关。

本书并未发现劳动力转移与经济作物种植决策之间的相关性。可能原因是本书并未区分本地就业和外出务工，由于这两种劳动力转移活动对农业生产劳动力的"损失"效应不同（Shi et al.，2007），对作物种植的效应也会不同。本地务工的农户可以兼顾农业生产和非农就业，对农户农业生产的影响弱于劳动力外出务工的农户。此外，非农就业收入缓解了农户农业生产投资的资金约束，也弱化了非农就业的劳动力"损失"对农户种植经济作物的负向影响。

土地转入与土地转出呈现负相关关系，显然的是，农户一般仅

参与一种土地流转行为。样本数据中，同时参与土地转入或转出的农户仅有 62 户，比例仅占到总农户数的约 1%。

表5—3　　　土地流转、劳动力转移与经济作物种植生计决策相关性

农户生计决策	相关系数	标准误
土地转入与劳动力转移 ρ_{13}	− 0.082 ***	0.026
土地转入与经济作物种植 ρ_{14}	0.072 ***	0.024
土地转出与劳动力转移 ρ_{23}	0.156 ***	0.027
土地转出与经济作物种植 ρ_{24}	− 0.252 ***	0.025
劳动力转移与经济作物种植 ρ_{34}	0.039	0.032
土地转入与土地转出 ρ_{12}	− 0.263 **	0.033

Likelihood ratio test：rho21 = rho31 = rho41 = rho32 = rho42 = rho43 = 0；chi2（6）= ；chi2（15）= 199.36 Prob > chi2 = 0.0000

注：估计结果来自于 MVP 模型；***、**、* 分别表示在 1%、5% 和 10% 的水平上显著。

四　不同规模土地流转与农户生计决策相关性

为识别转入规模对农户生计决策的影响，参考杨子等（2017）和罗必良等（2018）的研究，本书按照土地转入规模将转入农户分为三类，分别为土地小规模转入、中等规模转入和大规模转入，划分标准为土地流转面积从小到大排序的三分之一和三分之二临界值。需要注意的是，这里的大、中、小规模仅是相对而言，没有具体的参照标准。

如表5—4 所示，小规模和中等规模的土地转入与劳动力转移决策并没有显著关系，只有土地流转达到一定规模才会对转入户劳动力转移产生抑制作用。与劳动力转移相似，本书发现土地小规模和中等规模的土地转入反而提高了农户种植经济作物的概率，可能原因有两点，一是转入户为减少土地租赁成本导致的农业生产成本上升，种植经济作物以获得更高的利润（蔡瑞林等，2015）；二是农户转入一定规模土地后经营面积增加，农户种植经济作物以降低单一

作物上的劳动力投入的边际递减效应。然而，当农户土地转入量达到一定程度时，农户自家劳动力无法耕种大面积土地，而是不得不以劳动力节约型的粮食作物为主。

表5—4　　不同土地流转规模、劳动力转移与经济作物种植生计决策相关性

农户生计决策	相关系数	标准误
土地小规模转入与劳动力转移 ρ_{15}	0.007	0.037
土地中等规模转入与劳动力转移 ρ_{25}	0.031	0.035
土地大规模转入与劳动力转移 ρ_{35}	−0.121***	0.035
土地转出与劳动力转移 ρ_{45}	0.149***	0.027
土地小规模转入与经济作物种植 ρ_{16}	0.117***	0.032
土地中等规模转入与经济作物种植 ρ_{26}	0.056*	0.031
土地大规模转入与经济作物种植 ρ_{36}	−0.088***	0.033
土地转出与经济作物种植 ρ_{46}	−0.258***	0.025
劳动力转移与经济作物种植 ρ_{56}	0.037	0.022
土地小规模转入与土地转出 ρ_{14}	−0.079**	0.040
土地中等规模转入与土地转出 ρ_{24}	−0.079*	0.042
土地大规模转入与土地转出 ρ_{34}	−0.146***	0.044
土地小规模转入与中等规模转入 ρ_{12}	−0.358***	0.034
土地小规模转入与大规模转入 ρ_{13}	−0.297***	0.039
土地中等规模转入与大规模转入 ρ_{23}	−0.351***	0.031
Likelihood ratio test：chi2（15）=282.678 Prob > chi2 = 0.0000		

注：估计结果来自于 MVP 模型；***、**、*分别表示在1%、5%和10%的水平上显著。

五　不同机械替代可能性下农地流转与农户生计策略决策

理论分析认为农业机械化水平的提高会降低土地流转与农户劳动力转移和经济作物种植的相关性。因此，文章接下来考察不同机械化进程下农地流转与农户生计决策之间的相关性。如果直接按照农户是否采用机械作业来划分机械化程度差异，将会引起两个问题：一是内生性问题，即农户机械作业和土地流转、劳动力

转移及作物种植类型等均存在反向因果关系；二是一些退出农业生产的转出户样本存在缺失。因此，本书采用间接的方法，按照农户所在地是否处于平原地区；将农户划分为两类，第一类农户居住在平原地区；第二类农户居住在高山、丘陵和草原等地区，居住在平原地区的农户采用机械化作业的可能性和现实条件更大（郑旭媛、徐志刚，2017）。样本中约40%的农户处于平原地区。数据分析发现，2014年处于平原地区农业生产中的机械租赁费平均每户为474元，处于非平原地区农业生产中的机械租赁费平均每户仅为208元。

　　表5—5是不同机械化替代可能性地区土地流转与农户生计决策相关性系数，和理论分析部分预期一致，平原地区机械化水平较高，农户土地转入决策与劳动力转移和经济作物种植决策之间均未有显著相关性，表明农业机械化程度较高地区转入户可以获得机械服务以替代家庭劳动力，从而减少对非农业劳动力配置和农作物种植决策的影响；反之，在机械化程度较低的地区（非平原地区），土地转入和劳动力转移决策之间显著负相关，土地转入与农户经济作物种植决策显著正相关。

表5—5　　**不同机械化替代可能性地区土地流转与农户生计决策相关性**

农户生计决策	平原地区	非平原地区
土地转入与劳动力转移 ρ_{13}	-0.055	-0.060*
	(0.039)	(0.031)
土地转入与经济作物种植 ρ_{14}	0.009	0.080***
	(0.035)	(0.028)
土地转出与劳动力转移 ρ_{23}	0.118***	0.158***
	(0.037)	(0.033)
土地转出与经济作物种植 ρ_{24}	-0.124***	-0.185***
	(0.035)	(0.028)

续表

农户生计决策	平原地区	非平原地区
劳动力转移与经济作物种植 ρ_{34}	0.082 **	0.015
	(0.034)	(0.025)
土地转入与土地转出 ρ_{12}	−0.235 ***	−0.162 ***
	(0.039)	(0.035)
Likelihood ratio test:	chi2 (6) = 59.24 Prob > chi2 = 0.0000	chi2 (6) = 85.76 Prob > chi2 = 0.0000

注：估计结果来自于 MVP 模型；注：*** 、** 、* 分别表示在 1% 、5% 和 10% 的水平上显著；括号内为标准误。

第四节　本章小结

　　本章将农村土地要素市场发展纳入农户农业和非农业生计多样化决策过程中，并基于中国家庭追踪调查（CFPS）2012 年和 2014年农村住户数据，采用 Multivariate Probit（MVP）模型实证检验了农户土地流转参与和农户生计多样化策略的相关性。研究结果表明，土地流转与农户劳动力转移和经济作物种植生计决策具有联合性。其中，农户土地转出和劳动力非农就业决策之间成正相关，与农户经济作物种植决策成负相关。农户土地转入规模与生计多样化策略的关系存在异质性，小规模和中等规模的土地转入与劳动力非农配置之间未有显著关系，但与农户种植经济作物的概率成正相关；农户大规模土地转入与非农就业的概率和经济作物种植概率间有显著的负相关关系。此外，土地转入对农户生计策略的影响还取决于地区机械化服务，机械化程度较高的地区土地转入对农户生计多样化策略未有影响。最后，研究还发现农户的农业生产性固定资本提高了农户转入土地及种植经济作物的概率，而非农业生产性固定资本则增加了农户转出土地及非农就业的概率。

第 六 章

农地流转对农户生计多样化
策略的影响研究

生计多样化策略是指农户农业生产活动的多样性或非农就业活动的多样化选择，通过这种策略使农村家庭构建获得多元化收入和生存的能力，以提高农户生活水平（Ellis，1998；Ellis，2000）。从专业化和经济效率的角度考虑，多样化可能会阻碍社会分工和规模经济的实现，然而，生计多样化策略对于小农户却是适应生产经济环境、充分利用水土资源和劳动力资源的最优选择。承接上文农户经济作物种植和非农业劳动力转移等农业和非农业生计策略，本章研究农地流转对农户农作物多样化和非农业多样化的影响。同时，本章也将在模型和实证研究中考察不同流转规模对农户生计多样化策略的影响。

第一节　纳入土地流转的农户生计
多样化策略理论模型

农地要素市场是小农户扩大农业经营或退出农业生产的重要方式（Barrett et al.，2001；Winters et al.，2001）。理论上，在完善的农地流转市场环境下，农户可以自由地转入或转出土地，以实现农业或非农就业专业化。本章参考 McNamar and Weiss（2005）的研究构建农户农业和非农业生计多样化模型。假设不存在农业劳动力市场，农户从事农业生产和非农就业的自家劳动力分别 l_a 和 l_o，非农就业的工资率为 w。而农户从事 n 种农作物生产活动，农业劳动力需要在多种农作物之间分配，则 $l_a = \sum_{i=1}^{n} l_i$，其中 $i = 1$，2，3，…，n。农户总劳动时间为 L，则 $L = l_a + l_o$。为简化模型，假设农户生产函数已经考虑了成本因素，则农户每种作物的生产函数均为 $f_i = l_i^a$，农户每种农作物的产量为 p_i，且每种作物具有相同的价格，则农业生产总收益为 $\sum_{i=1}^{n} p_i l_i^a$。其中，$a < 1$，$a = 1$ 或 $a > 1$。$a < 1$ 时，每种农作物生产中的农业劳动力投入边际报酬递减；$a = 1$ 时，农业劳动力投入边际报酬不变；$a > 1$ 时，每种农作物生产中的农业劳动力投入边际报酬递增。由于农户从事多种农作物生产，不同农作物生产经营需要一定的学习成本（如种植经验学习成本、市场信息成本等），假设每种农作物多样化的成本为 c。存在土地流转市场，农户可能参与土地流转（转入或转出），也可能选择自给自足。如果农户参与土地流转，假设每种作物用于农业生产的土地流转面积为 r［农户土地经营面积为 1，则 r 为相对于土地经营面积的相对值。农户转入土地，$r > 0$；转出土地，$r < 0$，$\forall r \in (-1, +\infty)$，左边界为 -1，是因为农户转出土地的上限为家庭土地禀赋］，则农户农业生产的预期产值为 $(1 + r) \sum_{i=1}^{n} p_i l_i^a$。

在以上假设的基础上，农户期望收入可以表示为：

$$E(y) = (1 + r) \sum_{i=1}^{n} p_i l_i^a + w l_o - cn = (1 + r) np \left(\frac{L - l_o}{n} \right)^a + w l_o - cn$$

$$(6\text{—}1)$$

假设农户的唯一风险是农产品市场价格波动风险，根据期望效用理论（Pratt, 1964；Arrow, 1971），农户期望收入因为风险因素而存在不确定性，净收入（确定性等值）需要扣除风险因素带来的风险溢价。假设不同农作物产品价格的期望值和方差相同，则农产品期望价格的方差和协方差可以表示为 $p_i = p$，$\sigma_{ii} = \sigma_k^2$，$\sigma_{ij} = \rho\sigma_k^2$（$\rho \leq 1$）。参考 Robision and Barry（1987）在企业多样化理论中的研究，仅考虑价格波动因素时风险溢价的方差函数可以表示为 $\sigma^2(y) = (L - l_o)^2 \left[\frac{1 + (n-1)\rho}{n}\right]\sigma_k^2$，而风险溢价可以表示为 $\frac{\lambda}{2}\sigma^2(y)$，其中，$\lambda$ 表示风险厌恶程度（$\lambda > 0$），$\lambda = -\frac{u''(E(X))}{u'(E(X))}$。则农户确定性等值收入为：

$$y_{CE} = E(y) - \frac{\lambda}{2}\sigma^2(y) = (1+r)\,np\left(\frac{L-l_o}{n}\right)^a + wl_o - cn - \frac{\lambda}{2}(L-l_o)^2\left[\frac{1 + (n-1)\rho}{n}\right]\sigma_k^2 \tag{6—2}$$

对式（6—2）分别求农作物多样化 n 和非农业劳动时间 l_o 的一阶导数，得到：

$$\frac{\partial y_{CE}}{\partial l_o} = -a(1+r)\left(\frac{L-l_o}{n}\right)^{a-1}p + w + \frac{\lambda(L-l_o)[1 + (n-1)]\sigma_k^2}{n} = 0 \tag{6—3}$$

$$\frac{\partial y_{CE}}{\partial n} = (1-a)(1+r)\left(\frac{L-l_o}{n}\right)^a p - c + \frac{\lambda(L-l_o)^2(1-\rho)\sigma_k^2}{2n^2} = 0 \tag{6—4}$$

当每种农作物投入劳动力边际报酬不变（$a = 1$）时，最优的 n 和 l_o 分别是：

$$l_o^* = \frac{n[w - (1+r)p]}{\lambda[1 + \rho(n-1)]\sigma_k^2} + L \tag{6—5}$$

$$n^* = \left[\frac{\lambda}{2c}(1-\rho)\right]^{\frac{1}{2}}(L-l_o)\sigma_k \tag{6—6}$$

公式（6—5）表明，非农业多样化（非农业劳动时间）受到劳动力禀赋（L），农业多样化（n），非农工资（w），土地流转面积

（r），农产品产量（p，也表征农地经营规模），农户风险偏好（λ），以及农业生产风险（σ_k）的影响。

其中，非农业多样化随着非农工资而增加（$\frac{\partial l_o^*}{\partial w} > 0$）；对于风险厌恶的农户以及随着农业经营风险的增加，农户非农业多样化程度增加（$\frac{\partial l_o^*}{\partial \lambda} > 0$，$\frac{\partial l_o^*}{\partial \sigma_k^2} > 0$）。此外，非农业多样化随着劳动力禀赋而增加（$\frac{\partial l_o^*}{\partial L} > 0$）。由于 r 的取值大于 -1，$1 + r > 0$。故随着农户土地面积（农产品产量）增加而降低（$\frac{\partial l_o^*}{\partial p} < 0$）。

公式（6—6）表明，当农作物生产中的农业劳动力投入边际报酬不变时（$a = 1$），农作物多样化 n 随着多样化成本的增加而降低（$\frac{\partial n^*}{\partial c} < 0$），风险厌恶程度较高且经营单一作物风险较大时农户农作物多样化程度较高（$\frac{\partial n^*}{\partial \lambda} > 0$，$\frac{\partial n^*}{\partial \sigma_k} > 0$）。此外，农作物多样化程度随着劳动力禀赋而增加（$\frac{\partial n^*}{\partial L} > 0$）。

当劳动力边际报酬不变时，土地面积和土地流转对农业多样化没有影响。直观的理解是，劳动力边际报酬在所有农作物生产中相同，农户改变土地经营规模时不会对农业劳动力边际回报造成影响，故而土地流转对农户农作物多样化也没有影响。

当农作物生产中的农业劳动力投入边际报酬递增或递减时（$a > 1$ 或 $a < 1$），使用比较静态分析方法求解。

将式（6—3）中 y_{CE} 对于 l_o 的一阶导数设定为 F：

$$F \equiv -a \, (1+r) \, \left(\frac{L-l_o}{n}\right)^{a-1} p + w + \frac{\lambda \, (L-l_o) \, [1 + (n-1)]\sigma_k^2}{n} = 0$$

$$\text{(6—7)}$$

y_{CE}对于l_o的二阶导数为：

$$\frac{\partial^2 y_{CE}}{\partial l_o^2} \equiv A = a(a-1)(1+r)\left(\frac{L-l_o}{n}\right)^{a-1}\frac{p}{L-l_o} - \frac{\lambda[1+(n-1)\rho]\sigma_k^2}{n}$$

$$(6—8)$$

由于本书更关注农地流转对农户非农业生计多样化的影响，为节省篇幅，只对l_o求r的导数，得到：

$$\frac{\partial l_o}{\partial r} = -\frac{\dfrac{\partial F}{\partial r}}{\dfrac{\partial F}{\partial l_o}} = \frac{a(1+r)(L-l_o)^{a-1}}{n^{a-1}A} \qquad (6—9)$$

当$a>1$时，由（6—8）式可知A的正负无法确定，故$\dfrac{\partial l_o}{\partial r}$也无法确定正负值。因此，当劳动力边际报酬递增时，一阶偏导$\dfrac{\partial l_o}{\partial r}$无法发生收敛，因而最优解不存在。此时，农户专业化一种非农业生计活动可以得到最大收益；当$a \in (0, 1)$时，由式（6—8）得到$A<0$，则由式（6—9）可以得到$\dfrac{\partial l_o}{\partial r}<0$，即当劳动力边际报酬递减时（$a<1$），农户由转出土地向转入土地过度，随着转入土地面积的增加，农户非农业多样化程度降低；反之，随着农户转出土地面积的增加，农户非农业多样化程度提高。

同理，将（6—4）式中y_{CE}对于n的一阶导数设定为F：

$$F = (1-a)(1+r)\left(\frac{L-l_o}{n}\right)^a p - c + \frac{\lambda(L-l_o)^2(1-\rho)\sigma_k^2}{2n^2} = 0$$

$$(6—10)$$

y_{CE}对于n的二阶导数为：

$$\frac{\partial^2 y_{CE}}{\partial n^2} \equiv B = -a(1-a)\left(\frac{L-l_o}{n}\right)^a\frac{p}{n} - \frac{\lambda(L-l_o)^2(1-\rho)\sigma_k^2}{2n^4}$$

$$(6—11)$$

同样，本书关注土地流转对农户农作物多样化的影响，只对n

求 r 的导数，得到：

$$\frac{\partial n}{\partial r} = -\frac{\frac{\partial F}{\partial n}}{\frac{\partial F}{\partial r}} = \frac{-(1-a)(L-l_o)^a}{n^a B} \qquad (6—12)$$

当 $a > 1$ 时，由式（6—11）可知 B 的正负无法确定，故 $\frac{\partial n}{\partial r}$ 也无法确定正负值。当劳动力边际报酬递增时，一阶偏导 $\frac{\partial n}{\partial r}$ 无法发生收敛，因而最优解不存在。此时，农户专业化生产一种农作物可以得到最大收益；当 $a \in (0, 1)$ 时，由式（6—11）得到 $B < 0$，则由（6—12）式可以得到 $\frac{\partial n}{\partial r} > 0$，即当劳动力边际报酬递减时（$a < 1$），农户由转出土地向转入土地过度，随着土地转入面积的增加农户农作物多样化程度提高。直观的理解是当劳动力边际报酬递减时，农户投入单一面积土地和单一农作物上的边际回报降低，劳动力更多的配置到不同农作物上以降低单一配置劳动力导致的边际递减效应，提高单位劳动力边际回报，即广度经济的存在（McNamar and Weiss，2005；Chavas and Di Falco，2012）；反之，随着土地转出面积的减少农户农作物多样化程度降低，极端情况是，农户全部转出土地，此时农作物种类数为 0。

最后，对 l_o 求 n 的一阶导数：

$$\frac{\partial l_o}{\partial n} = -\frac{\frac{\partial F}{\partial n}}{\frac{\partial F}{\partial l_o}} = -\frac{B}{A} < 0 \; if \; a \in [0, 1) \qquad (6—13)$$

公式（6—13）表明农户农作物多样化和非农业多样化之间具有反向关系，即农作物多样化程度的提高会降低非农业多样化，而非农业多样化程度提高也会降低农作物多样化。

一般而言，农业劳动力边际报酬和农业生产中农业技术水平对劳动力的替代率相关，当农业生产中农业技术（机械、资本和优良种子等）提高，对农户自有劳动力替代增强时，劳动力边际报酬会增加。随着农地经营规模的增加，农户采纳机械化生产替代劳动力的机会增加，可能会有较高的劳动力边际报酬。此时，劳动力边际报酬由递减向不变和递增转变时，土地流转对农户非农业多样化和农业多样化的影响程度降低。因此，本书将同时考察不同土地转入规模以及不同机械化程度下土地流转对农户生计多样化的影响。在以上理论分析的基础上，提出以下研究假设。

假设 1：当农户转出土地时，农户非农业劳动时间供给增加，农户向非农业生计多样化发展；农户转入土地时，非农业劳动时间供给减少，非农业生计多样化程度降低；

假设 2：土地流转对农户农作物多样化的影响取决于农地流转规模和机械化程度，当农地流转规模较小且机械化程度较低时（农业劳动力边际报酬递减），农户土地转入会增加农作物多样化程度，转出会降低农作物多样化程度；当农地流转规模较大且机械化程度较高时（农业劳动力边际报酬不变或递增），土地流转对农户农作物多样化的影响程度降低。

第二节　数据说明、生计多样化测度和计量模型

一　数据说明

本书的数据来源于中国家庭追踪调查（CFPS）数据库。与第四章相同，由于农户种植作物信息只存在于 CFPS2014，本章使用 CFPS2012 和 CFPS2014 两轮数据库，共得到 6727 个农户数据。相对于第四章的研究，本章研究删去了 37 户既转入又转出的农户，仅使用一种土地流转行为的农户数据。农户数据包含家庭结构与关系、农业和非农业生产活动、家庭资产和收入、土地流转情况等。

二　生计多样化测度和计量模型

根据农户生计多样化理论模型，农户生计多样化可以模型化为：

$$D_{ijk}^{crop} = \beta_0 + \beta_1 R_{ijk} + \beta_2 H_i + \beta_3 L_i + \beta_4 P_i + \beta_5 V_j + \beta_6 R_k + \varepsilon_{ijk} \quad (6-14)$$

$$D_{ijk}^{off-farm} = \gamma_0 + \gamma_1 R_{ijk} + \gamma_2 H_i + \gamma_3 L_i + \gamma_4 P_i + \gamma_5 V_j + \gamma_6 R_k + \mu_{ijk} \quad (6—15)$$

因变量 D_{ijk}^{crop} 和 $D_{ijk}^{off-farm}$ 分别为 k 地区，j 村和农户 i 的农作物多样化和非农业多样化指数。农作物多样化和非农业多样化指数均有多种计算方法。如农作物多样化既可以用农作物种类数表征（Huang et al.，2014；Asfaw et al.，2018），也可以考虑种植面积最大的农作物或综合多种农作物及其种植面积计算出加权指数，如 Berger-Parker 和 Shannon-Weaver 指数等（参考 Asfaw et al.，2018）。农作物类型多样化可以体现出种植类型的丰度，而后两种指数可体现出种植作物的均度和相对丰度。由于缺少每种作物种植面积，本书参考 Huang et al.（2014）和 Asfaw et al.（2018）的研究，以农作物种类数表征农作物多样化，农作物多样化的计算方程如下：

$$D_{ijk}^{crop} = i, \quad i = 1,\ 2,\ 3\cdots,\ n。 \quad (6—16)$$

其中 i 是农户种植农作物的种类数。CFPS2014 数据库共统计了农户 9 种农作物的种植情况，包括稻谷、小麦、玉米、棉花、豆类（大豆黄豆等）、薯类（红薯等）、菜籽（油）、水果和花生等。同样，非农业多样化也可用单一指标来衡量，如农户参与非农就业种类数、非农收入比重等；也可用非农就业种类数和每种收入的份额加权得到综合指标（Liu and Lan，2015）。Zhao and Barry（2013）比较研究了一个维度的指数（非农收入比重）和两种维度指数（Herfindahl-Hirschman index 和 entropy 指数）与我国农民收入的关系，指出加权得到的收入多样化指标可以更好地反映中国农民收入的现实情况。因此，参考 Liu and Lan（2015）的研究，本书选择赫芬达尔指数（Herfindahl-Hirschman index）来度量农户非农收入多样化指数：

$$D_{ijk}^{off-farm} = \left[\sum_{h=1}^{n} IP_h^2 \right]^{-1} \tag{6—17}$$

其中，IP_h 是第 h 种非农就业活动收入占非农总收入的比重，n 是农户非农就业活动的个数。CFPS2014 数据库可以识别出五种农户非农就业类型及其收入，分别为农业打工、非农散工、非农自雇、本地正式工资以及外出打工。其中，农业打工和非农散工均是非正式工作，农户劳动时间和收入均不固定（Liu and Lan，2015）。非农业多样化指数范围从 0 到 5，对于没有非农收入来源的农户，非农业多样化指数为 0，依赖单一非农收入的农户，该指数为 1，指数最大为 5（农户 5 种非农收入来源的份额相同）。

R_{ijk} 代表农户的土地流转参与，包括土地转入和土地转出。由于非农活动对农户土地流转也有影响（Feng and Heerink，2008；Huang et al.，2012；杜鑫，2013），直接将农地流转变量引入农户生计多样化模型可能存在着内生性问题（由于自选择和反向因果关系）。为避免或降低内生性问题，本书采取两个策略。第一，选择滞后两年的农户土地流转参与情况，即 2012 年农户土地转入和转出情况，变量来自于 CFPS2012；第二，选择基于工具变量的两阶段的估计策略，第一阶段是估计农户土地流转参与多项 logistic 模型（MNL），估计得到农户土地转入和转出的概率，第二阶段将农地流转概率值引入农户生计多样化模型。两阶段模型要求第一阶段中至少有一个变量与农户土地流转参与相关而与第二阶段农户生计多样化无关，本书选择 CFPS2012 数据库村内参与土地流转的农户比例[①]作为工具变量。村内参与土地流转的农户比例影响农户参与土地流转的交易费用（陈媛媛、傅伟，2017），进而影响农户土地流转参与及其流转规模。

H_i 代表影响农户生计多样化的一系列农户特征禀赋变量，包括户主年龄、是否初中以上学历、平均受教育年限、农户是否接受技

---

①　村级参与土地流转的农户比例由村内调研参与土地流转的农户（排除农户本身）除以村内总调研农户得到（陈媛媛、傅伟，2017）。

能培训，农户家庭物质资本（农业生产性固定资本和非农业生产性固定资本）、财力资本（家庭存款和是否购买商业保险等）和社会资本（是否参加合作组织和交通通信费用支出等），这些变量可能影响农户的风险偏好（Asfaw et al.，2018），进而影响农户生计多样化行为。

L_i 表示农户劳动力禀赋，以家庭劳动力数来衡量；P_i 表示农户土地禀赋，以农户人均承包地面积表示；非农业劳动力价格以及农业生产风险选取村级劳动力价格和村级自然灾害等村级变量 V_j 来表示。

除以上理论模型中相关变量，模型还控制了农业政策和地区等变量。农户层次选择政府农业补贴额和是否发生退耕还林反映了政府政策变量，囊括在 H_i 中。以我国的农业政策为背景，学者们主要关注农业补贴政策和退耕还林项目对农户生计的影响。吕炜等（2015）从省级层面研究农机具购置补贴对劳动力转移的影响，发现我国农机具购置补贴提高了农业机械化水平，进而导致农机对农业劳动力的替代，促进农村劳动力非农业转移。Liu and Lan（2015）研究发现农户参与退耕还林项目提高了生计多样化水平，农户耕地退出后受到更大的土地约束，进而转向非农就业市场。其中，低收入农户多样化水平更高。Uchida et al.（2009）发现退耕还林项目促进从事农业经营的农户向非农就业转移，主要原因是项目资金补贴解除了农户非农就业的流动性资金约束。

选择离县城距离和地区虚拟变量表征市场接近程度变量和地区变量。其中，离县城距离在村级变量 V_j 中反映；将调研地区划分为东、中、西部三大类地区，设置东部地区和中部地区两个虚拟变量，以变量 R_k 来表示。关于地区因素或地理位置对农户生计多样化的影响，Zasada（2011）研究发现地理位置对农户生计多样化具有需求驱动效应，靠近旅游景点或城镇地区的农民农业多样化的可能性更高。然而，也有学者发现靠近城镇地区有利于农户非农就业多样化，因而降低了农户农业劳动力多样化（Mishra et al.，2014）。地理区位表征经济发展水平、市场接近程度和信息机会等，好的地理区位往往可以帮助农户克服生计的单一性，赋予农户劳动力多样化配置的能力。

模型中 β_0 和 γ_0 是常数项，β_1，β_2，β_3，β_4，β_5，β_6，γ_1，γ_2，γ_3，γ_4，γ_5 和 γ_6 表示待估计系数。ε_{ijk} 和 μ_{ijk} 为随机误差项。由于农作物多样化和非农业多样化指数左边存在着删失数据，且农业和非农业多样化之间相互关联（McNamar and Weiss，2005；Asfaw et al.，2018），方程（6—14）和（6—15）采用似不相关 Tobit 模型进行估计。

三　生计多样化与农户收入关系描述性分析

如表6—1所示，农户平均种植2.14种农作物，非农业多样化指数平均为1.39。农户土地转入的概率为15%，土地转出的农户比例为10%。

表6—2是土地流转参与农户与未流转农户生计多样化的对比分析。可以看出，转入户农作物种植种类仅比未流转农户高出约0.3，而非农业多样化指数显著高于未流转农户0.07；转出户种植种类平均比未流转农户少了1种农作物，非农业多样化程度与未流转农户之间并没有显著差异。因此，不同类型农户之间存在着自身劳动力禀赋导致的非农业多样化程度差异，如果使用最小二乘法进行估计，将会存在很强的选择性问题。

图6—1展示了农户家庭人均农业收入与农作物多样化之间的关系散点图，上图是未流转农户，下图是转入户。如图所示，农户人均农业收入和农作物多样化呈现"倒U形"关系，且农作物种植数为2时农户人均农业收入最大。由此可见，并不是农作物多样化程度越高越有利于增加农民收入，农作物多样化程度较高有利于降低农业生产经营风险，农户在农业风险和利润最大化之间做出权衡。相对于未流转农户，转入户农作物种类数在3到6之间出现较高的人均农业收入，但农作物种类数超过6的转入户比例要低于未流转农户。

图6—2展示了农户家庭人均非农收入与非农业多样化的关系散点图。上图是未流转农户，下图是转出户。如图所示，农户人均非农收入和非农业多样化程度同样呈现"倒U形"关系，且非农业多样化指数为2时的农户人均非农收入高收入群体较多。相对于未流转农户，转出户低收入群体非农业多样化程度较高（下方散点图密集且收入较低），表明农户转出土地后部分低收入群体通过非农业多样化增加家庭收入。

表6—1   变量描述性统计

变量类型及名称	定义	平均值	标准差
因变量			
土地转入	2012年农户转入土地=1；否=0	0.15	0.35
土地转出	2012年农户转出土地=1；否=0	0.10	0.30
农作物多样化	农户种植农作物的类数	2.14	1.66
非农业多样化	农户非农就业收入多样化赫芬达尔指数	1.39	0.47
农户特征自变量			
人均承包地面积	农户承包地面积除以总人口数（亩）	2.20	2.77
户主年龄	户主的实际年龄	51	12.52
户主初中及以上学历	户主是否初中及以上学历（是=1；否=0）	0.41	0.49
家庭劳动力数	家庭18—60岁的劳动力数	2.60	1.22
劳动力平均受教育年限	家庭劳动力平均受教育年限（年）	10.30	7.60
技能培训	2012年家庭成员是否接受农业或非农培训（是=1；否=0）	0.50	0.50
农业生产性固定资本[a]（对数）	2012年农业生产机械设备等资产价值（元）	2.80	3.61
非农业生产性固定资本[a]（对数）	2012年家庭拥有的非农业生产机械设备等资产价值（元）	0.86	2.88
家庭存款[a]（对数）	2012年末家庭所拥有的现金和存款总额（元）	7.73	2.66
家庭是否购买商业保险	2012年家庭是否购买商业保险如医疗、汽车和房屋财产保险等（是=1；否=0）	0.17	0.38

续表

变量类型及名称	定义	平均值	标准差
是否参加合作组织	2012 年家庭成员是否加入共产党或其他团体组织（是 =1；否 =0）	0.47	0.50
交通通信费用[a] 支出（对数）	2012 年家庭成员交通通信费用总支出（元）	6.90	1.87
政府农业补贴[a]（对数）	2012 年政府粮食直补、良种和农机补贴、农资综合补贴等总和（元）	4.12	3.03
退耕还林	是否参与国家退耕还林政策（是 =1；否 =0）	0.13	0.33
村级层次控制变量			
自然灾害	2013/2014 生产年村庄是否遭受旱灾、洪涝、台风等自然灾害（是 =1；否 =0）	0.68	0.47
劳动力价格（对数）	农忙时村内农业生产雇工价格（元/天）	4.55	0.48
距县城距离	村庄距县城距离（里）	3.46	1.11
地区控制变量			
西部地区	广西、贵州、云南、重庆、四川、山西和甘肃等7省（区市）=1；其他 =0	0.35	0.48
中部地区	山西、吉林、黑龙江、安徽、江西、河南、湖北和湖南等8省 =1；其他 =0	0.29	0.45
东部地区	北京、天津、河北、辽宁、上海、江苏、浙江、福建、山东、广东等10省（市）=1；其他 =0	0.36	0.48

注：农业生产性固定资本，非农业生产性固定资本，家庭存款，家庭总收入，政府农业补贴，交通通信费用支出等变量存在部分零值数据，取对数时采取 $log(x+1)$ 的形式。

表6—2　　　　　**土地流转参与农户与未流转农户生计多样化对比**

	土地转入户	转入—未流转	土地转出户	转出—未流转	未流转农户
农作物多样化	2.50	0.30 ***	1.20	−1.00 ***	2.20
非农业多样化	1.46	0.07 ***	1.35	0.03	1.38
样本量	1011		694		5022

注：本书以未流转农户为对照组分别检验了土地流转参与各组样本农作物多样化和非农业多样化的均值是否与对照组存在显著差异。***、**、*分别表示在1%、5%和10%的水平上显著。

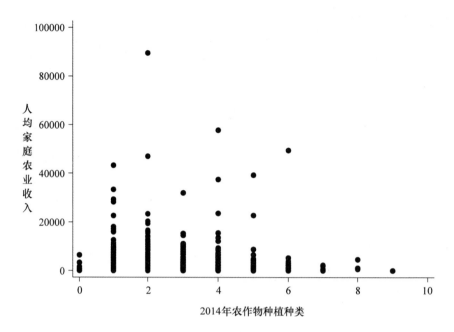

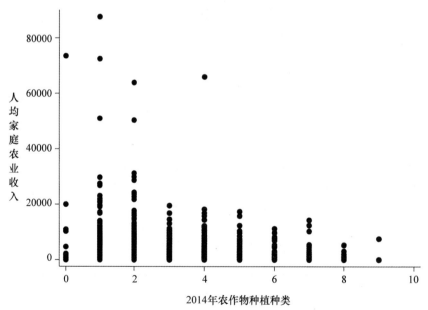

图6—1　农户家庭人均农业收入与农作物多样化的关系散点图

注：上图为未流转农户，下图为转入户。

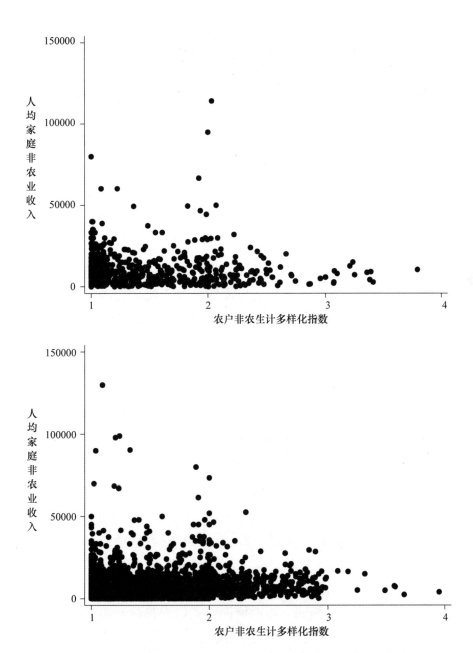

图6—2　农户家庭人均非农业收入与非农业多样化的关系散点图

注：上图为未流转农户，下图为转出户。

第三节　农地流转对农户生计多样化
策略影响的实证结果

　　本书的重点是研究农地流转对农户生计多样化的影响，因此，第一阶段农地流转模型的估计结果不做详细讨论，估计结果见附表1。为保证村内参与土地流转的农户比例这一工具变量的外生性，本书将变量引入农户生计多样化模型，变量并没有显著的影响，且工具变量的联合假设检验并不显著，证明了工具变量与农户生计多样化的外生性，为节省篇幅，这里并没有展示估计过程和结果。第一阶段的估计结果表明村内参与土地流转的农户比例这一工具变量对农户土地流转参与的影响均在1%的水平上显著（见附表1）。

一　农地流转对农户生计多样化策略的影响

　　如表6—3所示，农作物多样化模型中，土地转入变量估计系数显著为正，表明土地转入提高了农户农作物多样化程度；土地转出变量估计系数显著为负，表明土地转出降低了农作物多样化程度。实证结果表明，由于我国农户农地经营规模普遍较小，随着土地上劳动力投入增多，劳动力边际回报减少，我国农业生产中劳动力报酬呈现边际递减效应。此时，土地转入会提高农作物多样化程度，而土地转出会降低农作物多样化程度。非农业多样化模型中，土地转入变量和土地转出变量估计系数均不显著，表明土地流转未对农户非农业劳动力配置造成影响，研究结果与马贤磊、曲福田（2010）和 Liu et al. （2017）相同。可能原因是我国农户可转出的土地面积仅为自身承包地面积，土地转出面积的值相对较小，这种土地配置的较小变动可能并不会对农户劳动力配置产生较大影响。

　　理论模型同时假设了农地流转对农户生计多样化的影响和土地流转规模与机械化程度有关，这些假设将会在下文进行检验。

二　生计资本变量对农户生计多样化策略的影响

人均承包地面积的估计系数显著为负，表明丰富的土地资源禀赋会降低农户农作物和非农业多样化程度。户主年龄与农户农业和非农业生计多样化为"倒 U 形"关系，转折点分别为 58 岁和 40 岁，表明中等年龄的户主家庭生计多样化的程度较高，而从事非农业多样化的农户家庭户主更为年轻化。家庭劳动力数对农户农业和非农业多样化显著为正，表明丰富的劳动力禀赋增加了农户生计多样化程度。其他人力资本中，劳动力平均受教育年限和农户接受技能培训仅对非农业多样化水平有着显著正向影响，可能原因是非农业活动对农户劳动力教育水平和技能水平均有较高的要求。

不同性质的物质资本对农户生计多样化的影响方向不同，农业生产性固定资本显著增加了农户农业多样化的程度，但降低了非农业多样化程度，而非农业生产性固定资本显著提高了农户非农业多样化水平，但降低了农业多样化程度，结果表明农户生产依赖于固定资本的禀赋性质，这种禀赋依赖性影响了农户生计多样化决策方向。

金融资本中，较多家庭存款仅对农户农作物多样化有着显著影响，而对非农业多样化的影响不显著。购买商业保险的农户家庭更倾向于非农业多样化，可能的原因是购买商业保险的农户家庭对风险的厌恶程度更高，更倾向于采取非农业多样化策略以化解生计风险。

社会资本中，农户家庭加入共产党等团体组织和交通通信费用支出均显著提高了农户非农业生计多样化的程度。团体组织和交通通信费用支出是社会网络的代理变量，已有研究表明社会资本能够促进农户劳动力非农就业（蒋乃华、卞智勇，2007）。

三　自然环境、社会经济因素对农户生计多样化策略的影响

村庄前一年发生旱灾、洪涝和台风等自然灾害能够显著提高农户农作物多样化水平，研究结果和 Huang et al.（2014）、Asfaw et al.（2018）学者的研究一致，表明自然灾害提高了农户的风险厌恶

程度，农户采用农业多样化策略以规避风险。政策变量中，政府农业补贴和农户参与退耕还林均显著提高了农户农作物多样化水平。政府农业补贴如直接补贴、良种补贴和农机补贴等提高了农户农业生产的比较收益，增强了农户多样化生产的动机和能力。参与退耕还林的农户部分退出农业生产，减少了土地面积，农户通过农作物多样化以充分利用劳动力。

地理因素中，离县城距离较近的农户非农业多样化程度更高。靠近县城的农户更接近非农就业市场，从事非农就业的概率更高。相对于西部地区，中部地区和东部地区农作物多样化水平较低，而非农业多样化程度较高。这与不同经济发展地区农户的非农就业机会相关，中东部地区相对于西部地区拥有更多的非农就业机会，因此有利于农户非农业多样化；而西部地区由于缺乏就业机会，倾向于通过农作物多样化以提高生计水平。

表6—3中农作物多样化和非农业多样化相关系数 ρ 显著为负，表明农户农业和非农业多样化决策负相关，和 McNamar and Weiss（2005）、Asfaw et al.（2018）学者的研究一致。

表6—3   **农户农作物和非农业多样化影响因素**
似不相关 Tobit 模型的估计结果

	农作物多样化		非农业多样化	
	系数	标准差	系数	标准差
土地转入（概率）	0.957 ***	− 0.248	0.041	− 0.106
土地转出（概率）	− 3.140 ***	− 0.328	0.110	− 0.136
生计资本变量				
人均承包地面积	− 0.020 **	− 0.009	− 0.035 ***	− 0.004
户主年龄	0.035 ***	− 0.013	0.032 ***	− 0.006
户主年龄平方	− 0.0003 **	0.000	− 0.0004 ***	0.000
户主初中及以上学历	− 0.058	− 0.049	0.039 *	0.021
家庭劳动力数	0.084 ***	− 0.026	0.207 ***	− 0.011

续表

	农作物多样化		非农业多样化	
	系数	标准差	系数	标准差
劳动力平均受教育年限	0.004	−0.004	0.010 ***	−0.001
技能培训	−0.037	−0.050	0.051 **	−0.021
农业生产性固定资本（对数）	0.033 ***	−0.008	−0.010 ***	−0.004
非农业生产性固定资本（对数）	−0.028 ***	−0.009	0.007 *	−0.004
家庭存款（对数）	0.036 ***	−0.009	0.006	−0.004
家庭是否购买商业保险	0.059	−0.064	0.056 **	−0.027
是否参加合作组织	−0.071	−0.050	0.098 ***	−0.021
交通通信费用支出（对数）	−0.028 **	−0.014	0.021 ***	−0.006
自然环境、社会经济因素变量				
自然灾害	0.142 ***	−0.052	−0.018	−0.022
政府农业补贴（对数）	0.053 ***	−0.008	0.005	−0.004
退耕还林	0.186 **	−0.073	0.020	−0.031
劳动力价格（对数）	0.086 *	−0.050	0.015	−0.021
距县城距离	0.015	−0.023	−0.030 ***	−0.010
中部地区	−0.541 ***	−0.063	0.085 ***	−0.027
东部地区	−0.605 ***	−0.060	0.089 ***	−0.026
常数项	0.423	−0.418	−0.607 ***	−0.178
样本量	6727			
Wald test of rho = 0	Wald chi2 (24) = 818.9，Prob > chi2 = 0.0000			
方程相关性系数 ρ	−0.07 ***			

注：*** 、** 、* 分别表示在1%、5%和10%的水平上显著。

四　不同规模土地流转对农户生计多样化策略的影响

农户土地流转行为分为转入和转出，本书假设不同流转规模对农户生计多样化的影响存在异质性，因此，农户土地转入行为被划分为：小规模转入、中等规模转入、大规模转入（见表6—4）；土地转出行为被划分为部分转出和完全转出。小规模转入户农地经营面积与未流转农户未表现出显著差异，而中等规模和大规模转入户

的农地经营面积显著高于未流转农户。转出户农地经营面积明显低
于未流转农户。

表6—4所示，仅有小规模和中等规模的土地转入户农作物多样
化程度显著高于未流转农户，大规模土地转入户与未流转农户未有
显著差别。此外，中等规模和大规模土地转入户的非农业多样化程
度高于未流转农户，小规模转入户非农业多样化程度与未流转农户
没有显著差异。转出户的农作物多样化程度显著低于未流转农户，
且完全转出户的非农业多样化指数显著低于未流转农户。

表6—4   不同规模土地流转农户与未流转农户生计多样化对比

	小规模转入	中等规模转入	大规模转入	部分转出	完全转出	未流转农户
农作物多样化	2.7 ***	2.6 ***	2.0	1.7 ***	0.0	2.2
非农业多样化	1.39	1.50 ***	1.47 ***	1.39	1.30 ***	1.38
农地经营规模（亩）	7.4	11.1 ***	35.4 ***	4.2 ***	0.0	7.6
样本量	344	355	312	397	297	5022

注：a：土地转入变量来源于 CFPS2012。土地转入的划分标准是土地流转面积从小到大排序
的三分之一和三分之二临界值，分别为 2 亩和 6 亩。因此，这里的大、中、小规模仅是相对而言，
没有以绝对数作为参照标准；

b：以未流转农户为对照组分别检验了不同规模土地流转样本农作物多样化、非农业多样化及
农地经营规模的均值是否与对照组存在显著差异。*** 、** 、* 分别表示在 1% 、5% 和 10% 的水平上
显著。

表6—5是不同规模土地流转户农作物和非农业多样化两阶段
模型的估计结果，为节省篇幅，本书仅汇报土地流转对农户生计
多样化的影响。如表6—5所示，土地小规模转入和中等规模转入
对农户农作物多样化的影响显著为正，土地小规模转入对农户非
农业多样化也有着显著正向影响，而大规模转入对农户农作物和
非农业多样化的影响均显著为负，表明农户土地转入在一定规模
时才会降低农业和非农业多样化程度。小规模和中等规模的土地

转入扩大了农户土地经营面积，农户通过农业多样化以避免单一农业活动因土地经营面积过大带来的边际递减效应。而农户转入较大规模的土地时需要分配更多家庭劳动力用于农业生产经营，从而减少了从事非农业多样化的劳动力。由于农作物多样化需要一定的成本（如种植经验学习成本、市场信息成本等），而一些经济作物更是以劳动密集型为主，因此，转入较大规模土地时农户会倾向于专业化从事省工且土地密集型的作物生产（罗必良等，2018），以利用家庭有限的劳动力最大化农业生产的利润，从而减少了农作物多样化的劳动力投入。

　　与表6—4的估计结果一致，无论是部分转出还是完全转出，农户农作物多样化程度均显著降低；仅有土地部分转出对农户非农业多样化有着显著的影响。可能原因是农户完全转出土地后更倾向于非农业就业专业化；也可能是由于当前政府干预农地流转，存在许多被动转出的农户，由于缺乏非农就业能力，完全转出土地后未能顺利实现非农就业多样化（张建等，2016）。

表6—5　　　**农户农作物多样化和非农业多样化影响因素估计结果**
（划分不同土地流转规模）

	农作物多样化		非农业多样化	
	系数	标准差	系数	标准差
小规模转入（概率）	1.046 **	0.520	0.268 *	0.140
中等规模转入（概率）	4.443 ***	1.305	0.156	0.353
大规模转入（概率）	-2.565 ***	0.728	-1.097 ***	0.201
土地部分转出（概率）	-2.584 ***	0.918	0.572 **	0.245
土地完全转出（概率）	-3.025 ***	0.679	0.278	0.173
样本量	6727			
Wald test of rho = 0	Wald chi2（24）　=834.9，Prob > chi2 = 0.0000			
方程相关性系数 ρ	-0.143 ***			

　　注：为节省篇幅，本书省略了其他变量的估计结果。***、**、*分别表示在1%、5%和10%的水平上显著。

五　不同机械替代程度下农地流转对农户生计多样化策略的影响

理论模型部分认为，农地流转对农户生计多样化的影响受到劳动力边际报酬的影响，而劳动力边际报酬与农业生产中农业技术和农机服务对自家劳动力的替代有关。因此，本章继续研究不同农业机械化程度下农地流转对农户生计多样化的影响，按农户是否处于平原地区将样本划分为两类，一类农户处于平原地区，方便机械化作业和服务推广；另一类农户处于非平原地区（丘陵、高山等），农业机械化推广程度较低。数据表明，处于平原地区的农户2014年农业生产中的机械租赁费平均每户为547元，处于非平原地区农业生产中的机械租赁费平均每户仅为208元。

表6—6是不同机械替代程度地区农户农作物和非农业多样化影响因素估计结果。农业机械化程度较高的平原地区，农户小规模和中等规模的土地转入对农户生计多样化均未有影响，而只有大规模的土地转入对农户非农业多样化有显著的抑制作用。

而对于机械化程度较低的非平原地区，研究发现大规模的土地转入均对农作物多样化和非农业多样化产生了负向作用。

土地转出变量中，平原地区土地部分转出和完全转出均对农户非农业多样化产生正向作用，表明农户转出土地后非农业劳动力转移，非农业多样化程度增加。可能原因是平原地区农户生产经营以机械化代替自家劳动力，自家部分劳动力能够从农业生产中解放，进而转向非农就业。而在非平原地区，发现农地转出未对农户非农业多样化造成影响，可能原因是机械化程度对劳动力的替代较弱，家庭较少存在剩余农业劳动力，这部分的土地转出更多是由劳动力老龄化或者政府行政推动带来的，农户土地转出后劳动力赋闲的概率更大。此外，本章还发现平原地区土地部分转出对农作物多样化也没有显著影响，而非平原地区土地部分转出则显著地降低了农户农作物多样化程度。

表6—6　　　**不同机械替代程度地区农户农作物和**
非农业多样两阶段模型的估计结果

	平原地区		非平原地区	
	农业多样化	非农业多样化	农业多样化	非农业多样化
小规模转入（概率）	0.896	-0.125	0.462	0.335*
	(1.055)	(0.323)	(0.717)	(0.182)
中等规模转入（概率）	-2.013	0.564	0.763	0.181
	(2.596)	(0.783)	(2.760)	(0.712)
大规模转入（概率）	-0.798	-0.906**	-6.000***	-1.169***
	(1.506)	(0.456)	(1.490)	(0.388)
土地部分转出（概率）	-2.044	1.658*	-8.851***	-0.218
	(2.985)	(0.892)	(2.874)	(0.765)
土地完全转出（概率）	-4.934***	0.863**	-3.081**	0.058
	(1.221)	(0.354)	(1.259)	(0.313)
样本量	2665		4062	
Wald test of rho = 0	Wald chi2（24）=325.0, Prob > chi2 = 0.0000		Wald chi2（24）=459.1, Prob > chi2 = 0.0000	
方程相关性系数 ρ	-0.173***		-0.128***	

注：***、**、*分别表示在1%、5%和10%的水平上显著。括号内为标准误。

第四节　本章小结

　　本章将农地流转市场纳入农户生计多样化决策的理论框架中，并采用中国家庭追踪调查（CFPS）的农村住户数据实证研究了土地流转参与对农户农作物和非农业生计多样化的影响。研究表明，农户转出土地后降低了农作物多样化程度，但并未增加非农业多样化水平；农户转入土地对生计多样化的影响取决于转入规模，只有土地转入达到一定规模时，才会显著降低农户农作物和非农业多样化程度。此外，本章还发现农业机械化程度较高的地区土地转入未对农户农作物多样化产生影响，但土地转出有利于促进农户非农就业多样化。机械化程度较低的地区土地规模转入对农户农作物多样化产生负向作用，但土地转出并未促进农户劳动力非农就业多样化。最后，本章还发现土地禀赋稀缺对农户生计多样化的推力作用，以及人力资本禀赋和素质对农户非农业多样化的促进作用。生产性固定资本对农户生计多样化的影响受到资本异质性的影响，农业生产性固定资本有利于农户农作物多样化，而非农业生产性固定资本则提高了农户非农业生计多样化水平。

第 七 章

农地流转对农户生计
流动性的影响研究

前文重点考察了农户劳动力转移和经济作物种植两种生计策略，这种单一和组合生计策略划分方法被相关文献广泛研究（Zhao，2002；Uchida et al.，2009；Mullan et al.，2011；Shi et al.，2007；Liu，2016）。然而，单一和组合生计策略划分方法无法对农户生计活动的优劣进行比较，如何种类型的生计策略福利水平更高，原因在于不同生计策略下均存在福利较高或较低的农户。然而，为研究农户生计流动性，必然要求比较农户的生计策略优劣或福利水平高低，以判断农户不同时期生计活动是向着高福利水平策略演进还是低福利演进，从而得到农地流转对农户生计流动性的影响。随着统计分析方法的发展，聚类分析方法可以按照农户收入或资本变量将农户生计策略分为不同类型，且可以比较不同生计策略的福利水平。因此，本章采用聚类分析和量化分析方法将农户分为不同的生计类型，便于进行不同生计策略的福利效应和可持续性的比较（Jansen et al.，2006；Jiao et al.，2017；Walelign et al.，2017）。

此外，前文主要考察的是单一年份农户生计策略，而尚未考虑生计策略变化情况。事实上，农户的生计策略是动态变化的

（Walelign et al.，2017）。例如，农民可能拥有一个初始的生计策略，而这一策略可能在下一阶段转移到福利水平更高、更低或者相同水平的生计策略，这就是生计流动性（Berg，2010；Jiao et al.，2017）。评价影响农村生计流动的因素对于降低贫困、实现可持续生计具有很强的政策含义。在我国快速转型时期，制度变化和市场自由化对资源配置和效率有着重要影响。因此，研究这些制度和市场因素对生计流动性的影响很有意义。因此，本章采用 2010 年和 2014 年中国家庭追踪调查（CFPS）两期数据，在识别农户优势和劣势生计策略的基础上，识别农户生计流动性，并考察农地流转市场发育对农户生计流动性的影响。

第一节　农户生计策略和流动性
影响因素理论分析

随着快速工业化和城镇化，近年来我国农户生计策略发生了显著的变化。尽管多数农户仍然参与农业生产，农村劳动力广泛从事其他非农业工作，包括非农自雇、非农务工和劳动力转移（Shi et al.，2007）。尽管农业收入对于农民的贡献度下降，但 2016 年农业部门的劳动份额仍然占到 28%（《中国统计年鉴》，2017）。土地仍然是影响农户生计策略的重要因素。家庭土地禀赋和土地流转市场发育对劳动力非农就业可能有着正向或负向影响。一方面，土地流转市场发育时土地资本可以为转出户提供资金支持（Feng and Heerink，2008）；另一方面，土地禀赋丰富的农户从事非农业工作的机会降低（Bhandari，2004；Shi et al.，2007）。土地稀缺可能激励农户劳动力转向非农就业（Shi et al.，2007）。

在中国转型时期，人力资本是影响农户生计策略和流动性的重要因素。例如，经营者年龄、家庭成员数量、教育水平、社会网络和非农收入可能影响农户生计策略（Zhao，2002；Shi et al.，2007；

Glauben et al.，2008）。参与非农就业的农户拥有更高的总收入和资产（Zhao，2002），并通过资本积累转向利润更高的生计活动。工业化阶段，随着城市和住房需求的增加，大量农地被占用转为城市建设用地。由于《中华人民共和国宪法》规定基于公共利益，政府有权利征收农民土地。土地征收最重要的形式是货币补偿，此外是提供工作或就业机会（Bao and Peng，2016）。因此，土地征收可能影响农户生计策略。土地征收后农户获得货币补偿可能为其参与非农就业提供资金支持。然而，失去土地资本和农业收入的农户过于依赖政府补偿，可能失去外出务工的积极性。

我国的土地流转市场尚不完善，从而阻碍了农地经营规模的扩大和农户退出农业生产。在一系列土地产权制度改革和政府干预下，近几年土地流转市场逐步发展。土地流转市场对农业生产和农户收入的影响被广泛研究（Deininger and Jin，2005），但土地流转对农户生计策略选择和流动性的影响研究不足。农村要素市场的不完善可能带来不同生计活动的报酬差异。若农村土地和劳动力市场是完善的，资源配置的交易费用为零，则农户土地和劳动力资源将实现最佳配置效率（Liu et al.，2017），不同生计策略的报酬也会均等化（Berg，2010）。然而，发展中国家农村劳动力和其他要素市场普遍面临市场失灵，由于雇用劳动的监督成本较高，农户农业生产中倾向于使用较多的家庭劳动力（Jin and Jayne，2013）。发展中国家农户由于缺少抵押品和较高的监督成本，往往被排除在正规信贷市场之外。农户土地转入和转出也会对生计策略选择有很大差异。农户转入土地后增加了土地经营规模，家庭剩余劳动力得到充分利用，农户农业收入增加，选择以农业为主的生计策略的概率提高。农户转出土地后对土地的依赖度降低，劳动力可能转移到非农业领域，从而选择非农为主的生计策略的概率提高。对于未能实现劳动力非农就业的农户，当土地市场发育完善时，较高的土地租金报酬有助于提高他们的财产性收入。而土地租金较低时，将不利于农户的资本积累。在不完善的农村要素市场环境下，由于农业和非农业生产活动存在巨大的效率差异，农地流转市场发育对农户生计流动性的影响可能存在异质性。对于转入户，由于农户选择以农业为主的生计策略，而农业劳动生产效率较低，家庭无法通过社会化服务实现规模经营，从而限制了农业利润的提升。此外，以农业为主的农户面临着较高的非农业生产成本，可能不利于农户下一阶段进入利润较高的生计策略。由于非农业具有较高的生产率，从事非农业生产的转出户可能拥有更高的报酬，从而具有更优的生计策略。

最后，区域因素对农户非农就业具有重要影响。一般而言，东部和中部地区相对于西部地区经济较为发达，农户非农就业的机会更高，因而采取生计多样化的概率更高（Cai et al.，2002）。此外，作为限制人口流动落户、用于界定居民户籍身份的重要制度，户籍制度对农户生计策略也有着重要影响。出生于落后地区的农户可能由于户籍制度的限制较难迁移到发达地区。

农户生计策略可能受到农户资产、自然力量、社会经济因素和制度因素的影响，生计策略本身具有流动性（Winters et al.，2001；FAO，2005）。农户可能通过资本积累和内部压力改变其生计策略，以增强金融安全和财富以降低生计脆弱性和贫困水平（Jiao et al.，2017）。农户家庭、个人和社区层次的自然、人力、物质、社会和财力资本可以被贮存、交换或投资以增加收入（Rakodi，1999；FAO，2005；Walelign et al.，2017）。自然资本包括土地、水和其他环境要素资源，人力资本包括质量和数量两个维度。家庭劳动力和有效的劳动时间是人力资本的数量维度，而教育、健康、知识和能力是质量维度（Rakodi，1999）。物质资本包括农户的生产性和非农业生产资本，包括设备、基础设施和不动产（FAO，2005）。社会资本界定为维系社会关系和社会结构的管制、规则、责任和信任等（Rakodi，1999），正式组织身份、礼品支出和社会信任都是社会资本的代理变量（Chen et al.，2013）。最后，储蓄、信用、现金、信贷可得性和保险等都属于财力资本。

影响农户生计的外部因素包括自然力和人类作用力。自然力包括天气、自然灾害和疾病等，可能不利于生计选择并使得农民陷入贫困。人类作用力如政策和制度是影响农户生计选择的重要外部规则（FAO，2005）。政策和制度影响农户的资产可得性以及处理风险的能力。良好的制度环境可以降低生计策略的不确定性和风险。制度因素可划分为四类：正式的社会组织（如合作社）、非正式组织（如私人借贷）、经济组织（如银行、土地管理和税收部门），以及社会文化组织（如关系、婚姻和宗教等）。市场是影响生计选择的人类作用力。市场包括要素市场和产出市场，可能通过影响生产要素价格或产出品市场价格进而影响市场主体行为（Winters et al.，2001）。合理的价格体系可以引导资源流向最有效率的使用者并产生最大化的利益。然而，由于交易费用的存在，市场失灵可能扭曲资源配置关系并导致不平等。

划分农户生计策略的量化模型包括三类：以收入为基础、资本为基础或者收入和资本的组合为基础（Ellis and Freeman，2004；Nielsen et al.，2013；Khatiwada et al.，201；Walelign et al，2017）。以收入为基础的方法使用不同生计活动产生的收入或者部门收入份额作为聚类分析的要素以识别生计策略（Ellis and Freeman，2004；Khatiwada et al.，2017）。然而，以收入为基础的方法可能并不能很好地划分生计策略，由于收入可能在年际之间表现出较大的波动性（Nielsen et al.，2013；Walelign et al.，2017）。以资本为基础的方法根据相同的资本配置来划分农户生计策略。然而，收集到精确的农户劳动力配置信息非常困难，并且这种方法未考虑非农业资产（如社会资本）对生计策略的影响（Walelign et al.，2017）。最后，由于农户收入来源于劳动力的边际产出和资产配置，基于收入和资本的组合可以用来划分农户的生计策略（Walelign et al.，2017）。

第二节 数据说明与变量统计

本章数据来源于中国家庭追踪调查（CFPS）2010 年和 2014 年的两期数据，关键变量和信息在两个数据库中相似。文章关注两期 6116 个农户面板数据，农户分布在 413 个村庄和 132 个行政县。两期之间有着 17.58% 的数据缺失率。农户层次的数据包含着详细的家庭结构和关系信息、经济活动、收入和支出、家庭资产、农地经营规模和地区变量。收入和支出数据是农户的回忆数据。定义和变量的汇总由表 7—1 列出。

表 7—1 变量与定义

变量	定义	平均值	标准差
土地转入	农户是否转入土地（是 =1；否 =0）	0.17	0.38
土地转出	农户是否转出土地（是 =1；否 =0）	0.11	0.32
农户生计资本变量			
土地禀赋	家庭承包地面积（公顷）	0.16	0.20
户主年龄	岁	46.65	11.95
户主受教育年限	年	5.17	1.81
家庭人口数	个	4.36	1.69
抚养比	60 岁以上或 18 岁以下家庭人口数占总人口的比例	0.69	0.41
家庭劳动力平均受教育年限	18—60 岁劳动力平均受教育年限（年）	9.89	5.58
土地征收	农户是否经历土地征收（是 =1；否 =0）	0.13	0.33
村级层次控制变量			
自然灾害	村庄去年发生自然灾害（洪涝，地震，干旱和飓风） =1；否 =0	0.31	0.46
道路设施	村庄是否接近道路或铁路（是 =1；否 =0）	0.86	0.35
距县城距离	村庄距县城中心距离（公里）	56.67	44.89

续表

变量	定义	平均值	标准差
地区层次控制变量			
西部地区	广西、贵州、云南、重庆、四川、陕西和甘肃等7省（区市）=1；其他=0	0.37	0.48
中部地区	山西、吉林、黑龙江、安徽、江西、河南、湖北和湖南等8省=1；其他=0	0.30	0.46
东部地区	北京、天津、河北、辽宁、上海、江苏、浙江、福建、山东、广东等10省（市）=1；其他=0	0.33	0.47

第三节　农地流转与农户生计策略和流动性模型

本书采用将农户收入和资产相结合的量化聚类方法来确定农户生计策略（Walelign et al.，2017）。首先，建立一个包含所有资产类型的收入模型，农户生计活动的回归模型为：

$$Y_{ist} = \sum_j \alpha_j (A_{ijt}) + \alpha_p P + \varepsilon_{it} \tag{7—1}$$

Y_{ist}是农户i在t时期从生计活动s取得的收入，A_{ijt}表示农户i在t时期的资产j。P是省份虚拟变量。α_j和α_p是待估计系数，ε_{it}是误差项。模型中纳入农户的五种生计活动获得的收入：农业收入（作物和牲畜收入），自我雇用收入，本地务工收入，劳动力转移收入和财产性收入。方程（7—1）的资本作为因变量包括家庭土地禀赋、农户家庭人口，教育和培训，农业固定资产，非农业固定资产，房屋价值，储蓄，资金借贷，商业信用，组织成员身份以及礼金支出等。所有的收入和流动资金价值均采用消费者价格指数（CPI）进行了调整。基于方程（7—1）的估计系数，本章得到有关生计活动s的资产指数q。具体而言，估计以下回归模型：

$$q_{is} = \sum_j \alpha_j (A_{ijt}) + \alpha_p p \tag{7—2}$$

由于一些农户同时从事几种收入产出活动，部分活动的收入可能为负值或零，从而导致方程（7—2）的负向估计。为最小化负向预测，本书采用两步法（two-part model）模型估计方程（7—2）。在两步法模型中，第一部分是一个二元选择性模型并用来预测正向收入的概率值。在第二部分，选择合适的最小二乘法估计模型（Belotti et al.，2015）。总体的预测值是前一个模型的权重和后一个模型的期望值（Cameron and Trivedi，2005）。从两步法得到的五种资产指数包括：农业资产指数，自我雇用资产指数，本地非农务工资产指数，劳动力转移资产指数和财产性资产指数。因此，采用五种资产指数变量以聚类分析方法产生农户的生计策略。本章采用主成分分析法来估计矩阵（Jansen et al.，2006；Nielsen et al.，2013）。

最终，本章采用潜在类别模型，将农户划分为 5 种不同的生计策略类型。相对于其他方法，潜在类别模型通过赋予每个解决方法概率值以最小化组间距，并提供最优聚类数量的相关信息和显著性检验，因而更具科学性（Nielsen et al.，2013）。由于本章采用面板数据，采用潜在类别 Markov 模型以捕捉 2010 年和 2014 年的生计策略变化。采用贝叶斯信息准则（BIC）确定最优的聚类值，较低的 BIC 值意味着更好的模型。本书发现 5 种聚类是最优的，聚类分析采用的是 Latent Gold 5.0（Vermunt and Magidson，2013）。

获取 5 类最优的聚类值后，本章将农户划分为：小农户[①]（LS1）、小农户和非农经营型[②]（LS2）、非农务工和中等规模农户[③]（LS3），多元非农经营和中等规模农户[④]（LS4），以及大农户[⑤]（LS5）。每个农户在 2010 年或 2014 年每一时期被分配到唯一的生计策略（LS1，LS2，LS3，LS4，或 LS5）。表 7—2 展示了 5 种生计策

[①]　所有的活动变量的资产指数均较低。

[②]　农业资产指数较低以及较高的非农务工和劳动力转移资产指数。

[③]　相对 LS1 和 LS2 有较高的农业资产指数，以及更高的非农务工资产指数。

[④]　各种非农就业类型和比 LS1 和 LS2 更大的农业资产指数。

[⑤]　所有的收入生产活动的资产指数均较高。

略的汇总以及资产指数平均值。

表7—2　　　　　2010年和2014年不同生计策略资产指数均值

生计策略	农业资产指数	自我雇用资产指数	非农务工资产指数	劳动力转移资产指数	财产性收入资产指数
LS 1	5619 (21629)	220 (284)	9681 (4413)	2177 (1087)	128 (100)
LS 2	5592 (2172)	761 (820)	14854 (6205)	5873 (2115)	217 (163)
LS 3	12063 (4054)	718 (1047)	12335 (5594)	3263 (2390)	402 (266)
LS 4	6910 (2956)	2186 (2096)	25181 (7820)	10498 (2911)	465 (333)
LS 5	21942 (33782)	13230 (18690)	36876 (18086)	12645 (8609)	1922 (2581)
单因素方差分析	941.5***	1299.8***	2809.2***	4807.9***	1234.2***
平均值 (2010年和2014年)	7316 (6916)	1119 (3794)	14907 (8980)	5121 (3936)	301 (546)
平均值（2010年）	7316 (5136)	335 (1826)	13839 (7678)	2562 (1700)	197 (365)
平均值（2014年）	7317 (8323)	1904 (4922)	15976 (10003)	7679 (3873)	406 (664)

注：括号中为资产指数的标准误。单因素方差分析表示不同生计策略资产指数的显著性差异。

LS1：小农户；LS2：小农户和非农经营型；LS3：非农务工和中等规模农户；LS4：多元非农经营和中等规模农户；LS5：大农户。

在估计2014年农户生计策略选择影响因素的模型中，控制了2010年的农户资产变量和外部因素变量。假设农户 i 采取第 j 种生计策略的效用函数 U_{ij} 可以表示为：

$$U_{ij} = \beta X_{ij} + e_{ij} \tag{7—3}$$

X_{ij} 为解释变量，β 是待估计系数，e_{ij} 是随机误差项。若每个农户决策的目标均为效用最大化，农户 i 选择生计策略 j（LS1，LS2，LS3，LS4和LS5）的概率为：

$$P(Y_i = j) = p \ (U_{ij} \geqslant U_{im})$$
$$= p \ (U_{im} - U_{ij} \leqslant 0) \tag{7—4}$$
$$= p(e_{im} - e_{ij} \leqslant \beta_j X_{ij} - \beta_m X_{im}), \quad \forall m \neq j$$

$$P(Y_i = j) = \frac{\exp(\beta X_{ij})}{\displaystyle\sum_{k=0}^{n} \exp(\beta X_{ij})}, j = 1, 2, \cdots, n \tag{7—5}$$

方程（7—5）采用多项 Probit 模型进行估计。多项 Probit 模型假设误差项服从独立分布、均值为零且协方差矩阵为

$$\sum = \begin{bmatrix} \sigma_1^2 & \cdots & \sigma_{1n} \\ \vdots & \ddots & \vdots \\ \sigma_{1n} & \cdots & \sigma_n^2 \end{bmatrix}。$$

农户 i 选择生计策略 j 的概率为：

$$P(Y_i = j) = \int_{-\infty}^{\beta x_1} \cdots \int_{-\infty}^{\beta x_{j-1}} f(e_{i1}, \cdots, e_{ij-1}) \partial e_{i1}, \cdots, e_{ij-1} \tag{7—6}$$

$f(\cdot)$ 是多变量正态分布的概率密度函数。

最后，为测度农户 2010 年到 2014 年的生计策略流动性，采用随机优势分析法对生计策略进行排名。具体而言，将农户生计策略流动性分为三类：向下流动（DM），无变化（NM）和向上流动（UM）。如果农户从 2010 年较低福利的策略转变为 2014 年相对较高福利的生计策略，则称为生计策略向上流动。若农户从 2010 年相对较高福利的生计策略转向 2014 年福利较低的策略，则称为生计策略向下流动。最后，若农户两年处于同一生计策略水平，则称为不变生计策略。农户生计策略的流动性是不连续和有序的（如 DM = 1，NM = 2，UM = 3）。本书采用有序 Logit 模型估计生计策略流动性的影响因素模型（Cameron and Trivedi, 2005）。模型设定为：

$$M_i^* = X_i'\theta + u_i \tag{7—7}$$

M_i^* 是度量生计流动性的不可观测潜变量（DM，NM，UM）。X_i' 是一系列自变量，如农户资产特征、农地流转市场、村级变量和地区变量等。θ 是待估计系数。u_i 是误差项。有序 Logit 模型可以表示为：

$$P(M_i = j) = F_j(c_j - X'_i\theta) - F_j(c_{j-1} - X'_i\theta) \qquad (7\text{—}8)$$

其中，$i = 1, 2, 3\cdots, n$；$j = 1, 2, 3$；$c_0 = -\infty$，$c_{j-1} \leqslant c_j$，$c_s = \infty$；F 是 u_i 的累计分布函数。$F_j = 1/(1 + \exp(-c_j - X'_i\theta))$。$c_1$，$c_2$，$c_3$，$\cdots$，$c_j$ 是每个策略选择的未知截分点。方程（7—5）及方程（7—7）的解释变量 X_{ij} 和 X'_i 是由一系列的农户生计资本、市场和外部制度环境、地区变量所组成。由于物质和财力资本变量已经纳入生计策略选择模型中，因而在自变量中被排除以避免逆向选择导致的内生性问题（Walelign et al.，2017）。

第四节　农户生计策略和流动性影响因素分析

一　农户优势生计策略划分与演变

表7—3 统计了 5 种生计策略的农户不同类型收入和总收入均值。2010 年和 2014 年农户收入平均值表明非农收入（户均 14949元）是农户最重要的收入来源，其次是农业收入（户均7336 元）和汇款收入（户均 5129 元）。通过比较 2010 年和 2014 年不同来源收入，表7—3 显示农户收入从 25700 元增长到 35744 元。其中，农户自我雇用、非农就业和汇款收入增加幅度更大。表7—3 表明，由于 LS4（多元非农经营和中等规模农户）和 LS5（大农户）这两个生计策略的农户平均总收入显著高于其他类型生计策略，因而是福利水平较高的生计策略。小农户 LS1 是福利最小的生计策略。使用一阶随机占优分析将生计策略排序，结果见图7—1。随机占优分析要求占优策略在每个收入水平下具有较低的累积分布概率（Nielsen et al.，2013）。图7—1 表明生计策略 LS5 相对于其他策略具有最高的收入和最低的累积分布密度，因而是占优策略。小农户（LS1）是随机劣势生计策略。总体而言，非农务工和中等规模农户 LS3 相对于小农户 LS1、小农户和非农经营型 LS2 具有更高的收入。

表7—3

2010年和2014年不同生计策略农户平均收入（元）

生计策略	农业收入	自雇经营收入	非农务工收入	劳动力转移收入	财产性收入	转移性收入	其他收入	总收入	总收入排名
LS 1	5747 (7182)	178 (3739)	9420 (12041)	2210 (5509)	131 (1384)	631 (2659)	558 (2523)	18874 (17536)	5
LS 2	5583 (8982)	745 (6696)	15350 (19303)	6036 (10569)	207 (1724)	1266 (3746)	754 (3802)	29936 (25201)	4
LS 3	12373 (15639)	1323 (8907)	12699 (21853)	3174 (7775)	432 (2488)	946 (3056)	1051 (4945)	31991 (31295)	3
LS 4	6938 (17473)	2023 (1468)	25586 (32125)	10902 (16370)	451 (2092)	2091 (5168)	680 (3318)	48662 (44839)	2
LS 5	19002 (40560)	9527 (31451)	30673 (40481)	8660 (18607)	1789 (7680)	3671 (7585)	1101 (5640)	74409 (60335)	1
单因素方差分析	352.8***	65.8***	289.2***	262.4***	50.5***	32.4***	9.8***	851.7***	
平均值（2010年和2014年）	7336 (13536)	1082 (9668)	14949 (22017)	5129 (10761)	299 (2215)	1195 (3800)	738 (3670)	30722 (31933)	
平均值（2010年）	7395 (10028)	318 (7933)	13962 (18613)	2554 (6223)	195 (1861)	470 (2559)	807 (3111)	25700 (27734)	
平均值（2014年）	7277 (16308)	1846 (11083)	15936 (24923)	7704 (13402)	402 (2516)	1920 (4614)	670 (4153)	35744 (34929)	

注：括号内为标准误差。
LS1：小农户；LS2：小农户和非农经营型；LS3：非农务工和中等规模农户；LS4：多元非农经营和中等规模农户；LS5：大农户。

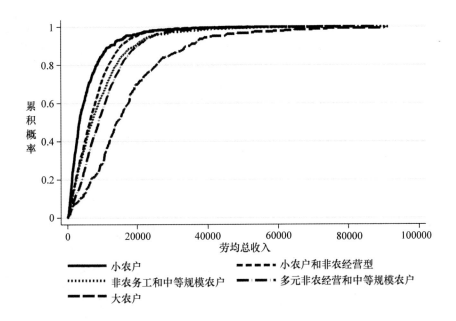

图7—1　2010—2014年不同生计策略劳均收入累计密度分布

注：LS1：小农户；LS2：小农户和非农经营型；LS3：非农务工和中等规模农户；LS4：多元非农经营和中等规模农户；LS5：大农户

　　表7—4显示了2010年到2014年生计策略转移矩阵。从表中可以看出，四年间农户生计策略发生了很大变化。如2010年小农户LS1所占比例超过50%，其次是生计策略LS2（约21%），而大农户LS5所占比例最小。然而，到2014年，生计策略LS2和LS4已经成为两种主导性的生计策略，分别占到44.65%和28.06%。大农户LS5仍然是最小的群体，占比仅4.51%。2010年到2014年，小农户LS1的比例下降到7.52%，其中，43.8%的小农户转变为小农户和非农经营型农户LS2。此外，2010年生计策略LS2中的19.62%的农户转向2014年的多元非农经营和中等规模农户LS4。非农务工和中等规模农户LS3变化不大，表明大多数农户仍然位于这类生计策略。

　　表7—4表明处于高收入水平的农户生计策略LS4和LS5显著增加（生计策略LS4从2010年的2.62%增加到2014年的28.06%，生计策略LS5从2010年的0.65%增加到2014年的4.51%）。转向多元

非农经营和中等规模农户 LS4 的主要来自于生计策略 LS2，主要通过参与非农就业。转向最有利可图生计策略大农户 LS5 的生计群体主要来自于 LS3 和 LS4，这些农户有着较高的农业和非农业资本禀赋。显然，2010 年到 2014 年多数农户从低福利策略流向高福利策略，多数生计流动发生在临近生计策略。然而，仍然存在小部分农户流向了较低的生计策略，如 2010 年 0.07% 以生计策略 LS2 为主的农户 2014 年则转变为 LS1；0.1% 归属于 LS3 的农户流向 LS2。

表7—4　2010 年到 2014 年生计策略转移矩阵（农户数和百分比%）

| | | 2010 | | | | | |
		LS 1	LS 2	LS 3	LS 4	LS 5	总体
2014	LS1	454	4	0	2	0	460
		(7.42)	(0.07)	(0.00)	(0.03)	(0.00)	(7.52)
	LS2	2679	39	6	1	6	2731
		(43.80)	(0.64)	(0.10)	(0.02)	(0.10)	(44.65)
	LS3	11	2	906	0	14	933
		(0.18)	(0.03)	(14.81)	(0.00)	(0.23)	(15.26)
	LS 4	325	1200	130	56	5	1716
		(5.31)	(19.62)	(2.13)	(0.92)	(0.08)	(28.06)
	LS 5	31	41	88	101	15	276
		(0.51)	(0.67)	(1.44)	(1.65)	(0.25)	(4.51)
	总体	3500	1286	1130	160	40	6116
		(57.23)	(21.03)	(18.48)	(2.62)	(0.65)	(100.00)

注：括号内为不同类型生计策略的百分比（%）。

二　土地流转及其他变量对农户生计策略选择的影响

表 7—5 汇报了影响农户生计策略选择的多项 Probit 模型的估计结果。结果表明，相对于小农户 LS1，农户土地转入后选择生计策略 LS2 和 LS4 的概率分别降低了 7.9% 和 5%。然而，表 7—5 的结果表明转入户从事生计策略 LS3（非农务工和中等规模农户）的可

能性提高。尽管农户转入土地后会增加土地经营面积及农业收入比重，然而，相关研究表明土地转入可能会降低农户劳动力转移和非农就业的概率（Feng and Heerink，2008）。因此，农户转入土地后非农业多样化程度会降低，并且随着转入土地的增加，农户生计策略转向农业生产经营。

边际效应表明，相对于生计策略 LS1，农户转出土地后选择生计策略 LS2 的概率下降了 8.3%，选择生计策略 LS5 的概率提高了 3%。由此可见，由于转出户存在着分化，一部分转出户由于老龄化较严重，转出土地后可能赋闲在家，丧失了非农就业能力，主要依赖土地租金收入和转移性收入，因而选择非农经营型生计策略 LS2 的概率降低。另一部分转出户非农就业能力较强，转出土地后反而有能力转移到更高生计策略领域 LS5。

关于其他变量，对于生计策略 LS2 和 LS4，农户土地资源禀赋变量显著为负且在 1% 的水平上显著，而对生计策略 LS3 变量显著为正。边际效应表明，相对于小农户 LS1，土地资源禀赋增加 1 公顷使得农户选择小农户和非农业经营型生计策略 LS2 的概率降低了 28.1%，以及选择多元非农经营和中等规模农户 LS4 的概率下降了 49.8%。另外，相对于小规模农户 LS1，土地资源禀赋增加一公顷使得农户有 60.3% 的概率选择中等规模农户 LS3。本书与 Khatiwada et al.（2017）的研究相似，后者发现土地持有量对农户非农就业有着显著负向影响。可能原因是大农户需要更多的家庭劳动力投入农业生产进而投入非农就业的劳动力减少。

表 7—5 表明相对于小农户 LS1，户主年龄越大，选择生计策略 LS3 和 LS5 的概率越低。边际效应表明，相对于小农户 LS1，户主年龄每增加一年农户选择非农务工和中等规模农户 LS3 以及大农户 LS5 的概率分别降低 4.8% 和 1.9%。年龄较大的户主家庭选择非农业工作或劳动力转移的概率较低，研究发现与非农业劳动力供给的影响研究相一致（Mishra and Goodwin，1997）。家庭规模对农户生计策略选择的影响具有异质性，相对于生计策略 LS1，家庭人口数

较多的农户家庭选择较高福利生计策略 LS4 和 LS5 的概率显著提高。然而，抚养比较高的农户家庭选择生计多样化策略（LS3，LS4 和 LS5）的可能性降低，研究结论与 Feng and Heerink（2008）及 Liu et al.（2017）一致，后者发现较高的抚养比限制了农户从事利润较高的非农就业活动。

家庭劳动力平均受教育年限的边际效应对于生计策略 LS2 和 LS3 显著为负，而对于生计策略 LS4 和 LS5 显著为正。边际效应表明，相对于生计策略 LS1，劳动力平均受教育年限每增加一年，农户选择生计策略 LS2 和 LS3 的概率分别下降了 10.1% 和 4.4%。然而，农户选择生计策略 LS4 和 LS5 的概率分别提高了 14.1% 和 3.4%。这一发现表明劳动力平均年龄较大的农户家庭选择多样化生计策略的概率较高。

表7—5 的结论表明居住在自然灾害区（如洪水、地震和干旱）选择福利水平较高生计多样化策略的概率降低。例如，对于生计多样化策略（LS4 和 LS5），自然灾害的估计系数和边际效应均显著为负，研究发现居住在自然灾害区的农户选择福利较高生计策略（LS4 和 LS5）的可能性分别下降 4.4% 和 1.6%。结果表明，相对于小农户（LS1），经历过土地征收的农户选择生计策略 LS2 和 LS3 的可能性分别降低了 5.7% 和 4.4% 左右。可能的原因是当前多数土地征收补偿以货币为主，农户一旦获得高昂的货币补偿，便失去了非农业工作的动力。

表7—5 表明农户居住在拥有道路和铁路设施的村庄从事高福利生计策略 LS4 和 LS5 的概率提高，而居住在远离县城中心的农户从事高福利生计策略的可能性降低。研究结论与 Fan and Zhang（2004），Mishra et al.（2014）一致，即良好的交通设施和区位有利于农户从事非农就业、劳动力转移、小本经营以及参与劳动力市场。最后，中部和东部地区两个区域虚拟变量的边际效应对于生计策略 LS2 和 LS3 显著为负，而对于生计策略 LS4 和 LS5 显著为正。这一发现表明，相对于西部地区，居住在中部和东部地区的农户更有可能从事利润可图的生计策略。

表7—5 农户生计策略影响因素多项 Probit 模型

变量	LS2 系数	LS2 边际效应	LS3 系数	LS3 边际效应	LS4 系数	LS4 边际效应	LS5 系数	LS5 边际效应
土地转入	-0.196* (0.113)	-0.079*** (0.018)	0.358*** (0.117)	0.124*** (0.016)	-0.229** (0.122)	-0.050*** (0.014)	-0.025 (0.142)	0.002 (0.005)
土地转出	-0.094 (0.201)	-0.083** (0.037)	0.053 (0.216)	-0.0001 (0.029)	0.218 (0.223)	0.057 (0.035)	0.433* (0.257)	0.030* (0.017)
土地资源禀赋	-1.878*** (0.226)	-0.281*** (0.053)	1.004*** (0.210)	0.603*** (0.033)	-2.986*** (0.294)	-0.498*** (0.053)	0.377 (0.247)	0.102*** (0.013)
户主年龄（对数）	-0.721*** (0.178)	-0.030 (0.027)	-0.859*** (0.187)	-0.048** (0.021)	-0.470** (0.190)	0.062*** (0.023)	-0.982*** (0.218)	-0.019** (0.008)
户主受教育年限	0.017 (0.026)	-0.007* (0.004)	0.041 (0.028)	0.003 (0.003)	0.040 (0.028)	0.003 (0.003)	0.068** (0.032)	0.002** (0.001)
家庭人口数	0.130*** (0.030)	-0.097*** (0.005)	0.263*** (0.031)	-0.007* (0.004)	0.617*** (0.032)	0.102*** (0.004)	0.598*** (0.037)	0.018*** (0.002)
抚养比	-0.930*** (0.100)	0.032 (0.022)	-0.792*** (0.114)	-0.048*** (0.017)	-1.372*** (0.126)	-0.122*** (0.021)	-1.154*** (0.170)	-0.011 (0.008)
劳动力平均受教育年限（对数）	0.390*** (0.046)	-0.101*** (0.011)	0.385*** (0.051)	-0.044*** (0.008)	1.008*** (0.060)	0.141*** (0.010)	1.131*** (0.098)	0.034*** (0.004)

续表

变量	LS2 系数	LS2 边际效应	LS3 系数	LS3 边际效应	LS4 系数	LS4 边际效应	LS5 系数	LS5 边际效应
自然灾害	-0.195** (0.088)	0.041*** (0.015)	-0.249*** (0.094)	0.003 (0.012)	-0.408*** (0.098)	-0.044*** (0.013)	-0.552*** (0.121)	-0.016*** (0.004)
土地征收	-0.081 (0.142)	-0.057** (0.022)	-0.178 (0.149)	-0.044** (0.020)	0.052 (0.152)	0.011 (0.019)	0.065 (0.177)	0.003 (0.007)
道路设施	0.138 (0.111)	-0.013 (0.020)	-0.006 (0.116)	-0.044*** (0.016)	0.365*** (0.125)	0.059*** (0.016)	0.290* (0.152)	0.007 (0.006)
距县城距离（公里）	-0.083* (0.047)	-0.007 (0.008)	0.076 (0.051)	0.037*** (0.006)	-0.156*** (0.050)	-0.027*** (0.006)	-0.192*** (0.059)	-0.007*** (0.002)
中部地区	0.487*** (0.107)	-0.179*** (0.017)	0.620*** (0.113)	-0.043*** (0.012)	1.412*** (0.117)	0.214*** (0.017)	1.387*** (0.147)	0.042*** (0.008)
东部地区	0.865*** (0.112)	-0.119*** (0.019)	0.678*** (0.120)	-0.089*** (0.012)	1.646*** (0.123)	0.195*** (0.017)	1.829*** (0.147)	0.057*** (0.009)
常数	4.043*** (0.745)		1.880** (0.784)		-1.104 (0.799)		-1.225 (0.913)	

Observation: 6116; Log likelihood = -6340.35; Prob > chi² = 0.0000

注：***、**、* 分别表示在1%、5%和10%的水平上显著；括号内为 Huber/White 稳健标准误。小农户（LS1）为多项 Probit 模型的基准组。

三　土地流转及其他变量对农户生计流动性的影响

表7—6汇报了检验影响农户生计流动性［向下流动（DM），无变化（NM）和向上流动（UM）］的有序Logit模型的估计结果。转入土地与向上的生计流动性负相关但与向下的生计流动正相关，意味着转入土地与农户从事较低利润生计活动有关。转入土地后对于农户家庭可能不是占优选择，主要是由于农户倾向于将更多时间分配在农业工作而非工资回报更高的非农业工作。一些研究发现转入土地与非农业劳动力转移的负相关性（Feng and Heerink，2008；Liu et al.，2017）。土地转出对农户生计流动性的影响系数为正但并不显著，表明尽管土地转出有利于农户进入更高水平的生计策略，但是由于许多转出户从事低水平的非农业劳动，并不能明显地促进农户生计向上流动。

土地资源禀赋变量的估计系数显著为负，表明拥有较多土地的农户可能较少从事利润可图的非农就业，进而不利于他们向上的生计流动选择。另外，土地资源禀赋丰富的农户与向下的生计流动性相关，表明依赖农业收入会导致较少利润的生计选择。一个可能的解释是最近十年农户农业经营性收入占比持续下降（2016年低于38%）（《中国统计年鉴》，2017）。抚养比与向上的生计流动负相关但与向下生计流动正相关，研究结论表明拥有较多老龄家庭成员和孩子的农户家庭进入较高生计策略选择的可能性较低。反映农户人力资本积累的家庭成员的平均受教育年限变量与向上生计流动性正相关但与向下生计流动性负相关，表明劳动力平均受教育年限较高的家庭更有可能从事福利水平高的生计策略。以上发现与表7—5的研究结论一致，即拥有低抚养比以及劳动力平均受教育年限较高的农户家庭选择福利水平较高生计策略的可能性更大。表7—6的一个有趣发现是土地征收变量与向上的生计流动负相关，但与向下的生计流动正相关。可能的解释是我国的土地征收补偿主要是货币补偿，从而不利于农户选择有利可图的生计策略（Zhai and Xiang，2012）。此外，一旦农户获得高额的货币补偿，他们可能缺少提高生计策略的动力（Bao and Peng，2016），这一研究发现也验证了表7—5 的估计结论。

表7—6 的结果表明接近道路和铁路的农户家庭与向上的生计流动性正相关，但与向下的生计流动性负相关。此外，距县城中心距离变量对生计向上流动显著负向影响，意味着远离城市中心会限制农户从事福利较高的生计策略，进而不利于其生计水平的提高。以上发现强调了靠近城镇、便利的交通设施和道路条件对于生计策略向上流动的重要性。最后，相对于西部地区，居住在东中部地区的农户与向上流动的生计策略选择正相关。

表7—6 　　2010 年到2014 年农户生计流动性有序 Logit 模型估计结果

变量	估计参数	边际效应（向下流动[1]）	边际效应（无流动[2]）	边际效应（向上流动[3]）
土地转入	− 0.571 ***	0.003 ***	0.083 ***	− 0.086 ***
	(0.083)	(0.0006)	(0.012)	(0.012)
土地转出	0.179	0.001	0.026	0.027
	(0.171)	(0.001)	(0.025)	(0.026)
土地资源禀赋	− 3.675 ***	0.018 ***	0.537 ***	− 0.555 ***
	(0.297)	(0.004)	(0.040)	(0.041)
户主年龄（对数）	− 0.050	0.0009	0.007	− 0.008
	(0.124)	(0.0009)	(0.018)	(0.019)
户主受教育年限	− 0.018	0.00005	0.003	− 0.003
	(0.019)	(0.0001)	(0.003)	(0.003)
家庭人口数	0.010	− 0.00005	− 0.001	0.002
	(0.024)	(0.0003)	(0.004)	(0.004)
抚养比	− 0.880 ***	0.004 ***	0.129 ***	− 0.132 ***
	(0.093)	(0.001)	(0.013)	(0.014)
家庭劳动力平均受教育年限（对数）	0.428 ***	− 0.002 ***	− 0.063 ***	0.065 ***
	(0.041)	(0.0004)	(0.006)	(0.006)
自然灾害	− 0.083	0.0004	0.012	− 0.012
	(0.071)	(0.0003)	(0.010)	(0.011)

续表

变量	估计参数	边际效应 （向下流动[1]）	边际效应 （无流动[2]）	边际效应 （向上流动[3]）
土地征收	-0.241 **	0.001 **	0.035 **	-0.036 **
	(0.108)	(0.0006)	(0.016)	(0.016)
道路设施	0.271 ***	-0.001 ***	-0.040 ***	0.041 ***
	(0.089)	(0.0004)	(0.013)	(0.013)
距县城距离（对数）	-0.174 ***	0.0008 ***	0.026 ***	-0.026 ***
	(0.040)	(0.0002)	(0.006)	(0.006)
中部地区	0.314 ***	-0.001 ***	-0.046 ***	0.047 ***
	(0.082)	(0.0004)	(0.012)	(0.012)
东部地区	0.537 ***	-0.003 ***	-0.081 ***	0.083 ***
	(0.083)	(0.0006)	(0.012)	(0.013)
Cut1	-6.840 ***			
	(0.580)			
Cut2	-2.112 ***			
	(0.534)			
观测值	6116	38	1470	4608

对数似然函数值 = -3012.284，伪 R^2 = 0.1617

注：***、**、*分别表示在1%、5%和10%的水平上显著；括号内为标准误。农户向利润较低生计策略转移；农户处在相同生计策略水平；农户向有利生计策略转移。

第五节　本章小结

本章使用2010年和2014年全国代表性的农村样本数据，使用多项 Probit 模型和有序 Logit 模型，系统探究了农地流转及其他变量对农户生计策略选择及流动性的影响。研究发现，转入土地对农户选择利润较高生计策略，如非农就业、外出务工和非农自雇等有着负向影响，且抑制了农户生计策略向更高层次的流动。研究表明，由于农业和非农业生产效率之间的巨大差异，转入土地后农户在农业生产上投入过多劳动时间可能是次优选择。农户转出土地后生计策略出现两极分化，一部分农户进入更高水平生计策略，一部分则陷入低水平生计策略。此外，本章还发现劳动力丰富和劳动力受教育程度是决定农户能否进入有利可图生计策略以及向上流动的两个重要人力资本变量；相反，自然资本对农户生计策略选择的重要性在下降。丰富的土地资源禀赋反而限制了农户从事非农业多元化生计策略的能力，并阻碍了向上的生计流动。

第 八 章

政府农地流转干预政策与
农户生计分化研究

前面章节主要是基于农户经济学和计量经济学理论方法考察农地流转对农户生计策略的影响。经济学理论重视大样本数理统计对比分析，关注共性问题，但容易忽视个体差异。因此，本章遵循社会学的研究范式，选择江苏省典型地区的村庄进行调研，从社会学个案研究的角度考察农地流转对农户生计的影响。尽管许多研究认为农村土地、劳动力配置是农户基于效用最大化做出的最优决策（Deininger and Jin，2005；陈飞和翟伟娟，2015；何欣等，2016；万晶晶和钟涨宝，2020），然而，在农地集体所有以及农地资源配置受外部影响较大的制度环境下，农户土地流转行为同样受到政府政策和村委会决策的影响（张建等，2017；Shi et al.，2018）。政府干预包括规范市场运行和矫正市场主体行为的法律、规则和管制等一系列政策（翟月玲，2013）。当前，我国农地流转市场发育面临着一系列障碍，如市场化的中介组织缺乏、市场信息供给不足、农地流转价格扭曲等（张建等，2017；Tang et al.，2019）。因此，政府通过干预农地流转，弥补市场缺陷导致的农民参与不足、市场不规范等问题，从而推进农地规模经营。农户生计受到政府干预农地流转不可抗力的冲击，更可能在短期内出现生计水平的较大波动，甚至出现生计水平下降和福利损失的现象。2015 年 8 月，笔者在江苏省农业大县泗洪县对五个乡镇 7 个村进行了调研，在质性访谈和量性统计的基础上，考察了政府干预农地流转对农户生计分化的影响。泗洪县自 2011 年加强对农村土地流转和规模经营的政府干预以来，全县农地流转速率快速增加，2010 年年底，全县农地流转面积仅15.78① 万亩，占全县承包耕地总面积 205 万亩的 7.7%。2015 年年底，泗洪县土地规模流转面积达 102 万亩，占全县承包耕地面积的 49.7%。

第一节　政府农地流转干预政策划分

一　政府干预农地流转的动因

政府农地流转干预动机有多种，一是为改变传统小规模的经营形式，实现农业现代化与规模经营。20 世纪 80 年代实施的家庭联产承包责任制采取土地均分承包的方式将土地分配给农民，从而造成土地细碎化、小规模，不利于农地规模经营和现代化。后期尽管也有部分地区为了效率而开展土地制度改革，如"两田制"和股份合作制，但总体而言农地小规模的局面难以改善。自党的十七届三中全会提出发展新型农业经营主体和农地规模经营的目标以来，各地为了加速推进农业现代化步伐均将农地流转和规模经营作为地方和村委会考核目标，从而大大激励了政府干预农地流转的热情。

二是降低农田管理成本，从对一家一户的管理到对少数农业大户的管理。近年来，村集体收益在减少，乡村事业经费和人员经费却一直增加，乡村干部不得不承担着繁重的上级任务，故而有"上面千条线、下面一根针"的说法。基层政府和村委会承担着禁止秸秆焚烧、农田环境整治、高标准农田建设、禁止非粮化等职责，承

---

① 除特殊说明，文中数据均来自于泗洪县政府、乡镇和农村调研。

担着上级政府下达的各项农田管理任务。而随着自然村合并行政村、撤村并居等政策的实施，村委会的管理范围更广，进一步加剧了乡村干部的压力。然而，对于许多农田管理事项，在上级政府层层加压之后，不仅需要做，更要完成好，直接关系到官员的"乌纱帽"。如令基层政府头疼的秸秆焚烧难题，每年需要耗费大量人力物力财力禁止秸秆焚烧，每到秋收时节乡镇政府各级工作人员都被动员到田间地头蹲点监督，村里更是布置了大大小小的摄像头监督村民。尽管如此，总存在田间死角和少数村民铤而走险。并且，由于之前农村普遍存在的私下土地流转并没有到村委会备案，农田实际的经营者也无法弄清，责任主体无法落实。而随着土地流转，土地集中到少数大户手上，都要经过政府和村委会备案，政府只要监管好少数大户即可。由于政府在土地流转谈判交易中帮助大户节省了不少交易成本，更是大户惠农政策的直接落实者，种田大户也普遍听从基层乡村干部的安排。

三是降低农地转用成本。将低收益的农田转变为高价值的鱼塘、果园、经营性用地是基层政府或村委会谋发展的重要动力，其中既存在合法的国家征收土地现象，也有着基层政府和村委会"合谋"违法转变土地用途的现象。无论何种农地转用现象，都面临着土地征收征用的巨大成本，这种成本既包括土地征收补偿安置费用，又包括和农民谈判协商的费用。若提前将农地经营权上收到村集体或基层政府，后期在转变农田用途或征地时可以规避与农户直接的谈判，大大降低农地转用成本。事实上，一些基层乡村干部在土地征收前一般以土地流转的名义掩饰土地征收、征用的真实目的，这样可以防止农户在得知土地征收时转变种植作物类型，以提高土地征收要价补偿。此外，一些地方政府流转农民土地用来挖鱼塘、修建道路或厂房，并没有办理农转非手续，实则以租代征，与农民签订的是土地流转合同，每年支付农民土地流转租金，这将大大降低农地非农业化的成本。

四是巩固土地再分配权力。基层政府或村委会土地再分配的权力表现为土地调整和土地承包经营权发包权。由于国家禁止随意调整土地，政府和村委会调整土地的权力受到严格限制。而《中华人民共和国土地管理法》实施以后，村集体也不得再保留机动地了。因此，基层政府和村委会的土地再分配权力受到严格限制。随着2004年国家反哺农业政策的实施，"三提留""五统筹"和农业税也逐步取消，更削弱了村委会统筹动员能力和土地支配权力。然而，要发展集体经济和振兴乡村，土地资源资产化是关键，因为从经营土地资源到经营土地资产过程中存在着巨大的增值收益。政府整合零散低效的土地资源，通过土地再分配权力实现产权置换、资本联合、产业引导，从而实现土地资产化，创造土地增值收益。

二　政府农地流转干预政策

2011年之前，泗洪县农业生产以分散经营为主导特征，大多青壮年劳动力外出打工，农地流转发生率较低，且流转多发生在亲戚、熟人等内部社会，政府很少干预。2008年江苏省将农地流转和规模经营作为农业现代化发展的目标，开启了政府干预农村土地流转的新征程。在此背景下，2012年，泗洪县作为江苏省第一批农村改革试验区，围绕"培育农业经营主体，完善农村基本经营制度"这一主题，开始探索农业经营体制、产权制度等领域的改革。具体而言，泗洪县政府农地流转干预政策包括农地流转补贴、行政命令和中介组织三种。

（一）农地流转补贴

补贴是政府通过改变经济主体的成本和收益引导其行为符合政府目标的重要激励措施。农地流转补贴通过对参与土地转入和转出方进行货币资金、生产资料等进行补贴，改变资源配置价格和农业生产成本利润，进而影响农地流转市场。泗洪县农地流转补贴来源既有江苏省财政补贴，也有该县财政补贴。来自江苏省财政补贴的部分主要是根据2008年江苏省出台的《江苏省财政扶持农村土地流转实施意见》，由江苏省设立省级财政资金对单宗农地流转面积在

1000 亩以上（股份合作社入股面积在 300 亩以上），流转合约规范且流转期限在 3 年以上的，对转出户一次性每亩补贴 100 元。此外，泗洪县为引导农业特色产业发展，还有相应的配套补贴政策，如对该县西南岗地区土地流转达到一定规模的林果、苗木种植户进行补贴，乡镇政府和村委会要负责审核种植户是否满足补贴要求，并直接发放补贴款。除了直接对农地流转的补贴，泗洪县还对流转效益好的地块进行农田水利配套，如 2009 年至 2011 年，全县用于集中流转土地的农田水利、交通配套资金 1.35 亿元。

（二）农地流转行政命令

行政命令是指行政机关对下级机关及其工作人员或行政客体的指示或课以作为与不作为的义务，具有行政机关单方面意思表示和强制性等特点（陈泉生，1991）。农地流转中的行政命令表现为政府将土地流转和规模经营指标纳入基层乡镇政府和村委会的绩效考核，直接影响到基层乡村干部的绩效奖励和职务晋升。2011 年泗洪县出台《关于加快农村土地集中推进适度规模经营的实施意见》，将土地流转和规模经营任务列入基层政府和村委会年度考核目标，提出到 2015 年全县农村土地实现集中连片经营 300 亩以上的适度规模经营面积达到 100 万亩的目标，并将目标层层分解到乡镇和村。如根据泗洪县的要求，半城镇进一步制定了年度土地流转规模指标，规定 "2011 年，全镇新增农村土地连片 300 亩以上经营面积 1200 亩。2012 年，全镇农村土地连片 300 亩以上适度规模经营面积新增 3000 亩，累计达到 4200 亩，到 2015 年，全镇农村土地连片 300 亩以上适度规模经营面积累计达到 6000 亩"。泗洪县将农地流转和规模经营的考核任务纳入基层政府和村委会年度目标考核，对于考核优秀的镇、村给予工作绩效奖励，优先考虑评先评优。

（三）农地流转中介组织服务

农地流转中介组织服务主要通过政府主导成立的农村产权交易平台完成，为土地流转提供交易信息、法律政策咨询、土地流转招标、指导和鉴证合同签订等服务，提高农地流转的组织化程度。如江苏省建立了省、县（区）、乡和村四级土地流转网络体系，省级以江苏省农村产权交易信息服务平台为支撑，串联起县（区）级农村产权交易服务网络平台，实现信息互通共享。泗洪县成立农村产权交易平台和乡镇公共资源交易所，提供交易公告发布、抵押融资、组织招投标、合同鉴证等服务。乡镇产权交易服务体系与县级平台的业务范围有重合，但更多的是小额交易，如泗洪县规定单宗土地200亩以上的农地承包经营权流转，农村土地承包经营权抵押贷款登记，以及其他集体产权单项合同金额在10万元以上的交易、鉴证，由县级农村产权交易中心负责，而单宗土地200亩以下的农地承包经营权流转，以及其他集体产权单项合同金额在10万元以下的交易、鉴证主要由乡镇农村产权交易中心负责。村级以土地流转联络员为主，负责挨家挨户土地流转信息传达、动员组织，以实现土地供给和需求匹配，并协调解决土地流转地块分散、集中流转等问题。

第二节　政府干预政策、农地流转与农户生计分化

泗洪县流转农户大多以农业生产为主，农业收入是家庭收入的主要来源，同时兼顾非农就业活动，农户家庭收入来源更加多元化。随着泗洪县农地流转政府干预政策的实施，农地流转速率快速提升，同时也加剧了村庄内部农户的生计分化。表8—1统计了泗洪县农户生计分化类型的划分标准、特点、土地流转情况以及政府干预土地流转前（2009年）和干预土地流转后（2014年）的农户生计类型。泗洪县农户生计分化为小农户、农业大户、非农兼业户、非农户和失业农户等类型。

一 农户生计分化与特点

(一) 小农户

政府干预土地流转前，泗洪县调研样本中有 17.6% 的农户属于小农户。这类农户以经营自家承包地为主，平均每家每户经营 6 亩左右土地，农业收入在 1 万元左右，家庭劳动力素质不高，可能在村庄内从事一些农工、泥瓦匠、木匠等非正式工作。这些农户多处于农村社会的底层，户主年龄多在 54 岁左右。由于缺少外出务工的能力，农户总收入也较低，仅能依赖家庭少量土地为生。政府干预土地流转后，这类农户比例大规模下降，部分小农户转变为失业农户，失去农业收入，生存状况变差，只能依赖土地租金收入或政府、家庭内部转移支付。部分小农户转移到非农户，从事非农经营活动，如非农务工、小本经营。这类农户很少能够参与土地流转成为农业大户。

(二) 农业大户

政府干预土地流转前，泗洪县没有土地经营面积 100 亩以上的种植大户，一些大户经营面积最多 30 亩左右。政府干预土地流转后这类农户开始出现，大概占农村 4% 的比例。农业大户是村里的能人，2014 年农业大户年收入可达 6 万元左右，其中农业收入份额占50% 以上。农业大户的拖拉机、收割机等家庭农业生产性固定资产也较为丰富，平均在 2.5 万元左右。这类农户的户主年龄要比小农户小，平均在 45 岁左右，户主一般有多年的农业生产经验，希望长期从事农业生产经营。村里一些村干部也利用对农地流转政策了解的优势，转入较大规模的土地实现规模经营。如青阳镇花庄村的马姓党员干部，年纪才 32 岁，中专毕业后在县里打工，同时经营自家 5 亩土地。近些年听说泗洪县大力组织农地流转，才返乡流转土地 300 亩，从事农业规模经营。流转前 2009 年该大户家庭收入已达到 18 万元，其中主要是务工收入。流转土地后每年农业收入达到 15 万元。

（三）兼业户

兼业户有农业兼业户和非农兼业户，前者转入一定量的土地，家庭以农业生产为主；后者耕种自家土地或转出土地，以非农业生产经营为主。在 2009 年农村土地流转前，这两类农户是农村的主力军，占农村的比例可达 70% 左右。两类兼业户总体上收入相当，2009 年都在 3.5 万元左右，在村子里属于中等收入群体。这类农户多以"老壮"两代人组成，年龄较大的家庭成员以农业生产为主，壮年劳动力从事非农务工。农业兼业户平均经营土地面积 16 亩，非农兼业户平均经营土地面积 6 亩。农业兼业户中，60% 的农户参与土地转入，而非农兼业户中，45% 的农户转出土地。政府干预土地流转后这两类农户数量大幅度下降，2014 年两类农户的比例已经下降到 30% 左右。

（四）非农户

非农户是完全放弃农业生产的一类农户，他们将土地流转出去，劳动力已经完全转移到非农业领域。政府干预土地流转前，完全离农的非农户数量很少，只占到农户总数的 11.1%，而 2014 年土地流转后这类农户已占到 52.3%。2014 年非农户的平均收入达到 5 万元，比兼业户的要高，属于农村中高收入群体。然而，这类群体收入差距非常大，富有的非农户年收入达 25 万元，原因是非农经营生计类型也存在较大差异。转出土地后，一些农户从事的农业雇工、保安、工程队小工等劳动报酬较低的工作，一个月只有 1500—2000 元的工资，而部分农户劳动力素质较高，非农就业工资较高。部分非农经营收入较高的农户可能在土地流转前已经劳动力转移，受到土地流转的影响也较小。土地流转后他们可以更专注于非农业生计活动，同时获取一笔土地流转租金，因此是土地流转政策支持者。而一些以农业为主的农户在参与土地流转后将面临着再次就业，可能会因为非农业劳动不顺而面临较大的挫折，他们也是土地流转的抵制方和土地权益容易受损的一类农户。

表 8—1

泗洪县调查样本农户生计分化情况

农户类型	小农户	农业大户	农业兼业户	非农兼业户	非农户	失业农户
划分标准	农业收入份额占比50%以上，土地经营面积少于10亩[1]	土地经营面积超过100亩[2]	土地经营面积为10—100亩。	农业收入占比50%以下，土地经营面积少于10亩	完全非农经营，农业收入为0	农业和非农收入均为0
特点	经营自家承包地为主，可能从事低报酬的非农业零工活动	土地规模经营为主，非农经营为辅	经营一定面积的土地，同时兼从事非农经营	以非农务工或非农自雇为主，同时兼顾农业生产	从事非农经营活动，放弃农业生产	完全转出土地，劳动力退出就业市场
土地流转	不参与或"捡种"亲戚、邻居土地	土地规模转入，适度规模经营	土地转入，尚未实现规模经营	不参与或部分转出土地	完全转出土地	完全转出土地
2009年农户数	35（17.6%）	0（0.0%）	76（38.2%）	64（32.2%）	22（11.1%）	2（1.0%）
2014年农户数	14（7.0%）	8（4.0%）	35（17.6%）	24（12.1%）	104（52.3%）	14（7.0%）

注：括号内为农户所占百分比。农户类型统计来源于泗洪县调研的199个农户。

1：泗洪县农户家庭承包地面积平均为10亩。

2：参考2014年国务院出台的《关于引导农村土地经营权有序流转发展农业适度规模经营的意见》对土地流转的指导，以泗洪县户均承包地面积的10倍作为土地规模经营标准。

（五）失业农户

失业农户完全转出土地，放弃农业生产活动，同时，劳动力也未转向非农就业。这部分农户多数是老龄化农户或丧失劳动能力的农户，家庭生计依赖土地租金、家庭内部转移性收入或低保、贫困户补助等政府转移支付。他们的平均年龄已达到 63 岁，部分失业农户是在土地转出后主动退出劳动力市场。部分农户属于转出土地后暂时性失业，他们再就业面临一定困难。政府干预土地流转前，多数老龄化农户仍然从事农业生产活动，保留自家承包地，只有 2 户属于失业农户。政府干预土地流转后，失业农户增加到 14 户，占199 个调研农户数的 7%。土地流转后失业农户主要依靠土地租金收入和政府、子女转移性收入，其中，土地租金收入平均达到 6000元，转移性收入只有 1000 元。事实上，土地大规模流转前多数为一家一户的流转，每亩地年租金可能只有 300 元，而政府干预土地流转后土地租金大幅度上升，平均可以达到 560 元，高的甚至 800—1000 元。土地流转租金价格的上涨对于转出土地的农户是有利的，成为失业农户最重要的生计来源。

二　政府农地流转政策干预与农户生计分化

政府农地流转干预方式对农户生计分化有着异质性的影响。一是影响程度取决于政策作用对象，若政策无法作用到农户，则对农户没有直接影响。如许多农地流转补贴只针对少数大户，与小农户无关。二是农户对政策的响应程度。一些农户生计禀赋基础决定了他们是农地流转的拥护者，如以非农经营为主的农户，而还有一些农户是农地流转的抵制者，如以农为生的小农户。三是考虑政府干预政策的间接影响，如直接的行政干预可能会扭曲市场供求关系，影响土地租金价格，进而对农户土地流转租金收入有很大影响。

（一）农地流转补贴与农户生计分化

农地流转补贴总体上能够提高农业生产边际利润，提高农地规模经营水平，促进农户群体的进一步分化。由于补贴多数和农地流转规模挂钩，农户土地流转需要达到一定规模才能享受补贴，因此，农地流转补贴激励农户转入较大规模的土地成为农业大户，同时，也激励部分非农兼业户转出土地，成为非农户。而以农为主的小农户和农业兼业户对农业依赖性较强，不太可能转出土地，并且由于缺少资本积累，无法支付土地规模流转高昂的租金，也很少能够通过流转土地获得补贴，对农地流转补贴的响应最弱。调查发现，泗洪县为获得江苏省的农地流转补贴，一般是由村集体前期将土地流转集中，或通过成立股份合作社采取联合经营（如调研地区的上塘镇和双沟镇部分村），从而达到单宗农地流转面积在 1000 亩以上、股份合作社入股面积在 300 亩以上的规模流转标准，这样转出户可以一次性获得每亩 100 元的财政补贴。然而，调研中我们发现多数转出户反映没有收到这项补贴，或者根本没听说这项补贴。原因在于土地规模流转的财政补贴由省级政府发放到县里，而县里一般不会直接补贴给农户，而是用于补贴大户的租金支出、农田整治、水利设施建设等。由于农地流转补贴对转入户的激励较强，泗洪县出现了"垒大户"现象，前期土地流转经营 500 亩以上的大户很多，后期许多出现经营亏损、租金违约、跑路等现象。因此，2014 年泗洪县对规模经营在 300 亩以上的经营主体采取"瘦身"的办法，根据经营主体实力，缩减经营面积，划定适度经营面积，依次按照本组、本村、本乡顺序优先公开进行土地发包招租。凡经营亏损、拖欠资金、矛盾隐患较多的，动员经营主体将多出经营能力范围的土地转租给其他大户。

（二）政府行政命令与农户生计分化

政府以行政命令推动农地流转对农户生计分化具有较大的影响，尤其是不愿参与土地流转的农户。泗洪县以特色农业规划项目为依托，推动整村整组的土地流转和规模经营，因此，较少考虑农户生计的异质性。如魏营镇魏营村，2010 年以来由乡镇政府主导完成了三次大规模的土地流转，2010 年土地流转 1400 亩，2011 年土地流转 300 亩，2013 年土地流转 1000 亩，流转后的土地用于建设万亩西瓜基地、万亩草莓基地等。政府行政推动农地流转对小农户的影响最大，一些小农户为服从乡镇土地流转安排，不得不将自家土地流转出去，成为"失地"农民。一些村干部在动员农户土地流转过程中，往往采取一刀切的方式，对于不愿意流转土地的农户，则以服务大局、集体意识、讲政治等方式动员农户参与。尽管泗洪县对不愿意参与土地流转的农户有"调地安置"政策，但为节省成本，很少实施这一政策。被动转出土地后，许多小农户转变为失业农户，部分不得不在村里从事一些报酬较低的劳动，如农工、小工等。

对于以非农为主的兼业户，农业收入原本只占农户收入很少的份额，参与土地流转对他们的影响并不大，多数非农兼业户可能会转出土地成为非农户。此外，政府行政推动农地流转需要多数农户的参与，往往制定统一的租金标准，如上塘镇 2012 年土地流转时由乡镇出台土地流转租金指导价，水田每亩 800 元，旱田为 700 元或 750 元。租金每亩每年上涨 30 元。这一租金标准远高于上塘镇同期农户私下里的土地流转租金（200—300 元/亩）。

对于部分小规模转入户，如果土地流转规模不符合政府规划安排，或者经营的土地与政府农业规划项目冲突，则前期流转的土地可能会被政府收回后重新流转，导致这部分农户生计转变为小农户。调研样本中，有 25 户农户在政府干预流转之前转入或转出土地，而随着政府统一土地流转的发生，他们不得不终止之前的土地流转合约，服从政府干预的土地规模流转。而对于以自家土地经营为主的小农户，也很难抵抗政府土地规模流转行政命令，不得不转出土地成为失业农户，生计来源从农业收入转为土地租金收入。

（三）政府中介组织服务与农户生计分化

政府中介组织服务可以降低农地流转交易费用，帮助有流转意愿的农户以较少的成本实现土地流转和规模经营。对于有流转意愿的农业户，政府组织土地流转可以降低他们信息搜集和谈判交易的成本，促进这类群体转入土地实现规模经营，生计类型从而转向农业大户。大农户是政府土地流转中介组织服务的受益者。如泗洪县魏营镇一些农业大户正好依托政府土地流转项目，参与到西瓜和草莓等经济作物种植过程中，成为特色专业大户。如调研张姓大户，除自家 10 亩土地以种植水稻和小麦为主外，又承租了项目区 25 亩土地，其中，10 亩地种植蔬菜，净收入 2 万元左右，15 亩地种植西瓜，净收益 3 万元左右，承租土地种植经济作物的净收入共计 5 万元左右。

而对于非农兼业户和非农户，政府中介服务组织帮助这类农户转出土地，并实现财产性收入的增加，从而转变为非农户。政府组织的土地流转租金一般要高于农户私下里的流转，从而增加转出户的土地租金收益。然而，土地流转租金上涨并不是对所有农户都有好处，对于农业兼业户和部分无偿转包亲戚、邻居的小农户，租金的上涨意味着他们再也无法低价转入土地，而必须承受和经营大户同样高价的土地，或者放弃承租土地。

第三节 政府干预农地流转下的农户生计问题

政府农地流转干预政策作为外生变量，对农户生计分化有着重要影响。农户在不同的农地流转政策下的响应能力和程度也会存在差异，均会影响农户的生计福利。政府干预农地流转下，对农业补贴、土地流转租金、农业经营规模等均有较大影响，从而进一步影响农户生计。总体而言，政府干预农地流转后需要关注小农户和失业农户生计的脆弱性、农业大户的生产成本上涨问题、非农户的生计稳定性、兼业户的效率等问题。

一 失业户和小农户：最需关注的生计脆弱群体

小农户和失业户的劳动力资本和财力资本匮乏，总收入一般低于 2 万元，土地资源也最容易在大规模土地流转中被大农户"挟持"，是土地流转政策最需要关注的生计脆弱群体。对于失业户，土地流转租金的上涨对原本就希望流转土地的老龄化农户是有利的，可以增加他们的财产性收入。部分农户放弃土地经营后经历"摩擦性"失业，需要重新寻找非农就业机会，缺少了农村土地的"就业托底"功能，面临着非农就业失败的风险。土地流转前，小农户原本可以通过亲戚、邻居以较低的租金流转部分土地资源，而一旦政府干预土地流转，土地租金快速上涨，小农户由于缺少资金，很难从土地流转市场获得土地资源，只能耕种自家小规模的土地，勉强维持生计，更是无法获得农业补贴支持。政府行政命令的农地流转干预方式更是容易造成他们"被动"参与土地转出，不利于家庭整体资源配置。对于自给自足的小农户，原本可以自家种植蔬菜、粮食满足家庭消费需求，而土地一旦流转出去，无疑在家庭开支中会增加很大一部分的食品支出。调研组在调研淀湖村王姓的失地农户过程中，他抱怨道：

> 村支书让我们流转土地，说搞规模经营，由外地的老板来包地。大家都转出去了，我们也不好说不流转，剩你一家的地在中间怎么种。有地的时候我们家里自己种点菜，小麦收了就卖了，水稻一季留个两三袋就够吃的了。现在土地流转出去了，又要买菜，又要买大米，家里每月多支出两三百块。我们年龄也大了，平时就在村里打打零工，哪有活在哪干，收入有限。

二 农业大户：最需关注租金上涨和规模化对生产成本的影响

农业大户是政策"嗅觉"最敏锐的群体，他们对于泗洪县的农地流转补贴标准、如何申请，如何通过政府平台流转土地等非常关注。这些政策的实施也确实让大户尝到了甜头，实现了规模经营的愿望。然而，政府农地流转干预政策在推动农地流转规模的同时，很可能会抬高土地流转租金，增加大户成本。农地流转补贴无论给转入户或转出户，都可能最终转化为地租的上涨。政府干预还会加剧市场竞争程度，加剧土地稀缺资源的供需矛盾，抬高租金。况且基层乡村干部动员农户土地流转过程中，为尽快实现规模流转，租金定价也会稍高。对于农业大户，土地租金上涨是不得不面临的经营难题，如对泗洪县刘营村刘姓农户的访谈：

> 2006 年我们家流转了 5 亩土地，租金只有 210 元一亩。当时签订的是 15 年的合同。当时也没说涨租金的事，一直就是这个价格。后来我们家通过村集体租了 100 亩地，租金已经要 680 元每亩。之前租的 5 亩地的主人看了，说要给我们涨租金。因此，我们之前流转的 5 亩地也给他 680 元每亩。

农地租金在上涨，而大户随着经营土地面积的增加，单位土地产量反而降低，进一步挤压了利润。土地小规模经营的时候，泗洪县农户采取的是精耕细作的生产方式，水稻产量可以达到每亩 1100—1300 斤，小麦可以达到每亩 700—900 斤，而耕种 100 亩以上土地时，采取的是粗放的经营方式，每亩水稻产量只能达到 1000 斤，小麦只能达到 600 斤。此外，规模经营后雇用劳动力成本支出也增加，平均一亩地要雇用两个帮工，增加 240 元的支出。

三 非农户：最需关注的不稳定生计群体

政府干预土地流转后，非农户是农村最大规模的群体。对于已经实现非农业转移的农户，政府干预农地流转固然是一项福利，既提高了土地流转租金，增加了财产性收入，也稳定了土地流转关系，节省了非农户土地流转交易成本。然而，对于部分非农经营不稳定的农户，完全依靠非农自雇或非农务工解决生计问题存在着一定的风险。由于农业生产的季节性，以及农村工业经济的薄弱性，农村社会雇用关系并不稳定。如笔者访谈的花庄村户主 39 岁、妻子 35 岁的陈姓家庭，户主从事建筑业和农业打工，一年只有加起来 6 个月的工作机会，每个月平均工资 2600 元，妻子在乡镇工厂上班，一年也只有 6 个月的工作机会。承包地未流转时，农户失业后尚可回家耕种土地，农地承担了农户的"就业托底"功能。随着农户土地流转出去，农户失去了土地的就业保障功能，可以想象，一旦农村脆弱的经济体瓦解，农户将失去非农就业机会和生计来源，成为社会的不稳定因素。

四　兼业户：最需关注经营效率的生计群体

从生计策略多样化的角度来看，兼业户既从事农业生产经营活动，也从事非农业生产经营，生计多样化能够保障兼业户的生计安全。然而，兼业活动可能面临效率损失，不利于专业化分工经济的实现。无论对于农业兼业户还是非农兼业户，均保留一定的土地经营，而随着劳动力的转移，农业生产的劳动投入必然降低，不利于农业生产效率的实现。如许多兼业户主要劳动力只在农忙季节才返乡耕种土地，农闲时则由家里的留守妇女和老人打理农地。根据农户调研数据统计，农业大户水稻和小麦的产量平均达到 1430 斤每亩，而兼业户每亩产量只有 1210 斤。农业大户水稻和小麦每亩地的投入量平均达到 600 元，而兼业户的只有 533 元。由此可见，兼业户可能会降低农业生产投入，节省生产成本，产量也相应随之减少。同样，农业生产可能会降低非农经营的效率。农业生产活动必然会占用家庭部分劳动力的有效劳动时间，劳动力忙季返乡耕种土地也会减少非农业经营时间。据农户数据统计，非农户的户主每年工作时间平均为 6.9 个月，非农兼业户有 6.1 个月，而农业兼业户只有 4 个月。

第四节　本章小结

本章以江苏省农业大县泗洪县为例，采用案例分析法探讨了政府农地流转干预政策对农户生计分化的影响。由于农村土地市场尚不完善，政府干预可以快速实现农地规模经营。泗洪县自 2011 年以来加强了对农地流转的政府干预，以农地流转补贴、行政命令和提供中介组织服务等方式推进农地流转，以实现农地流转和规模经营。自政府干预农地流转以来，泗洪县农户生计出现较大分化，小农户和兼业户比例大幅度减少，非农户比例大幅度增加，农业大户也得到发展。由于农地流转政策实施程度、农户响应存在差异，泗洪县政府农地流转干预政策对农户生计分化产生了异质性影响，农地流转补贴激励农户转入较大规模的土地成为农业大户，政府行政命令催生了众多非农户，政府中介组织服务促进了兼业户转变为非农户。政府干预农地流转背景下，需要关注小农户和失业农户的生计脆弱性、农业大户生产成本的上升、非农户生计的不稳定性以及兼业户的效率问题。

第 九 章

农地流转、农户生计策略与
劳动力资本效率研究

　　在本书构建的"农地流转市场发育与农户土地流转参与—农户生计活动及生计多样化策略—生计资本（劳动力）效率—农户生计福利"研究框架中，资本效率是农地流转对农户生计福利影响的重要机制，即农户参与土地流转后转变生计策略，优化资源配置方式，从而增加资本回报。土地、劳动力和资本是农户最重要的三种生计资本，不同生计资本的组合给农户带来不同的收入来源。如农业收入是土地、劳动力和资本联合投入带来的报酬，非农务工收入是农户劳动力的报酬，非农经营性收入是农户劳动力和资本结合产生的收入。可以看出，无论如何，劳动力是农户不同生计来源最重要的资本投入，而农户劳动力资本效率（或生产效率）直接决定农户收入（冒佩华等，2015）。因此，本章研究农地流转市场发育对农户家庭劳动力生产（资本）效率的影响，将农户劳动生产效率分为农业劳动生产率和非农业劳动生产率，考察农地流转对农户劳动生产率的影响以及如何通过改变农户生计活动进而影响劳动力资本效率。

第一节 农地流转对农户劳动力资本效率的影响机理

一 农户家庭劳动力资本效率的影响因素

由于土地资源稀缺和非农业的发展，我国农村居民通过非农业生计多样化大大提高了劳动资本生产率和家庭收入。例如，2008年到2016年，中国农村居民人均纯收入平均每年增加11%，但同一时间工资性收入的增长速度为12%，高于经营性收入（主要为农业收入）8%的增长速度。经营性收入占总收入的比重由51%下降为38%（《中国统计年鉴》，2008，2017）。尽管农业部门的劳动边际生产率要低于非农业部门，许多农户并没有退出农业生产，而是同时从事农业和非农业工作（Huang and Ding，2016）。

经典经济理论中，人力资本如劳动力年龄、教育和技能均是影响农村劳动生产率的主要因素（Zhang et al.，2002；Djido and Shiferaw，2018）。然而，人力资本对农业和非农业生产率的影响可能存在差异。相对于农业工作，年轻且受教育程度较高的农户倾向于参加非农就业（Zhang et al.，2002；Fan and Zhang，2005），而年纪较大的家庭成员参与农业劳动。传统农业劳动更加注重农业生产经验和体力（Feng and Heerink，2008）。

工业化、快速城镇化以及连续的农村劳动力转移对我国农村劳动生产率有着重要影响。许多文献关注非农就业对我国农业生产的影响。多数研究（Carter et al.，2003；Su et al.，2016）发现非农就业尤其是外出务工不仅减少了劳动力投入，并且改变了农业生产中劳动投入的结构（农业劳动的性别和年龄）（Su et al.，2016；Long et al.，2016）。有关劳动力转移对农业生产率的影响存在差异。一方面，劳动力转移可能造成农业劳动力损失并降低农业产值；另一方面，增加的非农收入可以缓解农业生产中的资金约束，促进农业生产投资（Li et al.，2013）。总体而言，由于我国农业总产值的持续增加和劳动力转移的加快，20世纪90年代以后我国农村劳动生产率和收入水平大幅度提高（Cater et al.，2003）。

此外，过去几十年，由于机械化及资本技术对劳动力的替代性增强，我国的农业产值和土地生产效率获得大幅度提升。农业机械、雇用劳动和购买农业服务的资本密集型农业可以降低农业生产中劳动力的投入，如 Berg et al.（2007）发现稻米生产者农业机械化的使用增加了农地经营面积和农户农业收入。Zhang et al.（2017）发现农业机械化服务弥补了农业生产中的劳动力投入损失。Su et al.（2016）发现农业服务的支出降低了农业劳动力的投入。最后，地区之间劳动力生产效率也存在很大差异。如 Cai et al.（2002）发现相对于中部和东部地区，西部地区农业和工业的劳动生产率较低，意味着西部地区劳动力和资本的配置效率较低。

二 农地流转、农户生计分化对劳动力资本效率的影响

有别于城镇职工劳动生产率，农村劳动力大多从事以家庭为单元的农业和非农业生产活动以及非正式雇工劳动，将农户家庭作为整体考察家庭劳动生产率，农业劳动生产率由农业净产值除以家庭农业劳动总投入得到，非农业劳动生产率由农户非农业活动净产值除以家庭非农业劳动总投入得到（Djido and Shiferaw，2018）。

农地流转通过影响土地生产效率和劳均土地面积，进而影响农户农业劳动生产率。此外，农地流转还可能影响农户非农业劳动力配置策略，进而影响农户非农业劳动生产率（Feng and Heerink，2008；Liu et al.，2017）。

首先，研究表明，农地流转能够改善资源配置效率，增加农业产出和家庭农业收入。农地流转使得土地从农业生产效率较低的农户转移到生产效率较高的农户，以及从土地丰富的农户转移到土地稀缺的农户，土地流转优化了农户农业生产中的土地和劳动力配置，提高了农业生产效率（Deininger and Jin，2005；Jin and Deininger，

2009；戚焦耳等，2015）。例如，Feng et al.（2010）使用江西东北部地块数据，发现农户转入土地后增加了稻米单位面积产量。Carter and Yao（2002）发现农地流转使得不同土地—劳动力禀赋农户的土地边际生产效率变得均等化。Zhang et al.（2018）发现农户转入土地后显著增加了家庭总收入和农业收入。

其次，农地流转增加了农户劳均土地面积。家庭联产承包责任制实施之初，农村土地按照人口均分承包，劳均土地面积较为平均。随着四十年来农村生老病死以及劳动力转移造成的不同家庭农业劳动力减少，实际的劳均土地面积出现很大差异。由于我国人多地少，整体而言劳均土地面积也较少。由于土地调整逐步被禁止以及土地买卖在我国依然非法，土地流转是农户扩大土地经营面积的重要方式（Huang et al.，2012）。一些文献发现土地流转市场可以提高农户的土地经营面积（Zhang，2008；Jin and Deininger，2009；Huang and Ding，2016），如 Zhang（2008）以农地流转市场发达的浙江省为例，发现农户转入土地后农地经营面积及人均土地拥有量增加，Huang and Ding（2016）研究农地规模增加的驱动因素，发现土地流转服务中心的建立促进了土地流转，增加了农地规模。

最后，农地流转影响农户非农业劳动力生计策略，引起不同边际生产率的农户劳动力在农业和非农业部门之间流动，改变农户劳动生产率。农地流转增加农户土地经营面积，由于雇用劳动力相对于自家劳动力效率较低，转入户需要分配更多的家庭劳动力参与农业生产，进而增加农业劳动力供给。当存在剩余劳动力时，增加农业劳动力不会影响非农业劳动力配置。当家庭土地相对劳动力较丰富时，土地转入影响农户家庭非农就业决策。如 Feng and Heerink（2008）研究发现农户农地流转和劳动力外出务工决策具有联合性，劳动力转移的农户家庭转入土地的概率较低，转入土地也会降低农户劳动力转移概率。同样，农户土地转出后可能增加非农业劳动力供给（Shi et al.，2007），并减少农业劳动力供给，但土地转出对农户非农业劳动力的促进效应可能仅存在于拥有剩余劳动力的农户家庭（Liu et al.，2017）。由于农业和非农业劳动生产率存在差异，假设家庭内部根据劳动力比较优势将劳动力配置到农业和非农业领域，从事非农业活动的劳动力非农业劳动生产率高于从事农业活动的劳动力非农业劳动生产率，从事农业活动的劳动力农业劳动生产率高于从事非农业活动的劳动力农业劳动生产率。

图9—1和图9—2是农户劳动力在农业和非农业部门的配置及其劳动生产效率。左边纵轴线是农业部门，农户劳动力从左向右表示农业劳动力供给增加，农业劳动力的最大供给为 Q^a_{max}，MR_a 是农户农业劳动力边际生产效率曲线，假设在一定面积的农户土地上，随着农业劳动力供给的增多，农户农业劳动力边际生产效率降低[①]。同样，农户劳动力从右向左表示非农业劳动力供给增加，非农业劳动力的最大供给为 Q^o_{max}，MR_o 是农户非农业劳动生产率曲线，随着农户家庭非农业劳动时间供给的增加，边际生产率较低的劳动力进入非农业领域，从而整体的非农业劳动力边际生产率也会降低。但是，无论是农业活动还是非农业活动，都存在一个最低工资（劳动生产率大于0）。农业活动的最低工资即农业劳动力生存工资，非农业劳动力的最低工资一般由政府规定，由于农村许多非农业活动是非正式的，最低工资标准要低于正式工作的最低工资标准。假设短期内农业技术不变，资本对农业劳动力的替代弹性不变。

首先讨论农地流转对农户农业劳动力配置及其生产率的影响，如图9—1所示。农户初始的农业劳动力为 L^*_1，农户农业劳动生产率为 LP^1_a。农户转入土地时，由于农地经营面积增加，农户农业劳动力供给增加到 L^*_2。此时，若农户边际生产效率曲线不变，则农户农业劳动生产率下降为 LP^2_a。然而，由于农地流转可能提高农户农业生产效率，农户劳动力边际效率曲线向上移动，此时农户农业劳动生产率没有降低，反而增加到 LP^3_a。由于当农户农地转入规模过大

---

① 农业劳动力边际生产率降低可能原因是边际生产率递减，还有一个重要原因，即边际生产率较低的农户也参与到农业活动中，从而总体上降低了农业劳动生产率。

时，农业生产成本急剧上升，反而会将降低农业生产效率，表现为规模不经济，此时农户农业劳动生产率曲线向下移动，农户农业劳动生产率降低为LP_a^4。由于多数小规模转入户更多的是为了满足家庭劳动力的生产需求，土地多流向劳动力丰富但土地资源稀缺的农户手中（Deininger and Jin，2005），农户土地转入更多的是小规模的土地经营，土地经营规模可能会低于规模经济下的土地经营面积（何欣等，2016）。

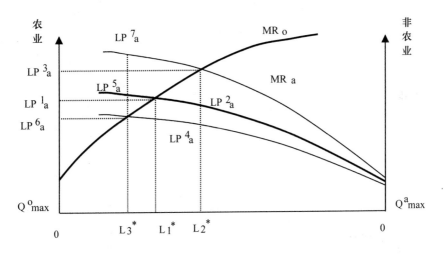

图9—1　农户农业劳动力配置及其资本效率

当农户转出土地时，农户土地经营面积降低，部分劳动力退出农业生产，农业劳动力投入降低为L_3^*。此时，若农户边际生产效率曲线不变，则农户农业劳动生产率增加到LP_a^5。然而，由于我国农户承包地面积较小，一些研究认为随着农户转出土地退出农业生产后农业生产效率会降低（张建等，2016）。此时，农户农业生产效率曲线向下移动，农户劳动力边际生产效率降低为LP_a^6。当然，对于少数土地禀赋远大于劳动力禀赋的农户，土地转出后也可能存在农业生产效率提升的现象，此时农户农业劳动生产率可能会增加到LP_a^7。

接下来讨论农地流转对农户非农业劳动力配置及其生产率的影

响，如图9—2所示。农户初始的非农业劳动力为 L_1^*（从右向左），
农户非农业劳动生产率为 LP_o^1。农户转出土地时，由于农地经营面积
减少，部分农业劳动力赋闲或转移到非农业部门。若农户赋闲，则
农户非农业劳动生产率仍然为 LP_o^1；当部分劳动力转移到非农业领域
时，由于这部分非农业劳动力生产效率较低①，将会降低整体的农户
劳动生产效率，此时农户非农业劳动生产率降低为 LP_o^2。当然，当部
分劳动力从兼业状态转向非农专业化时（如许多外出务工的农民农
忙时需要返乡种地，转出土地后可以专心从事非农工作），也可能存
在效率提升，农户非农业生产效率曲线向上移动，此时农户非农业
劳动生产率增加到 LP_o^3。

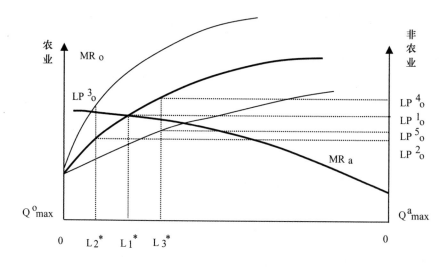

图9—2　农户非农业劳动力配置及其资本效率

　　农户土地转入是否影响非农业劳动生产率取决于农地转入是否
影响非农业劳动力配置。当农户存在大量剩余劳动力时，转入土地
被剩余劳动力吸收，可能不会影响非农业劳动力配置。当土地转入

①　土地市场缺失时，农户根据劳动力比较优势（劳动力生产效率差异）确定家
庭内部劳动力在农业和非农业领域的配置。

降低农户非农业劳动力供给，农户非农业劳动时间减少为 L_3^*，农户非农业劳动生产率反而增加到 LP_o^4。当然，农户转入土地后扩大土地经营面积可能导致部分从事非农专业化的农户在农忙时兼业经营农业生产，反而会降低非农业边际生产效率。此时，农户非农业劳动生产率曲线向下移动，农户非农业劳动生产率降为 LP_o^5。

通过以上分析，本书有以下研究假设：

假设1：农户转入土地后农业劳动生产率可能因为土地生产效率的改善和劳均土地经营面积的增加而提高；然而，转入土地后农业劳动供给的增加也可能降低农户整体农业劳动生产率。类似，农户转出土地后可能由于土地生产效率的下降和劳均土地经营面积的减少而降低农业劳动生产率；然而，转出土地后农业劳动力的减少也可能会提高农业劳动生产率。

假设2：当农户转出土地后可能因为非农业劳动力的专业化而提高非农业劳动生产率；然而，较低非农业劳动生产率的供给增加可能会降低整体的非农业劳动生产率。类似，农户转入土地后可能扭曲非农业劳动力配置及其效率，进而降低非农业劳动生产率；然而，当转入土地对农户非农业劳动力配置没有影响时，土地转入对农户非农业劳动生产率没有影响。

第二节　数据处理、农户劳动力
配置与效率描述统计

本书主要使用 CFPS2012 中 8130 个农村住户的调查数据。其中，土地转入户 1110 户，转出户 991 户，44 户同时参与土地转入和转出，分别占到样本总数的 14%，12% 和 0.5%。由于既转入又转出户的样本量较少，本书将这部分数据剔除，实际使用数据库中 8086 个农户样本。

CFPS2012 数据库包含家庭和个人数据库，包含农户家庭成员的收入、农业和非农业劳动时间（以月为单位）信息。采用 Djido and Shiferaw（2018）的研究方法，家庭劳动生产率以农业和非农收入除以劳动力总投入得到。例如，农业劳动生产率由农业净收入除以自家农业劳动（不包括雇用劳动力）投入得到，非农业劳动生产率由工资性和非农经营利润除以自家劳动投入（不包括雇用劳动力）得到。

表 9—1 汇报了不同类型（转入、转出和未流转）农户家庭劳动力在农业和非农业部门的配置及劳动力生产率信息。其中，相对于未流转户，转入户的农业劳动力和农业劳动时间显著较高，而转出户的农业劳动力和劳动时间较低，但是非农业劳动力人数和劳动时间明显较高。表 9—1 还汇报了不同类型农户农业和非农业劳动生产率差异。转入户的农业劳动生产率（1794 元/月·劳动力）要显著高于未流转户（1049 元/月·劳动力）。值得注意的是我国农业生产中仍然存在较大的农业和非农业劳动生产率差距[①]，而这一差距对于转入户影响最小。

表 9—1　　　不同类型农户（转入、转出和未流转）农业和
非农业劳动力配置及生产率

	未流转	转入户	转出户
农户实际参与劳动人数[a]	1.92	2.28 ***	1.54 ***
参与农业生产的劳动力数	1.44	1.94 ***	0.66 ***
参与非农就业的劳动力数	1.12	1.25 ***	1.22 ***
Months 单位劳动力工作时间（月）	9.30	9.75 ***	9.86 ***
农业劳动时间（月/劳动力）[b]	5.65	6.32 ***	5.23 ***
非农业劳动时间（月/劳动力）[b]	8.80	8.13 ***	9.73 ***

---

①　农业和非农业劳动生产率的差距由于测量单位而不同。如有关非洲国家的一些研究发现以农业劳动力数量统计的农业和非农业劳动力生产率差距要高于以天和小时统计的劳动力生产率差距（McCullough，2015；Djido and Shiferaw，2018）。然而，由于数据调查原因，本书仅使用以月为基础的劳动投入。

续表

	未流转	转入户	转出户
农业劳动生产率（元/月·劳动力）[b]	1049	1794 [***]	912
非农业劳动生产率（元/月·劳动力）[b]	3443	3300	3096
观测值	5985	1110	991

数据来源：根据 CFPS2012 统计得到。[***]、[**]、[*] 分别表示在 1%、5% 和 10% 的水平上显著。

a：在 2011/2012 生产年农户家庭实际参与农业或非农就业的劳动力数。

b：农业劳动时间投入以及劳动生产率计算根据实际参与农业或非农业的农户家庭统计得到。其中，参与农业生产的农户家庭数为 5988 个农户，参与非农业生产的农户数为 5479 个。

第三节　实证模型和估计策略

由于农户参与土地流转不是随机的，而是根据家庭资本禀赋和其他因素做出的理性选择，受到可观测和不可观测因素（如经营能力、风险偏好、产权感知）等方面的影响，直接将土地流转引入劳动生产率模型存在内生性问题。在研究参与效应时，许多文献采用倾向得分匹配（PSM）方法解决可观测变量导致的偏差（Liu and Lynch，2011）。然而，PSM 无法解决不可观测因素带来的选择偏差（Kassie et al，2015）。与 PSM 不同的是，多项 Logit 内生性转换回归模型（Multinomial Endogenous Switching Treatment Regression，ME-STR）可以用来解决可观测和不可观测因素导致的估计偏差（Bourguignon et al.，2007；Di Falco and Veronesi，2012；Kassie et al.，2015）。该模型将农户参与土地流转的影响因素及其结果效应纳入统一的研究框架。模型第一步是基于多项 Logit 的农户土地流转参与模型，分为土地转入和转出；第二步将农户土地流转变量和流转参与的选择性修正系数引入农户劳动生产率模型，模型设置过程如下。

一　农户土地流转参与多项 Logit 回归模型

假设农户决策自由，农户基于效用最大化目标选择转入或转出土地，则农户参与土地流转的潜在模型为：

$$U\ (R_{ji}^*)\ = \alpha_j X_{ji} + \varepsilon_{ji} \qquad\qquad (9\text{—}1)$$

$U\ (R_{ji}^*)$ 是农户 i 的土地流转选择 j（$j=1$，$\cdots$，3，分别为未流转、土地转入和土地转出）的效用，X_{ji} 是一系列可观测的影响农户土地流转参与的外生变量（见表9—2）。

农户土地流转参与的效用是不可观测的，但农户根据预期效用选择是否参与土地流转，农户的选择模型为：

$$R = j,\ if\ U\ (R_{ji}^*)\ > \max_{m\neq j} U\ (R_{mi}^*)\ or\ \theta_{ji} < 0\ j = 1，2，3 \qquad (9\text{—}2)$$

$\theta_{ji} = \max\limits_{m\neq j}\ (U\ (R_{mi}^*)\ - U\ (R_{ji}^*))\ < 0$（Bourguignon et al.，2007）。方程（9—2）表示当农户预期土地流转选择 j 的效用大于其他土地流转选择 m 时，农户将会选择第 j 种土地流转方式（不参与、转入或转出）。因此，农户选择第 j 种土地流转方式的多项 Logit 模型为：

$$P_{ji}\ = pr(\theta_{ji} < 0 \mid X_{ji}) = \frac{\exp(\alpha_j X_{ji})}{\sum\limits_{m\neq 1}^{j} \exp(\alpha_m X_{ji})} \qquad\qquad (9\text{—}3)$$

二 内生性转换回归模型

在多项 Logit 模型的基础上，内生性转换回归模型考察土地流转选择对农户农业和非农业劳动生产率和劳动时间投入的影响。农户不同土地流转参与的劳动生产率模型为：

$$Y_{ji} = \beta_j S_{ji} + u_{ji} \qquad j = 1，2，3 \qquad\qquad (9\text{—}4)$$

其中，土地流转方式 1 为未流转农户，作为参照组。Y_{ji} 是农户劳动力生产率和劳动时间投入（农业和非农业）。S_{ji} 是影响农户劳动生产率和劳动时间投入的一系列变量（见表9—2）。u_{ji} 表示误差项。

由于农户土地流转和劳动生产率可能存在内生性，农户土地流转参与模型的误差项 ε_{ji} 和劳动生产率模型的误差项 u_{ji} 相互关联。为得到农地流转对农户劳动生产率影响的无偏估计（系数 β_j），Bourguignon et al.（2007）提出可以将第一阶段农户土地流转参与模型方程（9—3）中选择修正系数代入方程（9—4）中，农户劳动生产率模型可以修正为：

$$Y_{ji} = \beta_j S_{ji} + \sigma_j \lambda_{ji} + \epsilon_{ji} \quad j = 1,\ 2,\ 3 \tag{9—5}$$

其中，ϵ_{ji} 是误差项，σ_j 是误差 ε_{ji} 和生产率模型的误差项 u_{ji} 的协方差矩阵，λ_{ji} 是方程（9—3）农户土地流转模型估计后得到的逆米尔斯指数。

$$\lambda_{ji} = \sum_{m \neq j}^{j} \rho_j \left[\frac{\hat{P}_{mi} ln(\hat{P}_{mi})}{1 - \hat{P}_{mi}} \right]$$

；ρ_j 是 ε_{ji} 和 u_{ji} 的相关系数，农户土地流转参与方程中，共有两个选择修正系数代入农户劳动生产率模型中。

农户劳动生产率模型的自变量 S_{ji} 和农地流转影响因素变量 X_{ji} 基本相同。为了得到有效估计，模型要求第一阶段多项 Logit 模型中存在一个或多个工具变量，工具变量外生于农户效应模型。为此，选择村级参与土地流转的农户比例[①]作为工具变量（Zhang et al.，2018；陈媛媛、傅伟，2017）。村内参与土地流转的农户比例影响农户参与土地流转的交易费用（陈媛媛、傅伟，2017），而与农户劳动生产率和劳动时间分配没有直接影响。使用 falsification 对工具变量进行检验（Kassie et al，2015），发现工具变量在农户土地流转模型中均显著，但在农户劳动生产率和劳动时间投入中不显著，证实了工具变量的有效性。

三　农地流转对农户劳动生产率和劳动时间的平均处理效应

计算平均处理效应，需要比较参与土地流转农户的劳动生产率和劳动时间以及假设这类农户未参与土地流转的反事实结果。根据公式（9—5），各类农户的劳动生产率和劳动时间以及反事实结果的计算公式为：

参与土地流转农户实际结果为：

---

① 村级参与土地流转的农户比例由村内调研参与土地流转的农户数（排除农户本身）除以村内调研农户总数得到（陈媛媛、傅伟，2017）。

$$E[Y_{ji} \mid R=j,\ S_{ji},\ \lambda_{ji}] = \beta_j S_{ji} + \sigma_{j\varepsilon}\lambda_{ji} \qquad (9—6)$$

未参与土地流转农户实际结果变量：

$$E[Y_{1i} \mid R=1,\ S_{1i},\ \lambda_{1i}] = \beta_j S_{ji} + \sigma_{j\varepsilon}\lambda_{ji} \qquad (9—7)$$

参与土地流转农户反事实结果：

$$E[Y_{1i} \mid R=j,\ S_{ji},\ \lambda_{ji}] = \beta_1 S_{ji} + \sigma_{1\varepsilon}\lambda_{ji} \qquad (9—8)$$

未参与土地流转农户反事实结果：

$$E[Y_{ji} \mid R=j,\ S_{1i},\ \lambda_{1i}] = \beta_1 S_{1i} + \sigma_{j\varepsilon}\lambda_{1i} \qquad (9—9)$$

方程（9—6）和（9—7）代表参与和未参与土地流转农户的实际结果，而方程（9—8）和（9—9）表示相应的反事实结果。因此，农户参与土地流转的平均处理效应（ATT）为方程（9—6）减去方程（9—8）：

$$
\begin{aligned}
ATT &= E[Y_{ji} \mid R=j,\ S_{ji},\ \lambda_{ji}] - E[Y_{1i} \mid R=j,\ S_{ji},\ \lambda_{ji}] \\
&= \beta_j S_{ji} + \sigma_{j\varepsilon}\lambda_{ji} - \beta_1 S_{ji} - \sigma_{1\varepsilon}\lambda_{ji} \\
&= S_{ji}\ (\beta_j - \beta_1)\ + \lambda_{ji}\ (\sigma_{j\varepsilon} - \sigma_{1\varepsilon}) \qquad (9—10)
\end{aligned}
$$

表9—2   **变量描述性统计**

变量类型及名称	描述	平均值	标准差
农户特征变量	户主是女性＝1；否＝0	0.42	0.49
户主年龄	岁	50	12.77
户主受教育年限	年	7	3.13
家庭人口数	农户家庭总人口	4.2	1.82
男性成人比例	男性成人数/家庭总人口	0.40	0.20
劳动力平均受教育年限	18—60 岁劳动力平均受教育年限（年）	10.5	6.71
抚养比	15 岁以下和 65 岁以上农户比例	0.57	0.37
人均承包地面积	亩	7	7.39
农业生产性固定资产[a]	元	1364	5858
非农业生产性固定资产[b]	元	19150	296992
村级层次控制变量			

续表

变量类型及名称	描述	平均值	标准差
农业雇工市场^c	村内雇用劳动力的农户比例	0.07	0.15
农业机械服务市场^c	村内使用农业机械生产的农户比例	0.06	0.12
离商业中心的时间	小时	0.55	0.53
地区控制变量			
西部地区	广西、贵州、云南、重庆、四川、陕西和甘肃等7省（区市）=1；其他=0	0.35	0.48
中部地区	山西、吉林、黑龙江、安徽、江西、河南、湖北和湖南等8省=1；其他=0	0.29	0.45
东部地区	北京、天津、河北、辽宁、上海、江苏、浙江、福建、山东、广东等10省（市）=1；其他=0	0.36	0.48
观测值	8086		

注：***、**、*分别表示在1%、5%和10%的水平上显著；括号内为标准误差。

a：农业生产性固定资产包括拖拉机、脱粒机、水泵等。

b：非农业生产性固定资产包括厂房、建筑、生产绩效和设备等。

c：由于CFPS2012中无村级数据，雇用劳动力市场和农业机械服务市场由调研村庄中使用雇用劳动力和农业机械服务的农户数除以调研农户总数（除去调研农户本身）得到。

第四节　农地流转对农户劳动力资本
效率的平均处理效应

一　农地流转对农户劳动力资本效率的平均处理效应

由于本书的重点是研究农地流转对农户劳动力生产率的影响，第一阶段农地流转影响因素以及其他影响农户劳动生产率的因素不作具体分析（见附表2）。

表9—3中汇报了农地流转对农户农业和非农业劳动生产率的平均处理效应，农户参与和未参与土地流转的事实结果和反事实结果分别由公式（9—6）和公式（9—8）计算得到。事实结果是实际参与土地流转农户的农业劳动生产率，反事实结果是假设这些农户不

参与土地流转的结果。事实结果减去反事实结果［表9—3中列（2）减去列（3）］即为农户参与土地流转的平均处理效应［表9—3中第（4）列和第（5）列］。结果表明，农户转入土地后农业劳动生产率提高了约55%。然而，农户转出土地后农业劳动生产率降低了13%。结果表明，由于家庭劳动力丰富的农户转入土地的概率较大（Jin and Deininger，2009），农户转入土地后大幅度地提高了农业劳动生产率。由于农户转出土地后，农户降低了农业生产投资的积极性，土地生产效率降低（张建等，2016），因而降低了农户农业劳动生产率。

表9—3第五行以下是农地流转对农户非农业劳动生产率平均处理效应估计结果，第（4）列和第（5）列汇报平均处理效应及其变化率。结果表示，农户参与土地流转后非农业劳动生产率均降低。其中，农户转入土地后非农业劳动生产率降低了6%，转出土地后非农业劳动生产率降低了9%。农户转入土地后非农业劳动生产率降低，可能原因是转入土地后一些不参与农业生产的劳动力在农忙时间需要投入农业劳动，不利于非农业专业化经营，反而降低了家庭成员非农业劳动效率。然而，考虑到农户转入土地后农业劳动生产率增加较多（627元/月·劳动力），总体上，农户转入土地后劳动生产率得到提升。

一个有趣的发现是转出户的非农业劳动生产率也降低（表9—3底行），可能原因是农户转出土地后，一些劳动生产率较低的农户也参与非农就业①，因此整体上降低了农户家庭非农业劳动生产率。值得注意的是，对于转出户，这种非农业生产率的降低并不意味着效率损失，由于更多的农户家庭成员参与生产率较高的非农就业。本书在接下来的分析中也会证明。

---

① 土地市场缺失时，一些农户家庭成员根据劳动力边际效率差异选择从事农业生产或非农就业，因此，停留在农业部门的劳动力可能非农业劳动生产率较低。

表9—3　　　农地流转对农户农业和非农业劳动生产率平均处理效应（ATT）

土地流转类型	事实结果 （2）	反事实结果 （3）	ATT （4）＝（2）－（3）	％ 变化 （5）＝（4）\（3）
农业劳动生产率				
土地转入	1766	1139	627 ***	55 ***
	（28.2）	（13.3）	（25.5）	
土地转出	912	1050	－138 ***	－13 ***
	（40.5）	（23.5）	（36.4）	
非农业劳动生产率				
土地转入	3301	3496	－195 ***	－6 ***
	（31.9）	（37.6）	（42.5）	
土地转出	3096	3398	－301 ***	－9 ***
	（63.7）	（47.0）	（49.6）	

注：***、**、*分别表示在1％、5％和10％的水平上显著；括号内为标准误差。

二　农地流转对农户不同生计策略劳动时间的平均处理效应

表9—4汇报了农地流转对农户农业和非农业劳动时间投入的平均处理效应（ATT）。结果显示，农户转入土地后每个劳动力的平均农业劳动时间增加了11％，但农户转出土地后每个劳动力的平均劳动时间降低了7％。表9—4第5行以下汇报了农地流转对农户非农业劳动时间供给的影响，结果表明，农户转入土地后每个劳动力的平均非农业劳动时间降低了7％，而转出户的每个劳动力的平均劳动时间增加了5％。研究结论与Feng and Heerink（2008）和Liu et al.（2017）的研究一致，表明土地流转会影响农户劳动力非农就业决策。农户转入土地后减少了劳动力非农业时间投入，而转出土地后增加了非农业劳动时间投入。因此，研究结果支持农户转出土地后非农业劳动生产率反而小幅度下降的研究假设，原因是更多的劳动力参与非农就业，这些劳动力相对于家庭其他成员非农业劳动生产率较低，整体上反而降低了非农业劳动生产率。

表9—4   农地流转对农户农业和非农业劳动时间供给平均处理效应（ATT）

土地流转类型	事实结果 （2）	反事实结果 （3）	ATT （4）＝（2）－（3）	% 变化 （5）＝（4）\（3）
农业劳动时间				
土地转入	6.3	5.7	0.6***	11***
	（0.04）	（0.03）	（0.04）	
土地转出	5.2	5.6	－0.4***	－7***
	（0.06）	（0.05）	（0.08）	
非农业劳动时间				
土地转入	8.1	8.7	－0.6***	－7***
	（0.05）	（0.04）	（0.03）	
土地转出	9.7	9.2	0.5***	5***
	（0.05）	（0.06）	（0.03）	

注：***、**、*分别表示在1%、5%和10%的水平上显著；括号内为标准误差。

三   农地流转通过不同生计策略劳动时间变化对资本效率的影响

理论分析认为，农地流转不仅影响农户农业和非农业劳动生产率，并且通过影响农户不同生计策略劳动时间供给而间接影响家庭劳动生产率，则称农户劳动时间供给为中介变量（温忠麟等，2004）。因此，农地流转对农户劳动生产率的影响可以分解为两部分，一部分是直接效应（direct effect），即农地流转对农户劳动生产率的直接影响，主要通过提高土地生产率、土地经营面积以及非农业劳动力配置效率而得到；另一部分是中介效应（mediation effect），即农地流转如何影响农业或非农业劳动力时间供给，引起不同边际生产率差异的劳动力在农业和非农业部门流动，进而作用于农户农业和非农业劳动生产率。中介效应又称为间接效应（indirect effect）。

（一）中介效应方法

将农户劳动生产率定义为 Y，农户劳动时间供给定义为 T，土地

流转定义为 R，将所有变量去中心化，则农地流转对农户劳动生产率的影响可以定义为：

$$Y = cR + dX + e_1 \tag{9—11}$$

$$Y = aR + d'X + e_2 \tag{9—12}$$

$$Y = c'R + bT + d''X + e_3 \tag{9—13}$$

其中，Y 包括农户家庭农业和非农业劳动生产率，T 表示家庭农业和非农业劳动时间供给，R 分为土地转入和转出。a 是农地流转对农户劳动生产率影响的总效应，b 为农地流转通过改变劳动时间供给从而间接影响劳动生产率的中介效应（又称间接效应），c 是在控制了农地流转的影响后，中介变量劳动时间供给 T 对农户劳动生产率的影响。c' 是在控制了中介变量 T 后农地流转对农户劳动生产率供给的直接效应。X 是其他外生自变量，d，d' 和 d'' 分别是自变量的估计系数。e_1，e_2 和 e_3 分别是残差项。

此模型中，中介效应等于 $a * b$，中介效应与总效应和直接效应的关系为：

$$c = c' + a * b \tag{9—14}$$

中介效应的检验方法主要分为三类，分别为依次检验回归系数的因果步骤法，检验 $c - c'$ 显著性的系数差异法及检验 ab 显著性的系数乘积法（方杰等，2012）。其中，Bootstrap 法直接检验系数乘积 ab 的显著性，相对于其他方法更为有效（Zhao et al.，2010；温忠麟、叶宝娟，2014）。本书使用 Bootstrap 法进行中介效应估计。

（二）农地流转、农业劳动力供给与农业劳动生产率

表 9—5 是农地流转、农户农业劳动力供给与农业劳动生产率的中介效应估计结果，表 9—6 进一步将农地流转对农户农业劳动生产率的效应进行分解。

如表 9—5 所示，农户土地转入对农业劳动时间供给有着显著影响，转入户劳均农业劳动时间每年增加了 0.783 个月。而并未发现土地转出对劳均农业劳动时间的显著影响。劳均农业劳动时间增加会显著降低农户农业劳动生产率（估计系数为 –176.2）。

由表9—6可知，农地转入对农户农业劳动生产率的总效应显著为正（629.7），表明农地转入总体上提升了农户农业劳动生产率。农地流转的直接效应使得农户农业劳动生产效率提升了122%，而间接效应为负，由于转入土地后农业劳动时间供给的增加（表9—5，土地转入对农业劳动时间影响供给显著为正），农户农业劳动生产率反而降低了22%。值得注意的是，土地转出对农业劳动生产率的总效应、直接效应和间接效应均不显著。直接将土地流转变量引入农业生产率模型可能存在可观测和非观测因素导致的选择性偏差，导致估计结论和上文多项Logit内生性转换模型并不一致。

表9—5　　农地流转、农户农业劳动力供给与农业劳动生产率的中介效应估计

	农业劳动时间供给		农业劳动生产率	
	系数	标准差	系数	标准差
农业劳动时间供给			− 176.2 ***	31.3
土地转入	0.783 ***	0.101	629.7 ***	252.3
土地转出	− 0.186	0.189	− 112.0	140.3
女性户主	− 0.429 ***	0.088	− 360.3 ***	113.1
户主年龄（对数）	0.609 ***	0.173	− 578.6	278.5
户主受教育年限（对数）	− 0.062	0.095	− 142.5	159.1
家庭人口数（对数）	0.019	0.113	− 234.9 **	113.2
男性成人比例	− 0.135	0.231	− 339.4	417.8
劳动力平均受教育年限（对数）	− 0.108	0.066	173.5 **	62.0
抚养比	0.296 ***	0.159	− 52.9	182.3
人均承包地面积（对数）	0.061	0.080	462.9 ***	87.1
农业生产性固定资产（对数）	0.066 ***	0.011	48.0 **	23.9
非农业生产性固定资产（对数）	− 0.081 ***	0.016	51.9	30.3

续表

	农业劳动时间供给		农业劳动生产率	
	系数	标准差	系数	标准差
农业雇工市场	-0.844 ***	0.155	80.9	197.2
农业机械服务市场	-0.179	0.118	16.5	148.6
离商业中心的时间（对数）	0.059	0.072	-119.8 *	65.3
中部地区	-1.901 ***	0.103	252.0	136.1
东部地区	-1.006 ***	0.107	150.7	137.1
常数项	4.795 ***	0.805	3787.4	1265.2
样本量	5988			

注: *** 、 ** 、 * 分别表示在1%、5%和10%的水平上显著。

表9—6　　　　　　**农地流转对农户农业劳动生产率的效应分解**

	总效应	直接效应		中介效应	
	系数 （1）	系数 （2）	比率% （2）/（1）	系数 （3）	比率% （3）/（1）
土地转入	629.7 ***	768.0 ***	122	-138.0 ***	-22
土地转出	-112.0	-144	-128	32.7	29

注: *** 、 ** 、 * 分别表示在1%、5%和10%的水平上显著。

（三）农地流转、非农业劳动力供给与非农业劳动生产率

表9—7是农地流转、农户非农业劳动力供给与非农业劳动生产率的中介效应估计结果，表9—8进一步将农地流转对农户非农业劳动生产率的效应进行分解。

如表9—7所示，农户转入土地后劳均非农业劳动时间每年减少了0.58个月，转出土地后劳均非农业劳动时间每年增加了0.547个月。非农业劳动时间供给的增加会降低农户非农业劳动生产率（系数为 -427.3）。

如表9—8所示，土地转入对农户非农业劳动生产率的总效应显著为负（ -535.1），表明土地转入后农户劳均非农业劳动生产率降低了535元/月。其中，土地转入对农户非农业劳动生产率直接造成

的效率损失为 146%；然而，由于农户转入土地后劳均非农业劳动力供给时间减少，由这种间接效应反而带来了 46% 的农户非农业劳动力生产率提升。此外，本书还发现农地转出对农户非农业劳动生产率的中介效应显著为负，即农户转出土地后农户非农业劳动生产率降低了 68%。表9—8 还显示，土地转出对农户非农劳动生产率的直接效应和总效应为负，尽管结果并不显著。

表9—7　　　　**农地流转、农户非农业劳动力供给与非农业**
劳动生产率的中介效应估计

	非农业劳动时间供给		非农业劳动生产率	
	系数	标准差	系数	标准差
非农业劳动时间供给			− 427. 3 ***	32. 23
土地转入	− 0. 580 ***	0. 205	− 535. 1 ***	272. 9
土地转出	0. 547 ***	0. 185	− 341. 2	233. 0
女性户主	0. 469 ***	0. 127	− 21. 22	187. 5
户主年龄（对数）	− 0. 552 **	0. 263	1711. 4 ***	392. 9
户主受教育年限（对数）	0. 285 *	0. 146	221. 0	208. 1
家庭人口数（对数）	0. 266	0. 171	1665. 1 ***	272. 7
男性成人比例	1. 243 ***	0. 369	826. 7	613. 3
劳动力平均受教育年限（对数）	0. 446 ***	0. 104	427. 8 **	189. 8
抚养比	0. 122	0. 293	− 729. 0 **	319. 7
人均承包地面积（对数）	− 0. 789 ***	0. 125	− 225. 5	209. 8
农业生产性固定资产（对数）	0. 008	0. 020	− 51. 77 *	29. 24
非农业生产性固定资产（对数）	0. 241 ***	0. 019	65. 54 ***	18. 83
农业雇工市场	− 0. 550 **	0. 255	439. 0	351. 0
农业机械服务市场	− 0. 581 ***	0. 217	− 486. 3	296. 5
离商业中心的时间（对数）	− 0. 117	0. 109	268. 8	169. 4
中部地区	1. 016 ***	0. 179	793. 7 ***	227. 2
东部地区	0. 326 *	0. 168	515. 7 **	240. 7
常数项	8. 347 ***	1. 188	46379299 ***	5852356
样本量		5479		

注：*** 、** 、* 分别表示在 1%、5% 和 10% 的水平上显著。

表9—8　　　　　农地流转对农户非农业劳动生产率的效应分解

	总效应	直接效应		中介效应	
	系数 (1)	系数 (2)	比率% (2)／(1)	系数 (3)	比率% (3)／(1)
土地转入	−535.1**	−783.0***	−146	247.9***	46*
土地转出	−341.2	−107.3	−31	−233.8***	−68***

注：***、**、*分别表示在1%、5%和10%的水平上显著。

第五节　本章小结

本章研究农地流转对农户劳动生产率的影响，按照农户农业和非农业不同生计方式将劳动生产率分为农业和非农业劳动生产率。使用CFPS2012数据，以及内生性转换回归模型和中介效应模型，研究发现农户转入土地后农业劳动生产率增加了55%，但非农业劳动生产率小幅度降低了6%。此外，研究还发现转入户和转出户的非农业劳动生产率分别降低了13%和9%。通过劳动时间供给的中介效应研究发现，随着农户非农业劳动力供给的增加，农户非农业劳动生产率降低。因此，由于转出户非农劳动时间供给的增加，农户非农业劳动生产率反而降低。这意味着农户转出土地后更多农业劳动力转移到非农业部门，这种从边际生产率较低的部门转移到较高的部门意味着整体的劳动力效率提升。此外，本书还发现，尽管土地转入对农户农业劳动生产率总效应为正，但中介效应显著为负；以及土地转入对非农业劳动生产率的中介效应显著为正。

第 十 章

农地流转、生计策略与
农户福利研究

　　本书构建的"农地流转市场发育与农户土地流转参与—农户生计活动及生计多样化策略—生计资本（劳动力）效率—农户生计福利"研究框架中，农户福利研究是框架的落脚点，即农地流转、生计策略优化最终目的是提高农户生计福利。由于农户收入和贫困问题始终是农村研究关注的重点，也是衡量农户福利的重要指标，本书关注农地流转对农户收入和贫困发生率的影响。由于转入土地规模的不同，农户生计多样化策略会受到不同的影响，因此，本章也探讨相对于小规模的转入户，农地规模流转能否更好地增加农户福利，以分析农地规模经营的可持续性。此外，农地流转首先影响农户农业和非农业生计策略进而间接影响农户福利，本章同时考察了农地流转如何通过改变农户生计策略进而作用于农户福利。

第一节　农地流转、生计策略与
农户福利的理论机理

一　农地流转对农户收入影响分析
　　由于农户土地转入和转出对农户收入的影响效应不同，因此分别分析转入和转出对农户收入的影响差异。农户收入包括农业收入（农业总产值扣除生产成本和租金）、非农就业收入和财产性收入。

（一）土地转入对农户收入的影响

农户转入土地后直接影响农业收入，并可能通过农户非农业生计策略间接影响非农就业收入。

1. 土地转入对农户农业收入的影响

农户转入土地后土地经营面积增加，农业生产中会相应的增加劳动力、资本等生产要素投入。随着生产要素投入的增加，农户农业生产总产值也相应增加。由于农户农业收入需要扣除生产成本和土地租金支出，除了考虑农业总产值，还要考虑土地流转后农业生产成本的变化。一般而言，由于农业生产规模经济和规模不经济的存在，农业生产成本首先随着土地经营面积的增加而下降，表现出农地适度规模经济效益。然而，农地规模过大时，农业生产成本急剧上升，反而会降低农业生产效率，表现为规模不经济。

随着农地经营面积的增加，农户农业生产目的从满足家庭消费需求转向利润最大化为主（杨钢桥等，2010），进行农业生产投资的积极性增加。农户可能发生的农业生产投资不仅包括生产要素投资（杨钢桥等，2010），还可能包括农业生产技能和先进技术投资（郜亮亮、杜志雄，2016），从而增加农户对市场的敏感度，及时优化调整种植业结构以满足市场对高附加值农产品的需求，提高农业生产的利润率，增加农户农业经营性收入。

2. 土地转入对农户非农就业收入的影响

土地转入对农户非农就业收入影响的前提条件是农户转入土地后影响了非农业生计活动。当家庭存在剩余劳动力，农户转入土地，增加的土地面积被家庭剩余劳动力吸收，土地流转不影响农户非农业生计活动，对农户非农就业收入没有影响。然而，当农户较大规模转入土地需要更多的家庭自有劳动力投入农业生产时，农户劳动力资源更多的配置到农业领域，从而减少了在非农业领域的配置，降低了农户非农就业收入。实证研究中，Feng and Heerink（2008）

发现农户劳动力转移和土地转入决策相互影响，转入土地的农户家庭也降低了劳动力外出务工的概率。

（二）土地转出对农户收入的影响

农户转出土地后直接影响农户农业收入，并可能通过农户非农业生计策略间接影响非农就业收入，以及通过土地流转获得土地租金，影响农户财产性收入。

1. 土地转出与农业收入

农户转出土地后，土地经营面积减少，相应的劳动力和资本投入也会降低，农业总产值减少。当农户完全转出土地而退出农业生产领域，农户的农业收入为零。当然，农业收入取决于农业生产成本，而农业生产成本与土地经营面积有关。由于小农户家庭承包地面积有限，自有承包地面积要小于规模经济的土地面积，而农户转出土地后会进一步导致农业生产的规模不经济，增加农业生产成本。因此，农户土地转出后会降低农业收入。

2. 土地转出与非农就业收入

土地转出是否影响农户非农就业收入，同样取决于土地流转是否影响农户非农业生计策略。当农户由于劳动力不足或无力耕种而转出土地，土地转出后家庭劳动力赋闲，则土地转出不会影响非农业生计活动和非农收入。而当农户转出土地的目的是专业化非农就业时，土地转出后释放部分劳动力从事非农就业，则土地转出对非农就业具有促进作用，土地转出能够增加农户非农就业收入。如 Liu et al.（2017）的研究表明总体上农户通过股份合作社转出土地对户主劳动力非农业转移未有显著影响，而对存在剩余劳动力的家庭非农就业存在促进作用。

3. 土地转出与农户财产性收入

土地转出是否对农户财产性收入带来影响取决于转出户是否收取租金。当土地流转多发生在亲戚、邻居等本村熟人之间时，农户不收或仅收取少量租金（Wang et al.，2015）。随着土地流转市场发展，农户可选择的土地流转对象增加，转出户将土地流转给规模经营主体可以得到更高的土地租金，增加其财产性收入（张兰等，2017）。

二 农地转入规模对农户收入效应

（一）流转规模与农户农业收入

转入规模不同，农地流转对农户农业收入的影响程度不同。相对于小规模的土地流转，规模化流转后转入户农地规模经营程度更高，土地经营面积更大，农业生产中劳动力和资本要素投入也相应更多，农户拥有更高的农业生产总值。然而，农地流转和经营规模过大时，农业生产成本急剧上升，反而会将降低农业生产效率，表现为规模不经济。小规模转入户更多的是为了满足家庭劳动力的生产需求，农户土地转入更多的是小规模的土地经营，土地经营规模可能会低于规模经济下的土地经营面积。而当农户规模化转入土地时，农地经营面积的增加可能进一步降低农业生产成本，实现规模经济，也可能超过规模经济点，农业生产成本上升。当然，即使农业生产成本上升，农业生产总利润也会随着生产总值的上升而增加，农地规模经营还是有利可图的。只有当农业生产总利润为零时，农户才到达收入最大化的农地经营面积。尽管在理性农民的假设下，大多数农户会谨慎的选择土地流转面积，以实现净利润最大化的土地经营规模（陈飞、翟伟娟，2015）。然而，实践中也存在资本和行政力量推动下的农地流转导致农地经营权过度集中，转入户农业生产效率降低（王雪琪等，2018）。此外，由于我国农业保险政策并不健全，自然灾害、病虫害以及极端天气更加剧了农业生产风险，这些风险可能对规模经营主体造成更大的农业收入损失。

（二）流转规模与农户非农就业收入

如前文论证，随着转入户土地流转规模的增加，土地流转可能会对农户非农业生计策略产生影响，进而减少农户非农就业收入。由于非农业就业的约束，当农户家庭存在剩余劳动力时，一定规模的土地转入可以最大化农户劳动生产效率，且不会影响农户非农业劳动力配置。然而，当农户转入较大面积的土地时，由于农业社会化服务以及雇用劳动力无法完全替代家庭自有劳动投入，并且监工本身需要耗费自有劳动力，因此，预期规模流转会减少农户非农就业的劳动力配置，减少农户非农就业收入。如 Feng and Heerink（2008）和杜鑫（2013）的研究均表明农户土地转入和劳动力转移决策负相关，表明农户转入土地会降低劳动力转移的概率。考虑到两位学者使用的数据均是 2010 年之前的土地流转数据，土地流转面积较小，如杜鑫（2013）使用我国 11 省的农户样本数据中转入户平均土地流转面积只有 4.13 亩，可见影响农户非农业劳动力配置的土地转入面积不会太大，并且这一数值会随着非农就业市场的发展而降低，随着农业社会化服务程度的提高而增加。

根据以上理论分析，本书提出以下研究假设：

假设 1：农户适度规模的土地转入可以增加家庭农业收入，但转入规模过大时也可能会降低农业收入；

假设 2：土地小规模转入对农户家庭非农就业收入未有影响，大规模的土地转入会降低农户非农就业收入；

假设 3：农户转出土地后农业收入减少，非农收入增加。

三　农地流转对农户贫困的影响分析

农户贫困的原因是多样的，从农户自身的角度，既有因老龄化、缺乏非农就业技能、土地禀赋较少等原因导致的持续性贫困，也有因大病、事故等可能造成的突发性贫困。本书研究的是前一种贫困问题，即由于农户劳动力、土地和资本等禀赋要素不足以及配置效率不高导致的农户收入较低，处于贫困状态。从可持续生计的角度，解决农户贫困问题不仅要解除农户生计资本禀赋约束，还要赋予农户提高资源配置效率的能力。土地和劳动力是农户最重要的生计资本，本书从农地流转对农户土地和劳动力配置及其效率的角度分析农地流转对农户贫困的影响。

（一）农地流转、土地资源配置及其对农户贫困的影响

对于缺乏非农就业能力的农户，农业收入是其重要的来源。然而，由于土地禀赋稀缺或土地要素配置不当，农户农业收入增长乏力，导致农户贫困。一方面，农地流转均等化不同农户农业生产中的土地和劳动力要素配置（Deininger and Jin，2005），解除农户农业生产中的土地要素约束。一些农户家庭劳动力非农就业转移后，因缺乏农业劳动力而转出土地。在农地要素市场不完善时，农地流转面临较高的交易费用，农户一般无偿或以较低的价格将土地转给亲戚、邻居等本村熟人农户，劳动力滞留在农业的农户得以扩大土地经营规模，增加农业收入。然而，随着土地流转市场发展，外来大户或工商资本进入农业生产领域，抬高了土地租金，本地的贫困农户可能被排除在土地租赁市场之外，无力通过转入土地扩大经营规模，也无法通过土地流转摆脱贫困（蔡洁、夏显力，2018）。另一方面，对于土地禀赋丰富而农业劳动力不足的农户，在土地和雇用劳动力市场缺失或不完善时，农户家庭劳动力无力精耕细作，农业生产方式粗放，农业生产效率不高。农地流转市场发展时，农户能够部分转出土地，土地资本化为地租，最终增加农户土地报酬，增加农户财产性收入，有助于农户摆脱贫困。

（二）农地流转、劳动力资源配置及其对农户贫困的影响

农村内部土地资源禀赋有限，而贫困地区往往滞留大量剩余劳动力，单位劳动力可供经营的土地面积较少，仅通过扩大农户农地经营规模的方式无法解决多数农户的贫困问题。因此，要进一步促进农户劳动力非农业转移，提高农户家庭非农就业收入，才能够解决大多数农户的贫困问题。理论上，农户将土地流转后，家庭劳动力从农业生产中解放，从而可能转移到非农业领域，如杜鑫（2013）以及本书第五章均发现农户土地转出决策对劳动力转移决策有着正向影响。然而，更多实证研究认为农地流转对农户非农业劳动力转移的影响是有条件的，如游和远和吴次芳（2010）发现农地流转对农村劳动力的转移效应依赖于地区工业化

进程、农地禀赋拥有量降低和农村社会保障制度的完善等，Liu et al.（2017）对通过土地股份合作社流转土地的农户进行研究，发现土地流转仅对存在剩余劳动力的农户和地区经济发达程度较低的农户转移劳动力有显著促进作用。

由此，本书有以下研究假设：

假设4：农地流转（转入和转出）可以降低农户贫困发生概率。

第二节　数据处理与农户收入构成统计分析

一　数据处理

本章研究农地流转对农户收入的影响，主要采用 CFPS2010，2012，2014 和 2016 四轮农村住户样本数据。第一轮农户调研共有 7421 个农户样本数据，本书对四轮样本数据进行匹配，共获得 5263 个农户样本数据，平均每两轮数据损失 9% 的样本量。损失的样本量如果是随机发生的，使用面板数据时将不存在选择偏差。然而，如果损失的样本和被解释变量具有相关性，则会带来估计偏差（Wooldridge，2010）。为此，本章使用逆几率比重（Inverse Probabilities Weights，IPW）检验样本损失是否对估计造成偏差。IPW 包括以下几个步骤：第一，采用 Probit 模型估计第一轮农户在接下来三轮中被再次调研的概率（π_{i1}，π_{i2}，π_{i3}）；第二，计算农户样本被调研的总概率 $p_{it} = \pi_{i1}\pi_{i2}\pi_{i3}$；第三，将 p_{it} 作为权重带入接下来估计的农户收入模型中。由于估计使用权重的估计结果与不使用权重的估计结果不存在明显差异，表明损失样本并不对本书估计带来问题。因此，本书仅汇报不使用权重的估计结果。

二　农户收入来源与构成

（一）农户收入

表 10—1 是农户收入来源及构成。如表所示，农户人均非农就业收入是农户家庭最重要的收入来源，占农户家庭收入的 65.70%，其次是人均农业收入，占农户家庭总收入的 22.40%。从 2010—2016 年，农户农业收入占家庭总收入的比重大幅度降低，从 34.4% 下降为 15.6%；相反，非农就业收入的比重大幅度增加，从 57.6% 上升到 71.1%。农户财产性收入和转移性收入占总收入的比例均低于 10%，且近几年未发现有显著变化。

表 10—1　　　　　　　　　　农户收入来源及构成

	平均值	2010	2012	2014	2016
人均纯收入[a]（元）	8080	5502	7221	9418	10179
人均农业收入[b]（元）	1811	1891	1926	1838	1589
收入占比（%）	22.40	34.4	26.7	19.5	15.6
人均非农就业收入[c]（元）	5391	3167	4568	6597	7232
收入占比（%）	65.70	57.6	63.3	70.0	71.1
人均财产性收入[d]（元）	117	111	81	118	158
收入占比（%）	1.4	2.0	1.1	1.3	1.6
人均转移性收入[e]（元）	506	134	360	655	873
收入占比（%）	5.75	2.4	5.0	7.0	8.6

注：a：人均纯收入＝人均农业收入＋人均非农就业收入＋人均财产性收入＋人均转移性收入。

b：人均农业收入为农户家庭种植业和养殖业净收入（扣除生产成本和租金支出）总和除以家庭人口数。

c：人均非农就业收入为农户工资性收入和非农经营性收入总和除以家庭人口数。

d：人均财产性收入为农户获得的房屋、土地、股票、债券、银行存款等利息、股息和租金收入总和除以家庭人口数。

e：人均转移性收入为农户获得的各类政府补助及他人的经济支持和赠予等总和除以家庭人口数。

　　图 10—1 是未流转户、转入户和转出户的不同类型收入份额。如图 10—1 所示，转出农户的非农就业收入比重已经达到 79%，而农业收入比重降为 7%，表明农户转出土地后对农业生产的依赖性大幅度降低。转入户的农业收入份额最高，为 36%，但非农就业收入的比重仍然高于农业收入（59%）。

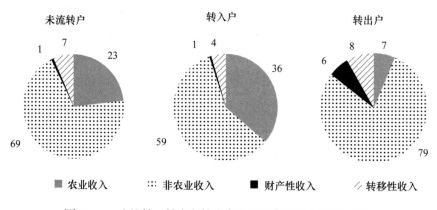

图 10—1　未流转、转入和转出农户不同类型收入份额（%）

　　统计分析表明，非农就业收入已经成为农户家庭最重要的收入来源，农业收入的比重则持续下降。然而，由于土地流转后农户分化程度较高，一些规模转入土地的农户可能会实现农地规模经营，农业收入成为其重要的收入来源；而一些转出土地的农户以非农生产为主。因此，需要考察土地流转对农户不同类型收入的影响。

　　图 10—2 到图 10—4 是不同类型农户人均总收入、人均农业收入和人均非农就业收入的小提琴图。小提琴图将箱型图和密度函数放在一张图上，方便读者观察数据的中心点、对称性和分布情况。从图 10—2 到图 10—4 表明，参与土地流转的农户人均总收入离散程度（小提琴的高度）以及收入两极分布（小提琴的长度）均高于未流转户，而土地转入户的人均农业收入的离散程度和收入分布最高，转出户的人均非农就业收入拥有最高的标准差和收

入分布。

图 10—2 显示，转出户不仅拥有最高的人均总收入平均值（图中中心点右移距离更大），还具有最多的高收入农户（右侧尾巴较宽）。而未流转户的人均总收入平均值和高收入农户数最少。图 10—3 所示，转入户拥有最高的人均农业收入平均值，拥有的高农业收入农户数也最多，其次是未流转户，而转出户的人均农业收入平均值最低。图 10—4 所示，转出户拥有最高的人均非农就业收入平均值，而且较高的非农就业收入的农户数也最多，而转入户和未流转户人均非农就业收入平均值未表现出明显差异。

（二）农户贫困发生率

表 10—2 是土地流转参与农户与未流转户的贫困发生率对比，2010—2016 年四期数据农户贫困发生率平均为 0.247，而转入户和转出户的贫困发生率均显著低于未流转户。

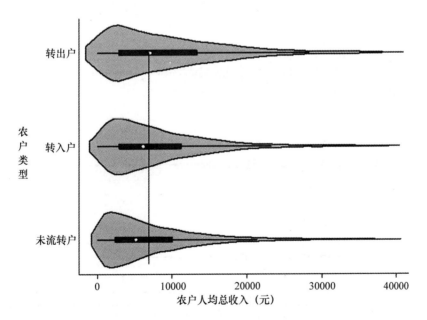

图 10—2　不同类型农户人均总收入小提琴图

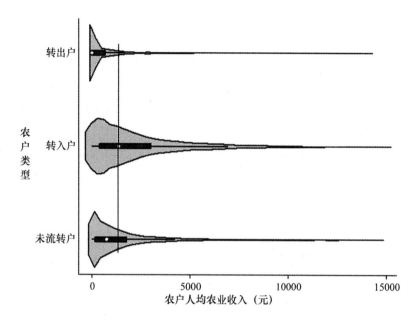

图 10—3　不同类型农户人均农业收入小提琴图

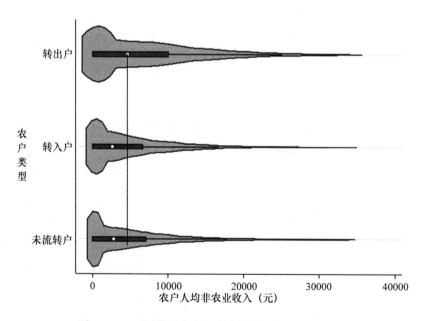

图 10—4　不同类型农户人均非农就业收入小提琴图

表 10—2 　　　　　 **土地流转参与农户与未流转户贫困发生率对比**

	所有农户	未流转户	转入户	转出户
贫困发生率	0.247	0.260	0.221 ***	0.206 ***
样本量	21052	15436	2112	3488

注：a：贫困发生率计算的是 2010—2016 年四期数据平均值；

b：农户家庭人均纯收入低于贫困线标准赋值为 1，高于贫困线标准赋值为 0。本书计算贫困发生率的贫困线标准为国家 "2010 年标准"，按 2010 年价格农村家庭贫困线标准是农村人均纯收入 2300 元，本书使用的分别是 2009/2010，2011/2012，2013/2014 和 2015/2016 生产年的收入数据，按照农村居民食品消费价格指数和农村居民消费价格指数进行调整，相应的贫困线标准分别为农村人均纯收入 2172 元，2536 元，2736 元和 2855 元（鲜祖德等，2016）。

c：本书以未流转农户为对照组分别检验了土地流转户和未流转户的均值是否存在显著差异。***、**、* 分别表示在 1%、5% 和 10% 的水平上显著。

第三节 农地流转对农户福利影响的 动态面板模型

本章选择动态面板工具变量模型研究农地流转对农户福利水平（收入和贫困）的影响。动态模型有以下优点：第一，可以控制收入和贫困随时间变化的持续性，即前一阶段福利对现阶段福利水平的影响；第二，采用前一阶段农户参与土地流转的状况作为当期土地流转变量的工具变量，可以解决农地流转与农户福利估计的内生性问题；第三，一些不随时间变化的非观测因素在一阶差分中消除，避免了非观测因素造成的模型选择性偏差问题（Jin and Jayne，2013）。模型可以设置为：

$$Y_{it} = C + \theta Y_{it-1} + \alpha R_{it} + \beta X_{it} + \gamma T_t + \eta P_j + \lambda_i + \varepsilon_{it} \qquad (10—1)$$

其中，Y_{it} 是农户收入和贫困状态。模型中对农户收入取对数，收入类型包括人均总收入，人均农业收入，人均非农就业收入和人均财产性收入。农户人均纯收入低于贫困线标准时贫困状态取值为

1，否则为 0。下标 i 和 t 分别表示农户样本和时间变量。Y_{it-1} 是滞后的农户收入对数及贫困状态，用以捕捉前期收入和贫困状态对现期收入及贫困的持续性影响。R_{it} 是农户土地流转参与变量，包括土地转入和转出。

X_{it} 是其他影响农户福利的特征变量，包括自然（土地）资本、农户人力资本（户主及劳动力特征）、物质资本（农业和非农业生产性固定资本）、财力资本（家庭存款）以及社会资本（是否购买商业保险与交通通信费用支出）。T_t 是时间虚拟变量，P_j 是省份虚拟变量，λ_i 是影响农户收入和贫困的非可观测的因时不变因素。ε_{it} 是残差项，C 是截距项。θ，α，β 和 γ 分别是待估计参数。自变量见表 10—3。

由于 Y_{it-1}，R_{it} 与 λ_i 具有相关性，使用 OLS 估计方程（10—1）可能存在内生性问题。可以通过一阶差分消除非可观测因素 λ_i 的影响，方程如下：

$$\Delta Y_{it} = \theta \Delta Y_{it-1} + \alpha \Delta R_{it} + \beta \Delta X_{it} + \gamma \Delta T_t + \eta \Delta P_j + \Delta \varepsilon_{it} \qquad (10\text{—}2)$$

由于 ΔY_{it}，ΔR_{it} 和残差项 $\Delta \varepsilon_{it}$ 可能具有相关性，直接使用 OLS 估计方程（10—2）得到的结果仍然是不一致的。为了得到一致估计，使用福利水平（收入和贫困）以及农地流转的滞后项作为工具变量。Anderson and Hsiao（1981）提出在误差项不存在序列相关的情况下，Y_{it-2} 是有效的工具变量。因此，本书采用收入和贫困的二阶和三阶滞后值作为 ΔY_{it-1} 的工具变量。同理，可以使用 R_{it-2} 作为 R_{it} 的工具变量。然而，Jin and Jayne（2013）指出由于农地流转通常是在一个农季之前做出的，并且本书数据每两年调研一次，因此，可以使用 R_{it-1} 作为 ΔR_{it} 的工具变量。最后，由于农户生计资本变量（土地资本、农业生产性固定资本、非农业生产性固定资本、家庭存款、是否购买商业保险和交通通信费用支出）与收入等可能存在内生性，即 corr $(\Delta X_{it}, \Delta \varepsilon_{it}) \neq 0$，将这些变量作为前定变量，分别使用这些变量的滞后一期值作为它们自身的工具变量。

表 10—3　　　　　　　　　　　　农户特征变量

变量	四期平均值	2010	2016
农地流转参与变量			
土地转入	0.17	0.17	0.16
土地转出	0.10	0.04	0.13
农户特征变量			
户主年龄	50	48	53
户主初中及以上学历	0.42	0.43	0.38
家庭劳动力数[a]	2.5	2.7	2.3
劳动力平均受教育年限	9.0	8.6	10.2
土地资本[b]（1000 元）	41.5	35.8	41.2
农业生产性固定资本[c]（1000 元）	2.25	1.61	3.48
非农业生产性固定资本[d]（1000 元）	8.35	6.25	11.79
家庭存款（1000 元）	14.3	3.79	23.3
是否购买商业保险[e]	0.13	0.09	0.19
交通通信费用支出[f]（1000 元）	2.17	2.29	3.22
样本量	21052	5263	5263

注：a：家庭 18—60 岁的劳动力数；b：土地的价值通过估算得到：如，家庭农业总收入的 25% 来源于土地，而土地的收益率为 8%，土地的价值便可以由此推算得出（McKinley，1993）。c：家庭拥有拖拉机价值；d：家庭拥有的非农业生产设备等资产价值；e：家庭是否购买医疗保险、汽车险和房屋财产保险等商业保险；f：家庭成员交通通信费用总支出。

第四节　农地流转对农户收入影响的实证结果分析

一　农户收入影响因素分析

（一）农地流转对农户收入的影响

表 10—4 汇报了土地流转对农户人均收入影响的动态面板模型。其中，（1）、（3）、（5）、（7）列是采用面板固定效应模型的估计结

果，（2）、（4）、（6）、（8）列是采用动态面板工具变量模型的估计结果。如表所示，动态面板模型和固定效应模型估计系数的显著性相似，表明估计结果的稳健性（Jin and Jayne，2013）。表（2）、（4）、（6）列人均总收入、农业收入和非农就业收入滞后变量的估计结果均显著为正，表明农户收入具有很强的可持续性。

面板固定效应模型和动态面板工具变量模型中，土地转入和转出变量的估计系数存在差异，尽管土地流转变量的显著性大体相同，动态面板估计结果的显著性系数绝对值要明显大于固定效应模型。可能的原因是动态面板使用滞后一期的土地流转变量作为滞后变量，反映的是土地流转的长期效应，因此，土地流转对农户收入的长期效果更明显。对动态面板的结果进行分析，表 10—4 第（2）列表明，农户转入土地和转出土地后人均总收入分别增加了 93.1% 和 204.3%；其中，农户转入土地后人均农业收入上升了 73.9%，而农户转出土地后人均农业收入在 10% 的显著性水平上降低了 88.3%；土地流转对农户非农就业收入影响的结果显示，土地转入并未显著降低农户人均非农就业收入，但土地转出后农户人均非农就业收入大幅度增加；对于农户人均财产性收入，农户转出土地后收入显著增加，主要来源于土地租金收入的增加。总而言之，农户参与土地流转后人均总收入均大幅度增加，其中，转入户的收入上涨来源于农户农业收入的增加，而转出户收入上涨来源于非农就业收入和财产性收入的大幅度增加。

（二）生计资本对农户收入的影响分析

人力资本中，家庭劳动力数和劳动力平均受教育年限对农户人均非农就业收入均有显著正向影响，表明了劳动力禀赋及受教育程度对农户非农就业和非农就业收入的重要性。其中，农户家庭劳动力数增加 1 人，农户人均非农就业收入增加 42.9%，家庭劳动力平均受教育年限增加 10%，人均非农就业收入增加 3.34%。

自然资本中，家庭土地资本对农户人均农业收入、人均农业收入及人均财产性收入均有显著正向影响［表 10—4 第（2）、（4）、

表10—4　土地流转对农户人均收入影响估计结果

	总收入		农业收入		非农就业收入		财产性收入	
	FE (1)	IVGMM (2)	FE (3)	IVGMM (4)	FE (5)	IVGMM (6)	FE (7)	IVGMM (8)
滞后收入变量（对数）	—	0.042**	—	0.053**	—	0.042**	—	-0.007
	—	(0.020)	—	(0.022)	—	(0.019)	—	(0.029)
土地转入	0.157***	0.931*	0.612***	0.739***	-0.113	-1.171	-0.116***	-0.016
	(0.030)	(0.504)	(0.052)	(0.097)	(0.087)	(1.278)	(0.034)	(0.408)
土地转出	0.222***	2.043***	-0.786***	-0.883*	0.095	4.788***	3.222***	3.364***
	(0.045)	(0.621)	(0.087)	(0.451)	(0.101)	(1.609)	(0.079)	(0.298)
户主年龄（对数）	-0.024	0.077	0.159	0.173	-0.429***	-0.245	-0.101	-0.167
	(0.058)	(0.103)	(0.107)	(0.157)	(0.153)	(0.231)	(0.063)	(0.084)
户主初中及以上学历	0.032	0.023	0.007	-0.034	-0.091	0.007	-0.006	0.047
	(0.032)	(0.052)	(0.055)	(0.085)	(0.078)	(0.123)	(0.030)	(0.037)
家庭劳动力数	0.021	0.031	-0.044**	-0.065	0.435***	0.429***	-0.064***	-0.065***
	(0.015)	(0.025)	(0.026)	(0.042)	(0.038)	(0.058)	(0.015)	(0.020)
劳动力平均受教育年限（对数）	0.037*	0.059*	-0.002	0.148***	0.308***	0.334***	-0.013	-0.009
	(0.021)	(0.034)	(0.036)	(0.056)	(0.054)	(0.081)	(0.018)	(0.024)
土地资本（对数）	0.105***	0.420***	0.600***	0.498***	-0.002	0.142	0.168***	0.252***
	(0.008)	(0.068)	(0.010)	(0.144)	(0.013)	(0.181)	(0.007)	(0.094)
农业生产性固定资本（对数）	0.007*	0.104***	0.014**	0.065***	0.019**	0.096***	-0.007*	-0.007
	(0.004)	(0.014)	(0.006)	(0.021)	(0.009)	(0.027)	(0.004)	(0.010)

续表

	总收入		农业收入		非农就业收入		财产性收入	
	FE (1)	IVGMM (2)	FE (3)	IVGMM (4)	FE (5)	IVGMM (6)	FE (7)	IVGMM (8)
非农业生产性固定资本（对数）	0.067***	0.017**	-0.018*	-0.013	0.229***	0.387***	0.007	-0.009
	(0.005)	(0.007)	(0.010)	(0.024)	(0.012)	(0.030)	(0.006)	(0.014)
家庭存款（对数）	0.029***	0.166**	0.034***	0.047***	0.054***	0.025	-0.001	-0.001
	(0.003)	(0.084)	(0.005)	(0.012)	(0.006)	(0.017)	(0.003)	(0.006)
是否购买商业保险	0.073**	0.101***	-0.049	-0.011	0.124	0.432**	0.051	-0.012
	(0.033)	(0.015)	(0.061)	(0.139)	(0.081)	(0.197)	(0.037)	(0.079)
交通通信费用支出（对数）	0.036***	0.072***	0.005	0.055***	0.057***	0.135***	0.006	-0.028***
	(0.005)	(0.012)	(0.010)	(0.020)	(0.012)	(0.034)	(0.005)	(0.010)
时间虚拟变量	控制	控制	控制	控制	控制	控制	控制	控制
省级变量	控制	控制	控制	控制	控制	控制	控制	控制
常数项	7.207***	-554.4***	0.938**	-5.93	5.640***	1.309***	-0.774***	-1.016**
	(0.321)	(36.12)	(0.451)	(89.05)	(0.723)	(0.311)	(0.266)	(0.164)
样本量	20,914	10250	20914	10250	21047	10516	21052	10526
R平方	0.09		0.33		0.09		0.32	

注：***、**、*分别表示在1%、5%和10%的水平上显著。时间变量和省级虚拟变量没有显示。（1）、（3）、（5）、（7）采用面板固定效应模型估计结果，（2）、（4）、（6）、（8）采用动态面板差分GMM模型估计。动态面板差分GMM模型经过HansonJ过度识别检验，方程不存在过度识别问题。土地资本、农业生产性固定资本、非农业生产性固定资本、家庭存款、是否购买商业保险和交通通信费用支出等变量都有可能存在内生性，将这些变量作为前定变量，使用变量滞后一期值作为工具变量。

（8）列］，表明土地禀赋对农户家庭收入的贡献可能通过农业收入和土地租金表现出来。其中，农户土地资本禀赋增加10%，人均总收入、人均农业收入和财产性收入分别增加4.20%、4.98%和2.52%。

物质资本中，农业生产性固定资本对农户人均总收入、人均农业收入及非农就业收入均有显著正向影响［表10—4第（2）、（4）、（6）列］。结果表明，农业生产性资本（农业机械）增强了农户农地规模经营的能力，进而增加农户农业收入。同时，部分拥有农机的农户在农忙季节可能会为其他农户提供农机服务，进而增加了农户非农就业收入。估计系数表明，农户农业生产性固定资本增加10%，农户人均总收入、人均农业收入及非农就业收入分别增加1.04%、0.65%和0.96%。如表所示，非农业生产性固定资本则显著增加了农户人均总收入及人均非农就业收入［表10—4第（2）和（6）列］。

财力资本中，农户家庭存款显著增加了农户人均总收入和人均农业收入［表10—4第（2）、（4）列］，表明家庭存款对于家庭收入的重要性。农业生产中土地投资和其他生产投资均需要农户财力支持，家庭存款较多的农户更有能力进行这些投资。社会资本中，本书发现农户购买商业保险和交通通信费用支出均对农户人均非农就业收入和人均总收入有着显著正向影响，反映了社会资本对农户非农就业及收入增加的重要作用。

（三）不同规模农地流转对农户收入影响

由于CFPS数据库农户土地流转面积信息仅存在于2010年和2012年的数据库中，因此，本书使用CFPS2010和CFPS2012数据，构建两期面板数据，采用面板固定效应模型研究不同土地转入规模对农户收入的影响差异（见图10—5），土地转入按照当年土地流转面积被划分为：小规模转入、中等规模转入、大规模转入。

图10—5到图10—7是不同规模转入农户人均总收入、人均农业收入和人均非农就业收入的小提琴图。如图10—5所示，大规模转入户拥有最高的人均总收入（图中中心点右移距离更大），大规模

和中等规模转入户同时拥有更多的高收入农户群体（右侧尾巴较宽）。随着土地转入规模增加，农户人均总收入相对于未流转户的平均收入也相应增加。

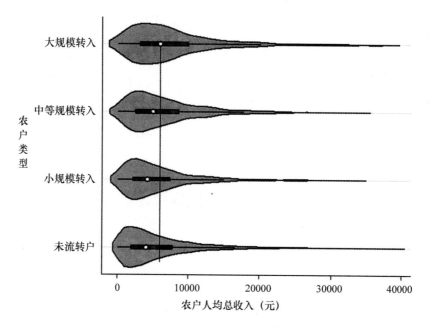

图10—5　不同规模转入农户人均总收入小提琴图

注：土地转入的划分标准是土地流转面积从小到大排序的三分之一和三分之二临界值，2010年临界值分别为2亩和5亩；2012年的临界值分别为2亩和6亩。需要注意的是，这里的大、中等、小规模仅是相对而言，没有以绝对数作为参照标准。下同。

如图10—6所示，大规模转入户的人均农业收入要显著高于其他类型农户，且农业收入标准差较大（分散程度较大），处于农业高收入群体的农户数也明显较多。值得注意的是，中等规模和小规模转入户的人均农业收入和未流转户并未表现出多大差异。图10—7是农户人均非农就业收入的小提琴图，可以看出，中等规模转入户的人均非农就业收入最大，小规模转入户和未流转户的非农就业收入相近，大规模转入户的人均非农就业收入最小。统计结果间接

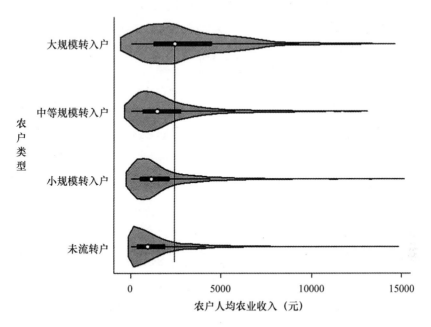

图 10—6　不同规模转入农户人均农业收入小提琴图

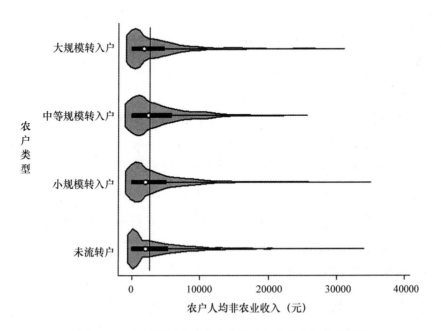

图 10—7　不同规模转入农户人均非农就业收入小提琴图

证实了当农户土地流转规模较小时，可能并不会影响农户非农业劳动力配置。当然，由于统计描述未控制其他变量，这里的中等规模转入户反而拥有最多的人均非农就业收入，接下来将使用面板数据固定效应模型进行估计。

表 10—5 是不同规模土地流转对农户收入的影响。可以看出，尽管小规模的土地转入增加了农户人均农业收入，但对农户人均总收入的影响并不显著。中等规模的土地转入均显著增加了农户人均总收入和人均农业收入。对于大规模土地转入，农户人均总收入和人均农业收入均显著增加，但增加幅度均小于中等规模的土地转入（如中等规模的土地转入户人均总收入和人均农业收入分别增加了 31.5% 和 50.8%，但大规模的转入户这两项收入仅增加了 22.2% 和 44.3%）。大规模转入户对农户农业收入的增加效应要低于中等规模转入户，可能原因是农地规模和农业生产效率存在反向关系，农地经营规模较大反而降低了农户生产效率（Wang et al.，2015；Yao and Hamori，2018），导致大规模转入户的收入增加效应不如中等规模的转入户。此外，大规模转入显著降低了农户人均非农就业收入，和前面章节的研究一致，即大规模的土地转入会影响农户非农业劳动力转移和非农多样化程度，进而减少农户非农就业收入。在当前雇用劳动力市场和农业社会化服务市场尚不完善，农业劳动生产率和非农业劳动生产率仍存在很大差异的基础上，农户土地规模流转对其非农业劳动力配置带来负向影响，反而在一定程度上降低了非农就业收入，也抑制了总收入增长的能力。因此，在土地流转不影响非农配置的基础上中等规模的土地转入反而是农户更好的选择。值得注意的是，本书中等规模的转入户土地经营规模只有 11 亩，大规模转入户的土地经营规模也只有 35 亩（CFPS2012 统计得到）。

表 10—5   **不同规模土地流转与农户收入**

	人均总收入	人均农业收入	人均非农就业收入
小规模转入	0.026	0.451 ***	0.049
	(0.077)	(0.115)	(0.228)
中等规模转入	0.315 ***	0.508 ***	0.065
	(0.096)	(0.125)	(0.237)
大规模转入	0.222 **	0.443 ***	− 0.442 *
	(0.096)	(0.132)	(0.245)
土地转出	0.221 **	− 0.853 ***	0.130
	(0.091)	(0.178)	(0.183)
户主年龄（对数）	0.023	0.291	− 0.449 *
	(0.102)	(0.183)	(0.257)
户主初中及以上学历	0.036	0.249 ***	− 0.103
	(0.052)	(0.087)	(0.113)
家庭劳动力数	0.008	− 0.032	0.533 ***
	(0.039)	(0.058)	(0.066)
劳动力平均受教育年限（对数）	− 0.035	− 0.148 **	0.387 ***
	(0.046)	(0.064)	(0.085)
土地资本（对数）	0.281 ***	0.836 ***	− 0.011
	(0.027)	(0.041)	(0.025)
农业生产性固定资本（对数）	0.013 **	0.033 ***	0.035 **
	(0.006)	(0.011)	(0.015)
非农业生产性固定资本（对数）	0.061 ***	− 0.027 *	0.143 ***
	(0.009)	(0.016)	(0.018)
家庭存款（对数）	0.035 ***	0.023 ***	0.055 ***
	(0.006)	(0.009)	(0.010)
是否购买商业保险	0.059	− 0.032	0.201
	(0.064)	(0.111)	(0.126)
交通通信费用支出（对数）	0.059 ***	0.025	0.084 ***
	(0.015)	(0.021)	(0.027)

续表

	人均总收入	人均农业收入	人均非农就业收入
时间虚拟变量	控制	控制	控制
省级变量	控制	控制	控制
常数项	5.085 ***	-3.962 ***	4.958 ***
	(0.512)	(0.880)	(1.074)
样本量	10526	10526	10526
R 平方	0.068	0.231	0.175

注:***、**、*分别表示在1%、5%和10%的水平上显著。括号内为标准误差。

二　农地流转通过农户生计策略转变对农户收入的影响

研究农地流转如何通过转变农户生计策略进而影响农户收入,将农户生计策略(劳动力转移和经济作物种植)作为中介变量,构建农地流转—农户生计策略—农户收入的中介效应机制,如图10—8所示。农地转入扩大土地经营面积,提高农业生产效率和土地要素报酬,进而直接影响农户农业收入和总收入,并可能改变农户经济作物种植决策而间接影响农户农业收入,以及通过影响农户非农业劳动力配置间接影响非农就业收入;农地转出可能会促使农户专业化,实现专业化效率提升,从而直接影响非农就业收入。转出土地后农户可能释放劳动力向非农业领域,从而间接影响农户非农就业收入和家庭总收入。此外,转出土地后也会改变农户经济作物种植决策,从而间接影响农户农业收入。

本章采用Bootstrap法估计农户生计策略转变对农户收入的中介效应影响,包括农地流转如何通过影响农户非农业劳动力转移进而影响农户人均总收入和人均非农就业收入,以及农地流转如何通过影响农户经济作物种植进而影响农户人均总收入和人均农业收入。为节省篇幅,农户生计策略的影响因素和农户收入的影响因素未展示出来。

表10—6是农地流转通过影响生计策略转变对农户人均总收入

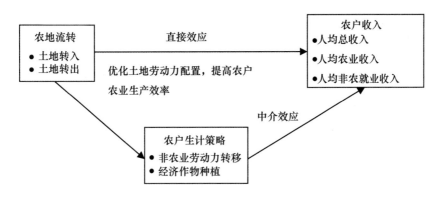

图 10—8　农地流转通过生计策略转变对农户收入影响机制图

的效应分解。可以看到，只有土地转出通过影响农户非农业劳动力转移，进而增加农户人均总收入的中介效应存在，土地转出促进劳动力转移的中介效应占农户总收入增加的比例为9%。

表 10—6　农地流转通过生计策略转变对农户人均总收入的效应分解

生计策略类型	样本量		总效应	直接效应		中介效应	
			系数 (1)	系数 (2)	比率% (2)／(1)	系数 (3)	比率% (3)／(1)
劳动力转移	20914	土地转入	0.084***	0.076***	90	0.008	10
		土地转出	0.344***	0.312***	91	0.032*	9
经济作物种植	5125	土地转入	0.005	0.007	140	−0.001	−20
		土地转出	0.480***	0.477***	99	0.003	1

注：***、**、*分别表示在1%、5%和10%的水平上显著。

农地流转通过劳动力转移对农户人均总收入的影响使用的是CF-PS 2010—2016的面板数据，农地流转通过经济作物种植对农户人均总收入的影响仅使用CFPS2014的截面数据。

表 10—7是农地流转通过劳动力转移对农户人均非农业收入的效应分解。可以看到，土地转出通过影响农户非农业劳动力转移，进而增加农户人均非农就业收入的中介效应存在，土地转出促进劳

动力转移的中介效应占农户人均非农就业收入增加的比例为63%。

表10—7　　农地流转通过劳动力转移对农户人均非农就业收入的效应分解

	样本量	总效应	直接效应		中介效应	
		系数 (1)	系数 (2)	比率% (2)／(1)	系数 (3)	比率% (3)／(1)
土地转入	20914	− 0.011	− 0.056 ***	510	0.045	−410
土地转出		0.264 ***	0.099 ***	37	0.164 **	63

注：*** 、** 、* 分别表示在1%、5%和10%的水平上显著。

表10—8是农地流转通过经济作物种植对农户人均农业收入的效应分解。可以看到，农地流转对农户人均农业收入的影响以直接效应为主，经济作物种植的间接效应并不存在。

表10—8　　农地流转通过经济作物种植对农户人均农业收入的效应分解

	样本量	总效应	直接效应		中介效应	
		系数 (1)	系数 (2)	比率% (2)／(1)	系数 (3)	比率% (3)／(1)
土地转入	5125	0.767 ***	0.770 ***	100	− 0.003	− 0.4
土地转出		− 0.679 ***	− 0.688 ***	101	0.008	1

注：*** 、** 、* 分别表示在1%、5%和10%的水平上显著。

三　农地流转对农户贫困发生概率的实证结果

（一）农地流转对农户贫困发生概率的影响

表10—9是土地流转（流转规模）对农户贫困发生概率影响的估计结果，第（1）列是面板固定效应模型估计结果，第（2）列是动态面板差分GMM模型估计结果，第（3）列是不同农地转入规模对农户贫困发生概率影响的面板固定效应模型。

如表10—9第（1）和（2）列所示，土地转入对农户贫困发生概率的影响估计系数尽管为负，但并不显著。第（3）列中不同规模土地流转对农户贫困发生概率的影响估计结果表明，无论是小规模的土地转入还是中等规模或大规模的土地转入，均未能降低农户贫困发生概率。这一结果和 Jin and Jayne（2013）的发现类似，他们以非洲埃塞俄比亚地区的农户为研究样本，发现参与土地转入提高了农户收入，但并没有降低农户贫困发生概率。然而，农户转出土地后显著降低了贫困发生概率，动态面板的估计结果表明，通过参与土地转出，处于贫困状态的农户降低了37%。可能是农地转出后低收入群体通过非农业多样化增加了家庭非农就业收入，脱贫的机会更大。值得注意的是，本书研究结论和陈飞、翟伟娟（2015）的并不一致，后者基于中国家庭追踪调查（CFPS）2012 年的截面数据研究发现土地转入和转出土地均降低了农户贫困水平。可能原因有两个：一是陈飞、翟伟娟（2015）使用的贫困线标准（国家"2010 年标准"，贫困线标准是农村人均纯收入 2300 元）要低于本书采纳的标准，因此他们计算的贫困人口中处于低收入的人群较多，而低收入农户从土地转入中获得的收益更高（Zhang et al. , 2018），因此土地转入显著降低了农户贫困发生概率；第二个原因是模型差异导致的不同结论，陈飞、翟伟娟（2015）的研究使用倾向得分匹配（PSM），本书则使用动态面板工具变量法，可以更好地控制非观测因素导致的估计偏误。

（二）生计资本对农户贫困发生概率的影响

如表 10—9 所示，第（1）列面板固定效应模型和第（2）列动态面板工具变量模型的估计系数存在差异，对多数生计资本变量而言，动态面板模型估计系数绝对值较大。同收入模型一致，本书主要分析动态面板工具变量模型估计结果。

如表 10—9 第（2）列所示，所有生计资本变量（人力资本、土地资本、物质资本、财力资本和社会资本）的估计系数均显著为负，说明较丰富的生计资本均显著降低了农户贫困发生概率。其中，土地资本增加 10%，则农户贫困发生概率降低 0.74%，主要原因在于农业（土地）收入对低收入农户更加重要。其次，本书发现社会资

本对降低农户贫困发生概率的重要作用，如农户购买商业保险使得
贫困发生概率降低了4.0%，交通通信费用支出增加10%则农户贫
困发生概率降低0.29%。在我国农村社会保障体系尚不健全的情况
下，商业保险是对农村医疗保险的重要补充，对降低农民大病支出
具有重要作用。此外，人力资本因素中，家庭18—60岁的劳动力人
数增加1人，则农户贫困发生概率降低1.6%；劳动力平均受教育年
限提高10%，则农户贫困发生概率降低0.22%。最后，家庭农业生
产性固定资本和非农业生产性固定资本增加10%，农户贫困发生概
率分别降低0.15%和0.26%。家庭存款提高10%，农户贫困发生概
率降低0.06%。

表10—9　　土地流转（流转规模）对农户贫困发生概率影响的估计结果

	农户贫困状态（是 = 1，否 = 0）		
	FE（1）	IVGMM（2）	FE（3）
滞后贫困发生率	—	0.068 ***	—
	—	(0.016)	—
土地转入	− 0.015	− 0.170	—
	(0.010)	(0.145)	—
土地转出	− 0.044 ***	− 0.370 **	− 0.085 ***
	(0.012)	(0.166)	(0.022)
小规模转入	—	—	− 0.047
	—	—	(0.029)
中等规模转入	—	—	− 0.033
	—	—	(0.032)
大规模转入	—	—	− 0.028
	—	—	(0.027)
户主年龄（对数）	− 0.004	− 0.046	0.019
	(0.019)	(0.038)	(0.034)

续表

	农户贫困状态（是 =1，否 =0）		
	FE（1）	IVGMM（2）	FE（3）
户主初中及以上学历	−0.008	−0.001	−0.005
	（0.009）	（0.015）	（0.015）
家庭劳动力数	−0.011 **	−0.016 **	−0.018 **
	（0.005）	（0.007）	（0.008）
劳动力平均受教育年限（对数）	−0.018 ***	−0.022 **	−0.016
	（0.006）	（0.009）	（0.010）
土地资本（对数）	−0.020 ***	−0.074 ***	−0.025 ***
	（0.002）	（0.017）	（0.003）
农业生产性固定资本（对数）	−0.002 *	−0.015 ***	−0.003 *
	（0.001）	（0.003）	（0.002）
非农业生产性固定资本（对数）	−0.015 ***	−0.026 ***	−0.008 ***
	（0.001）	（0.003）	（0.002）
家庭存款（对数）	−0.007 ***	−0.006 ***	−0.006 ***
	（0.001）	（0.002）	（0.001）
是否购买商业保险	0.002	−0.040 *	−0.006
	（0.010）	（0.023）	（0.016）
交通通信费用支出（对数）	−0.007 ***	−0.029 ***	−0.008 **
	（0.001）	（0.004）	（0.003）
时间虚拟变量	控制	控制	控制
省级变量	控制	控制	控制
常数项	0.467 ***	141.6 ***	0.577 ***
	（0.094）	（9.469）	（0.143）
样本量	21052	10526	10526
R 平方	0.047	—	0.029

注：*** 、** 、* 分别表示在 1%、5% 和 10% 的水平上显著。括号内为标准误。时间变量和省级虚拟变量没有显示。列（1）是采用面板固定效应模型估计结果，列（2）是采用动态面板差分 GMM 模型估计。列（3）是土地流转规模与农户贫困的面板固定效应模型。动态面板差分 GMM 模型经过 Hanson J 过度识别检验，方程不存在过度识别问题。土地资本，农业生产性固定资本，非农业生产性固定资本，家庭存款，是否购买商业保险和交通通信费用支出等变量都有可能存在内生性，将这些变量作为前定变量，使用变量滞后一期值作为工具变量。

四　农地流转通过农户生计策略转变对农户贫困的影响

将农户生计策略（劳动力转移和经济作物种植）作为中介变量，构建农地流转—农户生计策略—农户贫困发生概率的中介效应机制，如图10—9所示。农地转入可能通过优化农户土地和劳动力配置、提高农户农业生产效率和农业收入，直接降低农户贫困发生的概率；也可能通过改变农户农业劳动力在不同农作物之间的配置，以及非农业劳动力转移，从而间接影响农户贫困发生概率。农地转出会降低农业生产中的土地投入，减少家庭农业收入，从而直接影响农户贫困水平；也可能通过改变农户作物种植决策（如转出户减少经济作物种植和农作物多样化程度），以及影响农户非农业劳动力转移，从而间接影响农户贫困发生概率。因此，本书通过研究农地流转如何通过转变农户生计策略进而影响农户贫困发生概率，将农户生计策略（劳动力转移和经济作物种植）作为中介变量，采用中介效应模型估计。

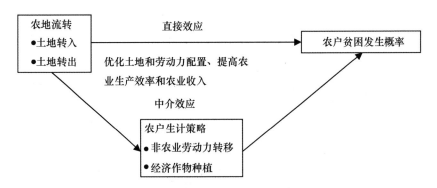

图10—9　农地流转通过生计策略转变对农户贫困发生概率的影响机制图

表10—10是农地流转通过生计策略转变对农户贫困发生概率的效应分解，为节省篇幅，这里并没有汇报农户生计策略（劳动力转移和经济作物种植）和农户贫困发生概率的影响因素。土地转入和土地转出通过劳动力转移降低农户贫困发生概率的总效应和

直接效应均存在①，而只有土地转出通过劳动力转移降低农户贫困发生概率的间接效应存在。如表所示，土地转出通过劳动力转移，进而降低农户贫困发生概率的中介效应存在，且通过劳动力转移这一中介变量，农户贫困发生概率降低了14%。这一研究结果解释了土地转出对农户贫困发生率的降低作用，原因在于土地转出后部分低收入农户劳动力转移，增加了非农业多样化程度，进而降低了农户贫困水平。

　　土地转入和土地转出通过经济作物种植降低贫困发生概率的中介效应并不一致。土地转入整体上提高了农户经济作物种植概率（第五章的研究结论，农户土地转入和经济作物种植决策具有显著正相关性），并降低了农户贫困水平；土地转出后农户种植经济作物的概率降低（第五章的研究结论，农户土地转出和经济作物种植决策具有显著负相关性），但增加了农户贫困水平。主要原因在于农户种植经济作物更有利于低收入农户，低收入农户劳动力转移困难，且受制于土地禀赋约束，通过种植经济作物可以提高家庭劳动力生产效率，增加家庭农业收入，进而摆脱贫困。

表10—10　　农地流转通过生计策略转变对农户贫困发生概率的效应分解

生计策略	土地流转	样本量	总效应	直接效应		中介效应	
			系数 (1)	系数 (2)	比率% (2)／(1)	系数 (3)	比率% (3)／(1)
劳动力转移	土地转入	21052	-0.021 ***	-0.018 ***	86	-0.002	9
	土地转出		-0.069 ***	-0.060 ***	87	-0.010 **	-14
经济作物种植	土地转入	5263	0.005	0.006	120	-0.001 *	-20
	土地转出		-0.104 ***	-0.106 ***	-103	0.003 *	3

注：***、**、* 分别表示在1%、5%和10%的水平上显著。

---

　　①　由于中介效应采用的OLS估计方法，未能有效控制变量的内生性问题，这里土地转入和上文动态面板模型的估计结果并不一致。采用工具变量法，动态面板模型的估计结果表明土地转入并未能实现降贫作用。

第五节 本章小结

本章研究农地流转对农户福利（收入和贫困）的影响，并采用中国家庭追踪调查（CFPS）的农村住户面板数据进行了实证研究。研究表明，农户参与土地转入和转出后均显著增加了收入水平，其中，土地转入大幅度增加了农户农业收入，而土地转出则显著增加了农户非农就业收入；农户不同转入规模对其收入增加效应存在差异，中等规模的土地转入对农户收入增加效应最为明显；农地转出促进劳动力转移，并显著增加农户收入。研究农地流转对农户贫困发生概率的影响，发现转出土地后显著降低了农户贫困发生概率，农户转入土地后作物种植"非粮化"以及农户转出土地后生计"非农化"是摆脱贫困的重要因素。此外，本章还发现了农户人力资本、生产性物质资本、财力资本和社会资本对农户收入增加和减贫的积极效应。

第十一章

基于可持续生计的农地
流转政策设计

前文讨论了农地流转市场发育、政府农地流转干预政策对农户生计和福利的影响，揭示了农户自然、人力、社会、物质和金融五种生计资本、农地流转市场发育及政策等变量对农户生计策略选择、生计流动性及农户福利的影响规律，为本章可持续生计下的农户流转政策设计奠定了基础。自20世纪以来，发展中国家农民生计问题一直是学术研究和政策设计的重点问题，许多国际机构围绕着农户生计资本、能力和扶贫等开发了若干可持续的生计框架（如 FAO，DFID，UNDP）。其中，英国国际发展署提出的可持续生计框架重视制度、市场建设等外部环境对农户生计资本、生计策略以及可持续生计的影响（DFID，1999）。基于可持续生计框架，农户生计策略和福利受到内因生计资本和外因外部环境的影响，从辩证法的角度看，内因起决定作用，外因通过内因起作用。当然，作为村庄集体成员的农户，村级禀赋条件和治理体系对其生计也有重要影响，并且在我国，村庄是保障集体成员权益的基层屏障。因此，本章结合农户生计的影响机理，首先从村庄和农户层次提出可持续生计的理论基础，然后提出农户可持续生计的农地流转政策与相关政策保障机制。

第一节　村庄和农户层次可持续生计基础

一　村庄层次可持续生计基础

党的十一届三中全会以后，尽管我国实行了家庭联产承包责任制，但并未取消以家庭承包经营为基础、统分结合的双层经营体制。早期村庄范围内农户经济社会身份均依附于村集体，农户劳作除满足家庭消费需求，还要为集体利益共同努力。同时，村集体要承担农户家庭的社会保障、基本医疗等生计需求。随着自然村合并行政村、撤村并居的实施，以及农村人口外流和外来人口定居等现象的流行，许多传统的村居已不复存在，村集体和农户的关系也发生很大变化。农户成为独立的个体劳动者，只为自己的小家负责，行政村也成为以行政职能为主、社会保障功能为辅的管理单位。然而，尽管如此，村庄仍然是拥有集体成员权的农户居住生活和生产作业的地域，也是农户之间互助互惠的场所，村庄的禀赋和发展与农户可持续生计水平密切相关。

（一）村庄具有抵御自然灾害和风险的能力

村庄发生洪涝、旱灾、泥石流、飓风等自然灾害会直接破坏农户赖以生存的土地、河流、房屋等生产生活资源，使农户丧失生计来源。因此，村庄应当具有抵御自然灾害的能力。为有效防范自然灾害风险，村庄应该在以下方面做好应对准备：第一，识别风险因子。尽管人类无法避免自然灾害的发生，但是可以提前预判灾害引发灾难的因子，并针对这些因子做好防范措施。风险因子一般是灾害直接诱发的原因或通过这些因子危害人类安全。如泥石流滑坡往往发生在土壤退化的裸露坡地，洪涝往往发生在靠近湖泊的村庄，森林野火在无人看管的林带造成的危害更大。第二，做好防范措施。在识别风险因子的基础上，扫除风险因子，可以有效避免灾害造成的损害。如为避免泥石流的侵害，切勿将房屋建在沟口和沟道上，应当在裸露的山坡上和沟渠边植树造林，提前修建预防泥石流的工程措施，如桥梁、涵洞、导流堤、急流槽等。第三，做好应急预案。风险管理有备无患，在灾害发生前，应当针对灾害的发生规律做好风险预案。如雨季到来时应当阻止村民到陡峭山区，并做好村民疏散的安排。为避免火灾发生，应当在森林里布设火源监测点，及时掌握火情发展情况。第四，提高风险抵抗能力。自然灾害发生后，往往给村庄造成严重的人员伤亡和经济损失。为提高村庄风险恢复能力，需要对村庄资源和财产购买保险，以获得灾后重建资金。同时，积极寻求当地政府和社会力量的扶持。

（二）村庄要完善资源管理制度

村庄范围内拥有的集体土地、道路、河流湖泊、建设用地、房屋建筑等都是维持农户生计的重要资源资产，要保证这些资源资产的高效利用，村庄要完善资源资产使用制度。当然，要针对公共池塘资源和"私有财产"制定差异化的管理办法。公共池塘资源是指具有非排他性和竞争性的物品，是一种人们共同使用整个资源系统但分别享用资源单位的公共资源。村庄范围内，如一些公共的河流湖泊、尚未确权的荒地等资源，均属于公共池塘资源。在管理这些资源时，为明晰产权，应尽可能交给私人管理经营，村集体收取租金。如对于荒地，村集体可以流转给农户经营，并收取租金。但对于一些难以分割权属或生态功能为主的资源，如湖泊，则需要由村庄安排专人进行管理，保证湖泊不被个人侵占和损坏。针对私有财产、村庄没有经营的权利，只需要做好管理工作。对于一些特殊的资源，如农户承包地，尽管名义上是集体所有，承包经营权实际掌握在农户手中，使用、收益的权益也归农户个人。对于这类资源，村庄要做好管理服务工作，保障农户资源利用的权利，同时，要监督农户对土地的使用，防止农户弃耕、污染土地资源。

（三）村庄要提高资产经营能力

农村集体资源资产是笔巨大的隐形财富。据 2020 年 5 月《国务院关于农村集体产权制度改革情况的报告》介绍，截至 2019 年年底，全国 299.2 万个农村集体清产核资单位共清查核实账面资产总额 6.5 万亿元，其中经营性资产 3.1 万亿元、非经营性资产 3.4 万亿元①；集体资源性资产总面积 65.5 亿亩（韩长赋，2020）。村庄如何提高资产经营能力，实现资产保值增值，是村庄在资产管理中面临的重要挑战。因此，村庄不仅要管理资产，还要运营好资产。当然，在"政社分离"改革的大背景下，村庄发展集体经济的路子难以为继，然而，村庄可以选择合适的代理人去经营资产，并向代理人收取租金或分红。第一，村庄可以将闲置的资产通过公共产权交易中心进行出租。对于一些村庄所有的房屋、厂房等资产，随着集体村办企业的退出，这些房屋和厂房可能闲置浪费。为此，村庄可将其租赁给个人使用，收取租金。第二，村庄可以拿资产入股企业，成为股东。村庄尽量不要经营资产，但村庄可以入股企业，成为股东，取得分红收入。如《中华人民共和国土地管理法》允许集体经营性建设用地直接入市，因此，村庄可以拿集体经营性建设用地与企业合作，以地入股，吸纳企业的资金和技术优势，将集体资产做强做大。

（四）村庄要完善市场建设和运行机制

市场是实现资源配置效率和资产价值的无形之手，农村市场建设和运行机制的完善能够为农村资源资产化运营提供基础和保障。因此，村庄要完善市场建设。农村市场包括要素市场、产出市场和服务市场。土地、劳动力和资本等要素市场的发育能够优化资源配置，提高要素报酬。农产品市场的完善可以充分降低农产品供应成本，减少中间商对农户收益的分成，有助于农户收益最大化。而农业社会化服务市场的完善可以解决农户劳动力不足问题，加强农业

---

① 农村集体资源资产可分为三类：第一类是资源性资产，如土地、宅基地、集体建设用地、森林、山岭、草原、荒地、滩涂、湖泊等；第二类是经营性资产，如用于经营的房屋、建筑物、机器设备、工具器具、农业基础设施、集体投资兴办的企业及其所持有的其他经济组织的资产份额、无形资产等经营性资产；第三类是非经营性资产，包括公共服务的教育、科技、文化、卫生、体育等方面的资产。

生产中资本对劳动力的替代，提高农业劳动力边际报酬。完整的农村市场除了要建立有形的市场化平台，还要完善市场运行机制，如价格机制、供求机制和竞争机制，为此，需要建立农村市场运行规则，明确资源资产交易范围和条件，保护交易双方合法权益，完善价格信息披露机制。

二　农户层次可持续生计基础

农村家户生产经营活动具有不可分性，因而将家庭成员视为整体，作为生产消费单元。农户层次的可持续生计基础取决于生计资本禀赋以及农户如何配置生计资本。资本禀赋丰富的农户抵御风险的能力较强，合理的资本配置可以提高资本增值收益。

（一）农户积累足够的生计资本

生计资本是农户优化生计策略、提升生计福利的重要基础。生计资本类型可分为自然资本、人力资本、物质资本、财力资本和社会资本。生计资本既是农户分化的原因，同时农户分化对不同生计资本的依赖也存在差异。由于禀赋依赖效应，农户特定资本类型禀赋丰富的农户选择相应生计策略的可能性更大。如土地资本丰富的农户从事农业生产的概率更高，而人力素质较高的农户从事非农就业的概率更高。以农业为主的社会，农民靠天吃饭，自然资本至关重要。随着农户分化为外出务工型、非农自雇型为主的农户，人力资本、物质资本、财力资本和社会资本的重要性更加突出。外出务工农户不仅依赖人力资本提升就业质量，社会网络、团体组织成员身份等社会资本给农户带来更多劳动机会和回报。非农自雇型农户依靠厂房机械、生产设备等物质资本从事生产经营活动，物质资本的质量决定了非农经营的回报。无论对于何种生计活动，生计资本的积累均有利于农户获得丰厚的回报。

（二）农户拥有自由的资源配置权利

社会主义市场经济发展过程中农户曾面临各种资源配置约束，如户籍制度限制了农户劳动力流动，土地制度将农民束缚在土地上。

然而，随着市场化进程的加快，农户资源配置的权利更加充分。尽管如此，还存在许多隐形因子制约了农户自由行使资源配置的权利，如许多城市户籍制度仍然无法保障外来农户和本地农户享受完全的权利，农村土地征收过程中时常发生侵害农民土地权益的现象，土地流转过程中依然会有政府或村委会不恰当的干预。尽管法律法规等正式制度已经解除了对农户资源配置的约束，然而，许多地方存在的非正式制度却以各种形式约束了农户，导致农户资源配置低效，不利于农户可持续生计的实现。因此，现代产权体系的建立不仅要加强立法，更要强化司法公正，真正赋权于民、还利于民。

（三）农户拥有抵御风险的能力

农户生计活动中面临各种自然风险和社会风险，风险因素削弱了农户生计资本，使农户陷入贫困。自然风险具有偶然性和继发性，村庄、政府层面可以健全自然灾害防范和救助机制，帮助农户抵御自然风险。农户个体也需要增强抵御风险的能力，提高风险防范意识，及时购买人身、财物等类型保险，以应对风险来临对农户造成的人身和财产损失。社会风险不仅与农户生活生产环境有关，也与个人的社会行为相关。很多时候，农户无法改变社会环境，但农户可以改变个人的社会行为，如远离非法集资和民间高利贷，避免与"坏人"接触，多寻求警察救助等。此外，农户也要为社会风险购买相应的保险，如车险、人身意外险、医疗保险等，以提高社会风险的应对能力。

第二节　基于农户可持续生计的农地流转政策选择

市场对农户可持续生计具有重要影响，市场可以改变要素投入或产出品价格，进而影响农户生计策略和回报。其中，本书所讨论的是农地流转市场发育对农户可持续生计的影响。我国的农地流转政策从禁止农户流转土地，到有条件放开、法律政策规范，再到政府干预农地流转，这一过程是农民土地流转自由化、市场化的过程，也是政府土地流转政策强化的过程。农地不仅具有生产功能，还具有社会保障和生态功能，农地资源配置具有很强的外部性，成为政府干预农地流转的原因。当前，为实现农户可持续生计，在继续加强市场建设、完善农地流转市场的同时，要深化承包地"三权分置"改革，转变农地流转政府干预方式，以夯实农户实现可持续生计的市场基础、权利基础和政策基础。

一　促进土地流转市场发育，优化农户生计多样化策略选择

农地流转市场发育增强了农户生计策略选择的能力，有利于优化农户生计策略，提高农户生计水平。农户参与土地转入和转出后实现了群体之间的生计分化，有利于不同农户群体向农业和非农业专业化发展。因此，今后的农地流转政策，在加强土地市场建设的同时，要提高农户土地流转规模，同时鼓励劳动力转移的转出户完全退出农业生产。

（一）加强土地市场化建设，提高农户参与土地流转概率

截至2015年年底，全国仍有57%的县级行政区划单位尚未覆盖到土地流转服务机构，且近三分之一的土地流转没有签订规范的书面合同（农业部，2016）。此外，何欣等（2016）2013年和2015年在全国29省的农村调研发现，土地有偿流转的比率在降低，未约定期限的土地流转比例达到35%。在实际运行中，地方土地流转平台多数都是依托农业系统经营管理部门成立的事业单位，企业性质的土地流转服务平台仍然较少，因此，土地流转服务机构市场化活力大打折扣。总体而言，我国农地流转市场化程度较低，市场不规范现象普遍存在，仍然需要继续加强土地流转市场化建设，降低土地流转交易费用。

第一，建立有形的土地流转市场交易机构。在依托农经职能部门逐步建立覆盖县、乡镇和村的三级有形市场的同时，要逐步建立和发展非政府背景的农地流转中介服务机构，为农地流转提供市场信息、法律政策咨询、农地价格评估等服务。要建立农村土地价格评估制度，规范农地估价师的准入条件，估价流程等，并定期公布农地价格信息。第二，强化政府的监督管理职责，维护农地流转市场秩序。农地流转市场不完善，市场主体面临较大的风险（孔祥智、穆娜娜，2018）。因此，应当充分发挥政府的监督管理职责，减少市场风险，保护市场主体的权利。①明确监督管理部门的职责。基层农业行政部门负责农民承包地和流转相关事务的管理，拥有较为全面的农地流转市场信息，应当明确其市场监管的职责。按照市场交易规则的要求，加强对农地流转市场主体行为、市场交易过程、合同执行情况的监督，对违反交易规则的主体和行为要给予惩罚。②规范农地流转的合同管理。合同问题是市场风险、委托代理问题与市场主体机会主义行为产生的重要原因。因此，农地流转的合同治理尤其重要，完善的合同内容可以减少农地流转的不确定性，规范流转双方的权利与义务，维持流转关系的长期稳定。政府除了要完善流转合同的签订、变更、解除、重订等合同管理工作与合同的登记、备案等制度外，还要加强对合同的指导，明确双方的权利与义务，减少双方签订合同时的信息不对称。

（二）提高农户土地流转规模，促进转入户生计策略向农业专业化转变

农地流转市场发育不足时，农户土地流转以小规模为主，无法满足规模经营的需求，是导致农户兼业的重要原因。因此，应当提高农地流转的规模。然而，由于单个农户的土地规模较小，土地转入户与众多小农户谈判交易面临着较高的土地流转交易成本，不利于农地规模流转。因此，应当提高农户土地流转的组织化程度，满足转入户规模流转的需求。

第一，发挥村集体在农地流转中的中介服务作用。村集体代理转入户与众多小农户谈判、签约，组织完成农地流转，可以大大降低农地流转交易费用。首先，村集体相对于农户具有信息优势，

村干部长期的村庄管理工作使得他们熟悉村里的土地经营情况，了解农民土地流转意愿，可以降低农地流转信息搜集成本；其次，村集体中介可以减少村民土地流转的顾虑。由于担心农地流转后失去土地，农民在选择流转对象时较为谨慎，一般不愿意与不熟悉的群体交易。村干部在日常工作生活中经常与村民打交道，在农村社会中与村民之间更容易形成互信合作的关系，村干部村庄管理的身份使得他们具有一定的权威性，由村干部组织农地流转，可以解除农民对土地流转的担忧，减少转入户谈判的成本；最后，村集体组织的农地流转往往签订规范的农地流转合约，且以其权威性保证合约执行，有利于减少合约执行成本。因此，村集体组织农地流转有利于减少交易费用，实现农地规模集中经营（田传浩，2005）。

第二，增强以农民为主的农地经营主体在土地规模流转市场中的竞争力，引导家庭中青年劳动力回到农业生产。在现行工商资本下乡的浪潮下，许多农业企业到农村"圈地"。在自由竞争的农地规模流转市场中，农民的资金实力和规模经营能力确实无法与大企业竞争，如果不加干预，农地将主要流向工商资本。然而，土地是农民生产经营的宝贵资源，许多农民仍然以农地经营为生。因此，要扶持以农民为主体的农业大户和家庭农场等规模经营主体，提高农民的农业生产技能和经营管理水平，增强其在农地规模流转市场的竞争力。此外，从国家鼓励年轻化、有文化、懂技术、善经营、会管理的新型职业农民发展的角度，应当引导外出务工的年轻劳动力回乡从事规模经营，有助于提高农业部门的资本投入、生产技术和管理水平。

（三）鼓励转出户完全退出农业生产，促进转出户生计向非农业多样化发展

转出户部分转出土地后家庭主业转向非农就业，农业生产投入的积极性降低，不利于土地和农业劳动力生产效率的提高。因此，应当鼓励转出户完全退出农业生产，促进转出户向非农业生计策略

转变。农户无法完全转出土地，一方面原因是土地流转市场不完善，流转信息不畅，供需不匹配；另一方面是由于在现行产权制度下，农民流转土地面临着"失地"风险和社会保障问题。因此，一是要继续发展土地流转市场，增加土地需求，方便农户转出土地；二是要健全农村社会保障制度，以建立"低水平、广覆盖"的社会保障体制基础框架为目标，逐步健全城乡统一的社会保障制度，弱化农地的社会保障功能，减少农民对土地的依赖，解除转出土地农户的后顾之忧；三是要发挥政府的监督管理职责，按照市场交易规则的要求，加强对农地流转市场主体行为、市场交易过程、合同执行情况的监督，对违反交易规则的主体和行为要给予惩罚，打消转出户土地流转的顾虑。

二 深化承包地"三权分置"改革，健全农户生计决策权利体系

承包地"三权分置"改革是继家庭联产承包责任制后农村改革的又一重大制度创新。通过将农村土地所有权、承包权和经营权分离，完善三种权利的权能，能够有效保障农村集体经济组织和承包农户的合法权益，促进现代农业发展。新修订的《中华人民共和国农村土地承包法》提出了土地经营权的概念，规定了土地经营权的登记和担保融资，是对承包地"三权分置"的具体落实。在法律引领下，各地均进行了维护所有权、稳定承包权和放活经营权的制度探索。当前，为巩固农户生计决策权利基础，承包地"三权分置"改革还需继续深化内涵。

（一）划清土地所有权和承包经营权边界，防止集体对承包户权利的侵犯

在各地探索集体土地所有权实现形式的过程中，集体土地规模经营、股份制等模式成为重要探索内容（李宁、汪险生，2018）。然而，这种集体主导下的规模经营无可避免地侵犯了部分不愿意参与农户的权利（张建等，2017）。尽管法律赋予农户承包经营权占有、使用、收益、流转权利，也规定农村土地流转要以农民自愿为原则。然而，由于法律对农民私法保护的诉讼成本太高，现实中农村集体决策中以多数人同意原则要挟少数人的现象时有发生，从而造成对少数农户的侵犯。因此，除了要立法保护农民土地权益，还要保障法律的执行，降低执法成本。为此，应当在制度实践中继续划清土地所有权和承包经营权的边界，将集体土地所有权界定为农地利用的监管、组织服务、局部调整、再发包等方面，农地承包经营权的配置充分尊重农民意愿。

（二）既要稳定农户承包权，又要关注农村失地农户的生计问题

党的十九大报告提出：保持土地承包关系稳定并长久不变，第二轮土地承包到期后再延长 30 年。《中华人民共和国农村土地承包法》也做出"耕地承包期届满后再延长三十年"的规定。农地承包权稳定是大趋势，有利于稳定农户承包关系，促进长期生产投资，减少调地纠纷。然而，农地对农户仍然具有社会保障和就业托底功能，对于部分因国家征收征用失去土地的农户，仍然需要局部土地调整重新分配给农户土地，以保障农户生计安全。当然，一些学者可能认为农村社会保障制度的完善可以替代农地社保功能，然而，农地生产经营作为农户多年赖以生存的生计活动，简单取代农户的农地经营权利并不合适，而是要充分尊重农户土地经营权，满足农户的土地经营权利。事实上，许多农户习惯依靠自家的生产经营活动满足家庭食品消费需求，既可以保障家户粮食安全，也会节省一笔食品花销。

（三）充分完善农地经营权，保障经营大户生计安全

农地经营权流转过程中，以往主要关注小农户利益的保护。然而，转入户作为经营权转入方，前期土地流转投入大量资金，农业生产投资较大，更容易形成锁定效应。转入户农业生产经营活动受到经营权稳定性和权能的影响，一旦转出户违约，转入户将面临较

大的损失。因此，放活经营权，一方面是要促进土地流转市场发育；另一方面要完善经营权权能，保障经营大户生计安全。至少应从以下方面完善经营权权能：一是规范的合约关系，包括签订正式书面合约，村集体和上级政府合同鉴证，规范流转双方合约关系，保障合约执行，防止违约发生。二是签订长期合约，稳定合约关系。转入大户与小农户签订长期合约，有利于激发经营大户生产投资积极性，提高农户生计回报。三是赋予经营权抵押融资权利。可以赋予转入户经营权证书，作为向银行贷款的正式权利凭证。应当完善抵押担保、抵押物处置等权利内容，促进农地经营权抵押市场发展。

三 转变政府干预方式，从促生产向兼顾农户生计转变

政府干预是对市场经济活动的重要补充，主要包括经济干预、行政干预和服务职能。前文讨论的农地流转补贴属于经济干预，流转和规模经营指标、考核等属于行政干预，中介组织服务属于服务职能。由于政府干预的目的不同，所追求的干预方式也会存在差异。如我国以提高农业产量为目的的干预方式，主要采取与粮食播种面积和产量挂钩的补贴方式；为避免耕地"非农化"，以行政处罚的方式对乱占耕地现象进行规制。当前，农地流转政府干预方式仍然主要以促生产为主。对于我国这样一个粮食需求大国，促生产无可厚非，但要考虑如何将提高农户生计水平结合起来，以实现政府干预的效益多元化。可持续生计目标导向下，农地流转政府干预方式应做以下调整。

（一）从行政干预向经济干预转变

指标、考核等农地流转行政干预以农地规模流转和集中经营为目标，通过将指标层层分解到乡村集体，并将乡村集体完成土地流转的目标作为年度考核和绩效发放的依据。调研中发现，行政干预农地流转仍然较为普遍，这种干预方式可以快速实现农地流转和规模经营目标，节省财政成本，但往往容易扭曲农地流转市场，侵犯农民土地权益，引发社会风险。因此，政府在处理与市场关系时要

尽量避免以行政手段直接干预，而辅之以经济干预，如财税减免、补贴等。例如，针对农业经营大户的农产品，可以降低部分农产品生产和销售的税费。可以创设收入补贴，针对种植大户遭受自然灾害引起产量和收入下降的，给大户部分补贴，以避免大户陷入生计危机。

（二）从补贴流转规模向支持市场中介建设转变

当前的农地流转补贴政策往往直接与土地流转面积挂钩，补贴对象为土地转入和转出户。尽管这种补贴政策可以直接促进农地流转和规模经营，但不可避免地扭曲了农地流转市场，抬高了农地流转租金，出现了"垒大户"现象，不利于农地流转关系的长期稳定（马志远等，2011）。此外，补贴容易引起农地流转行政干预，出现侵犯农户土地权益等现象（张建等，2017）。因此，应当转变按照土地流转规模直接补贴的方式，转向市场中介建设补贴，为农户提供更好的土地流转信息、中介组织、合同签订和鉴证等服务，降低农地流转市场交易成本。

（三）从行政化的中介平台转向市场化的中介机构建设

当前，许多地方政府建立了农村产权交易平台，为农地流转提供谈判交易与公开竞价服务。然而，政府主导建立的土地流转交易平台多数依托行政部门或事业单位来运营，管理运营方式很难市场化。受限于人员编制名额，交易平台人力资源有限，很难满足产权交易多元化的需求，无法为农地流转提供高质量的价格评估和政策咨询服务。且政府运营缺乏竞争和活力，很难为市场主体提供高质量的服务。因此，政府应扶持建立市场化的农村产权中介组织，从事价格评估、信息披露、合同签订等服务，而政府只要做好合同监管、法律政策咨询和纠纷调解等工作。政府主导下的中介平台应逐步转型，可以与企业合资共同运营，采取政府监管、公司化运作的方式，既保证政府对中介组织的监督和非盈利性质，也提高了交易中心市场化程度。政府也可依托全国性的土地流转服务平台，如土流网、地合网、土地资源网等产权交易网站，共同开发农村产权服务新模式。

第三节　基于农户可持续生计的农地流转保障机制构建

要实现农地流转下的农户可持续生计，不仅要加强农地流转市场化建设及政府干预改革，也要完善农地流转保障机制，促进土地流转参与农户生计水平的提高。为此，对于转出户，要完善农户非农业劳动力转移和非农经营支持政策，促进转出户非农业生计可持续。对于转入户，通过完善农业社会化服务和金融服务，解决农村社会化服务市场失灵问题，为经营大户提供雇用劳动、机械技术和资金服务，提高农业生产比较收益。

一　完善非农业劳动配套服务，提高转出户生计资本和非农业多样化程度

农户转出土地后劳动力顺利实现非农业转移，并保证非农就业的稳定性，不仅有利于转出户生计策略和生计水平的提高，也有利于土地流转关系的稳定。因此，应当完善非农业劳动配套政策，增加转出户非农业生计资本，增强农户非农就业能力，提高农户非农就业多样化水平。

（一）做好非农就业培训工作，提高人力资本素质

为促进转出户生计多样化，要通过就业培训等增强农户人力资本素质，提高非农经营的能力，以促进农户转出土地后顺利实现非农就业，增加非农业多样化程度。同时，加强对新转移劳动力的转移安置和就业培训工作，以提高家庭整体劳动生产效率。首先，依托村委会成立劳务合作社或劳务服务公司，协调专业大户、家庭农场和农业企业等规模经营主体的用人问题，既满足规模经营主体雇用劳动力需求，也能够为更多剩余劳动力解决就业问题；另外，针

对农村特色产业的人事需要，政府和企业合作培训农村劳动力，提高劳动力就业技能和素质，增强劳动力非农就业的能力。

（二）完善非农业生产贷款、补贴政策，提高非农业固定资本

随着我国经济增速放缓，第二、第三产业吸纳劳动力的能力有限，外出务工劳动力面临失业风险，生计安全受到威胁。因此，除了采取政策促进转出户非农业劳动力转向非农业部门，还要鼓励离土农户从事小本生意和创业，实现自我雇用。为此，要采取信贷政策解除农户自主创业的资金约束，满足小农户的启动资金需求。

二　完善农业社会化服务，提高转入户规模经营能力和效益

在当前农地流转规模较低、农户无法实现规模经营的情况下，农户土地转入后农作物"非粮化"种植概率增加，而种植经济作物的农户土地转入的概率也更大，所以政策上需要关注农地流转"非粮化"问题。此外，我国农民农业收入对家庭总收入的贡献度较低，农业劳动力生产率要低于非农业劳动生产率，导致农业生产的比较收益较低。因此，要完善农业社会化服务，实现雇用劳动、资本、机械和技术对自家劳动力的替代，增强农户规模化经营的能力，提高转入户农业劳动生产效率，增加农业生产的比较收益和农业经营性收入。

（一）增加农户组织化程度，降低农业社会化服务推广成本

当前，由于我国大多数小农户土地细碎化、分散化，无论是农业社会化服务的推广还是操作均面临着较高的成本，不利于农业社会化服务组织发展。因此，首先应当提高农户组织化程度，通过组织制度创新降低农业社会化服务推广成本。①鼓励土地股份合作社和农民专业合作社等新型经营主体发展。土地股份合作社是指农户以土地入股、合作经营、风险共担、利益共享的新型农业生产经营组织。农民合作社使得农户在生产中以多种合作形式相结合，为成

员提供某一个环节或多个环节的农业社会化服务，可以将原本分散经营的小农户集中起来，不仅可以增强农业生产经营和农产品市场化风险，还有利于农户接受农业社会化服务，降低和单个农户谈判的成本，在农业生产过程中节约成本、提高价格和农产品质量等（孔祥智、穆娜娜，2018）。②建立"合作社＋农户""龙头企业＋合作社＋农户"的利益连接机制，发挥龙头企业、农民合作社等组织对农业社会化服务提供和农业产业链的补充作用。农业社会化服务市场中，企业和合作社在农业技术采纳、农业机械提供以及农业信息获得等方面具有绝对优势，拥有农业社会化服务供给的可行性和能力，应当合理引导企业和合作社做好农业机械化服务。

（二）完善农业社会化服务体系，发挥多元主体推广作用

农业社会化服务体系中，既有基层乡镇政府、村委会等管理机构，也包含着农民合作社、专业服务企业、农民个体户等多种服务主体，还有许多接受服务的小农户。要完善农业社会化服务体系，需要发挥各主体的积极作用，共同带动农业社会化服务体系发展。①基层乡镇政府农经部门是农业政策实施的主体，基层农经部门可以尝试联合各农业社会化服务主体，在农耕和农收季节前做好农业社会化服务的组织工作，以提高农业社会化服务效率，减少农户搜寻农业社会化服务主体的时间和成本。此外，由于农经部门本身不提供农业社会化服务，可以通过购买服务方式引导社会力量参与社会化服务，如山东省和河南省对机耕、机种、机收等农业生产环节实施了政府购买服务试点，取得了积极的效果（孔祥智、穆娜娜，2018）。②村委会既是基层村民自治组织，也是上级政府土地管理、乡村建设和农业生产的责任主体。许多农民专业合作社和土地股份合作社成立过程中，村"两委"主要干部发挥了重要作用，有些还直接是合作社的负责人。因此，村委会要积极承接上级政府的农业社会化服务政策，引导农户接纳农业社会化服务。村"两委"干部是农村的能人和精英，具有广泛的人脉资源和管理能力，可以在乡村农业社会化服务和推广过程中发挥重要作用。③最后，各种农业

服务供给主体是农业社会化服务的直接提供者，应当鼓励供给主体拓展服务内容，如服务内容从耕种、收割等农业机械服务，扩展到为农户提供施肥、农药等服务（赵晓峰、赵祥云，2018）。如山东省和江苏省的供销系统通过组织企业、供销合作社和农民合作社等机构，采取订单农业、合作经营等方式提供土地全托管、半托管等方式，对农业生产的耕、种、管、收、加、贮、销等环节提供全方位的服务。

三　健全农村金融信贷服务，缓解农户生计活动资金约束

资本市场不完善时，农户完全依赖自有资金投入从事生产经营活动，资金禀赋不足的农户很难进入高福利生计策略。发展中国家的实践表明，农村信贷市场的发展有利于小农户摆脱贫困，实现可持续生计（Jia et al.，2015）。然而，由于农户缺少抵押物，多数农户通过利息率较高的非正式信贷市场获得资金，难以通过银行、信用社等正规信贷机构获得贷款，信贷成本和风险显著上升。因此，需要健全农村金融信贷服务，缓解资金缺乏农户的信贷约束，赋予农户从事利润较高生计活动的能力。

（一）扩大农户资产抵押品范围，创新抵押担保方式

农户资产规模小、价值低，农村承包地和宅基地产权处置难等因素是银行不愿意将农户资产作为抵押物的重要原因。为此，一方面应整合农户资产，扩大资产抵押物范围，尝试将农户农畜产品、大型农机具、库存产品、应收账款等可变现物权列入抵押品范围，以组合资产的方式进行抵押融资；另一方面，创新农村土地产权抵押担保方式。《中华人民共和国农村土地承包法》允许以"承包地的土地经营权"抵押和以"流转取得的土地经营权"抵押两种抵押形式（谭贵华、吴大华，2020）。宅基地制度改革中各地也在积极探索宅基地抵押融资。然而，实践中仍然面临着承包地经营权或宅基地使用权担保物价值低、评估难作价、抵押物处置难等问题。因此，应该创设抵押担保方式，由政府出资设立风险补偿金，协同设置风

险补偿金、担保公司和保证人参与担保，进一步设置反担保机制，以期降低抵押交易过程中的不确定性和机会主义行为，提高抵押品的处置能力（吴一恒等，2020）。

（二）创新农村金融服务形式，降低农户获得成本

农村信贷市场中的农户与银行之间存在着严重的信息不对称，引发逆向选择和道德风险的问题（Stiglitz，1981），农村金融机构和农户之间信息不对称，增加了农户信贷获取的成本，且提高了金融机构风险，金融机构为农户提供信贷服务的积极性不高。为此，要充分利用信息技术、大数据和云计算等创新互联网技术等提高金融服务的可得性和便利性。首先，运用区块链技术降低信息不对称，解决金融风险问题。区块链技术具有公开透明、充分共享、不可篡改等特征（高晨，2021），将其应用在农村金融领域，建立每个农户、金融机构、每项信息的区块链数据节点，使得信贷各方都能充分共享信息，降低金融机构和农户信息不对称，减少对农户抵押品的需求，促进农村信用贷款的发展。另外，加强农村网络基础设施建设，将现有的物理网点与互联网金融密切结合，拓展金融服务渠道。

附　　表

附表1　　　　　　**农户生计多样化第一阶段农户土地流转参与**
多项 logistic 模型（MNL）估计结果

	土地转入	土地转出
村内参与土地流转的农户比例（工具变量）	3.556 ***	3.903 ***
	(0.215)	(0.232)
人均承包地面积	− 0.075 ***	0.018
	(0.019)	(0.016)
户主年龄	0.099 ***	− 0.075 ***
	(0.024)	(0.021)
户主年龄平方	− 0.001 ***	0.0008 ***
	(0.0002)	(0.0002)
户主初中及以上学历	− 0.034	0.063
	(0.077)	(0.092)
家庭劳动力数	0.015	− 0.156 ***
	(0.041)	(0.048)
劳动力平均受教育年限	− 0.007	0.013 **
	(0.006)	(0.006)
技能培训	0.193 **	− 0.049
	(0.079)	(0.095)
农业生产性固定资本（对数）	0.092 ***	− 0.122 ***
	(0.010)	(0.015)

续表

	土地转入	土地转出
非农业生产性固定资本（对数）	-0.021	0.047 ***
	(0.014)	(0.013)
家庭存款（对数）	0.009	0.026
	(0.014)	(0.017)
家庭是否购买商业保险	-0.089	0.280 **
	(0.101)	(0.113)
是否参加合作组织	0.085	0.064
	(0.079)	(0.093)
交通通信费用支出（对数）	0.035	-0.018
	(0.025)	(0.022)
自然灾害	0.182 **	-0.103
	(0.086)	(0.096)
政府农业补贴（对数）	0.028 **	-0.037 **
	(0.014)	(0.015)
退耕还林	-0.203	-0.239
	(0.126)	(0.158)
劳动力价格（对数）	-0.155 **	0.155 *
	(0.073)	(0.091)
距县城距离	-0.253 ***	0.0108
	(0.033)	(0.044)
中部地区	0.038	0.456 ***
	(0.096)	(0.120)
东部地区	0.083	0.240 **
	(0.098)	(0.120)
常数项	0.376	-3.709 ***
	(0.802)	(0.862)

观测值：6727；Loglikelihood = -4554.6802；Prob > chi2 = 0.0000

注：***、**、*分别表示在1%、5%和10%的水平上显著。未流转农户是MNL模型的基准组。

附表 2　　农户劳动生产率第一阶段农户土地流转多项 Logit 回归模型（MNL）

	土地转入	土地转出
女性户主	− 0. 075	0. 324 ***
	(0. 075)	(0. 081)
户主年龄（对数）	− 0. 368 ***	0. 568 ***
	(0. 138)	(0. 166)
户主受教育年限（对数）	0. 012	0. 336 ***
	(0. 087)	(0. 097)
家庭人口数（对数）	− 0. 059	− 0. 214 **
	(0. 096)	(0. 102)
男性成人比例	0. 075	− 0. 047
	(0. 189)	(0. 192)
劳动力平均受教育年限（对数）	0. 076	− 0. 022
	(0. 055)	(0. 051)
抚养比	− 0. 328 **	0. 493 ***
	(0. 141)	(0. 120)
人均承包地面积（对数）	− 0. 176 ***	0. 070
	(0. 068)	(0. 073)
农业生产性固定资产（对数）	0. 106 ***	− 0. 133 ***
	(0. 010)	(0. 014)
非农业生产性固定资产（对数）	− 0. 025 **	0. 054 ***
	(0. 013)	(0. 011)
农业雇工市场	0. 682 ***	− 0. 273 *
	(0. 135)	(0. 153)
农业机械服务市场	− 0. 014	0. 010
	(0. 114)	(0. 126)
离商业中心的时间（对数）	− 0. 062	− 0. 194 ***
	(0. 056)	(0. 064)
中部地区	− 0. 054	0. 253 **
	(0. 091)	(0. 106)

续表

	土地转入	土地转出
东部地区	- 0. 317 ***	0. 189 *
	(0. 092)	(0. 100)
工具变量（村内参与土地流转的农户比例）	2. 909 ***	3. 749 ***
	(0. 170)	(0. 168)
常数项	- 1. 339 **	- 6. 105 ***
	(0. 645)	(0. 770)

观测值：8，086；Loglikelihood = - 5，331.19；Prob > chi2 = 0.0000

*** 、** 、* 分别表示在 1% 、5% 和 10% 的水平上显著。未流转农户是 MNL 模型的基准组。

附表 3　　　　　　　　农业劳动力生产率影响因素估计结果

	未流转户	转入户	转出户
女性户主	- 385. 9 **	- 654. 0 *	288. 8
	(161. 0)	(365. 8)	(428. 1)
户主年龄（对数）	- 743. 3	- 139. 2	- 568. 5
	(454. 3)	(1，132. 3)	(733. 4)
户主受教育年限（对数）	- 213. 9	- 152. 2	660. 6
	(247. 9)	(501. 1)	(450. 0)
家庭人口数（对数）	- 204. 0	- 544. 2	479. 8
	(138. 2)	(358. 0)	(460. 0)
男性成人比例	196. 0	- 2603. 0 ***	- 1318
	(565. 8)	(820. 7)	(1，273)
劳动力平均受教育年限（对数）	166. 0 ***	578. 3	- 355. 5 ***
	(43. 77)	(363. 8)	(130. 1)
抚养比	- 270. 3	796. 4	- 224. 2
	(201. 8)	(1237. 4)	(706. 1)
人均承包地面积（对数）	382. 4 ***	627. 4	768. 6
	(107. 6)	(393. 7)	(700. 8)

续表

	未流转户	转入户	转出户
农业生产性固定资产（对数）	122.5*	−168.9	−15.59
	(73.32)	(186.8)	(164.7)
非农业生产性固定资产（对数）	31.33	121.1	23.91
	(40.59)	(131.0)	(59.51)
农业雇工市场	355.0*	−767.0	−193.4
	(210.9)	(779.7)	(855.6)
农业机械服务市场	−129.8	708.2	−381.4
	(124.1)	(810.2)	(443.3)
离商业中心的时间（对数）	−47.16	−299.3	−268.3
	(96.19)	(252.0)	(180.7)
中部地区	179.3	458.9	27.70
	(139.1)	(512.9)	(299.6)
东部地区	121.1	−275.0	830.2
	(174.3)	(481.5)	(613.6)
常数项	3634*	4175	515.2
	(2092)	(3575)	(3679)
Anciliary			
σ^2	21773151	54633410	11072966
	(177837225)	(39821310)	(23851216)
λ_1		−0.151	0.487
		(0.275)	(0.530)
λ_2	0.424		−0.725
	(0.311)		(0.647)
λ_3	−0.429	0.328	
	(0.302)	(0.401)	
工具变量	F (14520) = 0.22	F (11015) = 1.42	F (1364) = 0.19
观测值	5988		

注：***、**、*分别表示在 1%、5% 和 10% 的水平上显著；标准误采用 100 次的自助抽样法得到；括号中是 z 统计量值。

附表4　　　　　　　　非农业劳动力生产率影响因素估计结果

	未流转户	转入户	转出户
女性户主	-52.36	-517.7	-818.8
	(258.4)	(626.0)	(557.8)
户主年龄（对数）	2,282.6***	917.1	368.0
	(705.2)	(1379.5)	(1086.7)
户主受教育年限（对数）	36.94	283.9	139.4
	(266.1)	(565.3)	(556.3)
家庭人口数（对数）	1,764***	93.77	2203***
	(375.6)	(710.4)	(820.4)
男性成人比例	-161.0	-192.3	3751**
	(891.3)	(1192)	(1908)
劳动力平均受教育年限（对数）	46.15	519.2*	870.8***
	(325.4)	(314.3)	(325.1)
抚养比	-1,174**	-382.7	-168.5
	(557.9)	(1195)	(773.8)
人均承包地面积（对数）	235.5	-132.6	-588.8
	(276.8)	(427.6)	(476.1)
农业生产性固定资产（对数）	-130.7	111.1	303.9*
	(101.1)	(162.2)	(180.8)
非农业生产性固定资产（对数）	-26.96	-104.5	-150.1**
	(42.66)	(90.63)	(73.73)
农业雇工市场	35.30	1091	3509***
	(660.1)	(1184)	(1324)
农业机械服务市场	-326.9	140.9	-1317**
	(323.3)	(895.4)	(665.2)
离商业中心的时间（对数）	320.6	236.3	775.3
	(246.2)	(330.8)	(732.8)
中部地区	122.0	797.9	532.0
	(306.0)	(663.2)	(847.9)

续表

	未流转户	转入户	转出户
东部地区	348.8	1,096	-444.5
	(346.8)	(810.9)	(999.9)
常数项	-7523**	-2879	-2580
	(3713)	(4700)	(5660)
Anciliary			
σ^2	578998910***	53716962	119057968
	(19395878)	(36366137)	(82837557)
λ_1		0.387	-0.743***
		(0.343)	(0.117)
λ_2	-0.341		0.974***
	(0.368)		(0.165)
λ_3	0.199	-0.507	
	(0.313)	(0.484)	
工具变量	F(13964)=1.16	F(1784)=0.50	F(1647)=1.23
观测值		5479	

注：***、**、*分别表示在1%、5%和10%的水平上显著；标准误采用100次的自助抽样法得到；括号中是 z 统计量值。

附表5　　　　　　农业劳动力时间供给（月）影响因素估计结果

	未流转户	转入户	转出户
女性户主	-0.088	-0.769***	-0.846
	(0.145)	(0.261)	(0.589)
户主年龄（对数）	1.093***	0.051	1.891
	(0.261)	(0.562)	(1.263)
户主受教育年限（对数）	0.128	0.058	-0.595
	(0.159)	(0.278)	(0.485)
家庭人口数（对数）	-0.071	0.159	0.006
	(0.149)	(0.277)	(0.563)

续表

	未流转户	转入户	转出户
男性成人比例	0.103	0.0409	1.223
	(0.299)	(0.585)	(1.191)
劳动力平均受教育年限（对数）	-0.220 **	0.107	0.425
	(0.090)	(0.190)	(0.278)
抚养比	0.432 *	0.760	1.040
	(0.236)	(0.561)	(1.150)
人均承包地面积（对数）	0.370 ***	-0.594 ***	0.210
	(0.122)	(0.215)	(0.460)
农业生产性固定资产（对数）	-0.038	-0.083	0.053
	(0.037)	(0.101)	(0.328)
非农业生产性固定资产（对数）	-0.052 ***	-0.048	-0.052
	(0.018)	(0.056)	(0.111)
农业雇工市场	-1.704 ***	-1.358 **	-0.376
	(0.286)	(0.597)	(1.231)
农业机械服务市场	-0.180	-0.341	0.187
	(0.172)	(0.303)	(0.610)
离商业中心的时间（对数）	0.092	-0.184	-0.217
	(0.0877)	(0.149)	(0.306)
中部地区	-1.731 ***	-2.387 ***	-1.290 **
	(0.156)	(0.279)	(0.611)
东部地区	-0.797 ***	-0.847 **	-0.553
	(0.148)	(0.352)	(0.773)
常数项	2.049	9.429 ***	-2.440
	(1.303)	(2.000)	(7.046)
Anciliary			
σ^2	19.43 ***	9.438 ***	18.42
	(5.674)	(2.955)	(52.34)
λ_1		-0.027	0.571
		(0.313)	(0.607)

续表

	未流转户	转入户	转出户
λ_2	− 0. 904 ***		− 0. 692
	(0. 166)		(0. 829)
λ_3	0. 641 ***	0. 343	
	(0. 177)	(0. 517)	
工具变量	F (14512) = 2. 15	F (11015) = 0. 07	F (1364) = 0. 59
观测值	5988		

注：***、**、* 分别表示在 1%、5% 和 10% 的水平上显著；标准误采用 100 次的自助抽样法得到；括号中是 z 统计量值。

附表 6　　　　非农业劳动力时间供给（月）影响因素估计结果

	未流转户	转入户	转出户
女性户主	0. 292	0. 679	0. 657
	(0. 178)	(0. 487)	(0. 510)
户主年龄（对数）	− 1. 054 ***	0. 0495	0. 352
	(0. 385)	(1. 218)	(1. 004)
户主受教育年限（对数）	0. 101	0. 473	0. 694
	(0. 205)	(0. 503)	(0. 453)
家庭人口数（对数）	0. 246	0. 470	− 0. 080
	(0. 215)	(0. 508)	(0. 430)
男性成人比例	0. 972 **	3. 159 ***	0. 973
	(0. 437)	(1. 188)	(0. 839)
劳动力平均受教育年限（对数）	0. 591 ***	0. 286	0. 0437
	(0. 162)	(0. 417)	(0. 309)
抚养比	0. 251	− 0. 730	− 0. 445
	(0. 389)	(1. 152)	(0. 914)
人均承包地面积（对数）	− 0. 964 ***	− 0. 759 *	− 0. 354
	(0. 173)	(0. 454)	(0. 466)

续表

	未流转户	转入户	转出户
农业生产性固定资产（对数）	0.052	0.016	0.104
	(0.067)	(0.180)	(0.250)
非农业生产性固定资产（对数）	0.240 ***	0.239 ***	0.197 **
	(0.027)	(0.087)	(0.077)
农业雇工市场	-0.280	-0.127	-0.833
	(0.426)	(1.186)	(1.115)
农业机械服务市场	-0.516 **	-0.221	-1.074
	(0.255)	(0.591)	(0.705)
离商业中心的时间（对数）	-0.167	-0.015	-0.041
	(0.122)	(0.313)	(0.352)
中部地区	1.032 ***	1.256 **	0.769
	(0.271)	(0.578)	(0.553)
东部地区	0.197	0.675	0.147
	(0.257)	(0.747)	(0.548)
常数项	10.56 ***	2.172	6.457
	(1.836)	(4.235)	(5.562)
Anciliary			
σ^2	23.44 ***	34.20 **	19.05
	(7.143)	(17.03)	(34.70)
λ_1		-0.556 **	-0.068
		(0.263)	(0.498)
λ_2	0.370		0.096
	(0.363)		(0.685)
λ_3	-0.315	0.492	
	(0.336)	(0.465)	
Instrument	$F_{(13964)}=0.02$	$F_{(1784)}=0.25$	$F_{(1647)}=0.00$
Observations	5479		

注：***、**、* 分别表示在1%、5%和10%的水平上显著；标准误采用100次的自助抽样法得到；括号中是 z 统计量值。

附表7　生计策略聚类分析中的资产变量（2010和2014年均值）

资本类型	变量	变量定义	平均值	标准误
自然资本	土地禀赋	家庭承包地面积（公顷）	0.49	0.52
人力资本	家庭人口数	个	4.32	1.79
	家庭劳动力平均年龄	18—60岁家庭劳动力平均年龄	9.79	6.61
	教育培训	农户去年是否接受教育培训（是=1；否=0）	0.530	0.499
物质资本	农业生产性固定资产价值	农户拥有的农业机械价值（元）	1,784	6,065
	非农业生产性固定资产价值	农户拥有的非农业生产性固定资产价值（元）	3,586	68,134
	住房价值	农户住房价值（10,000元）	12	25
金融资本	存款	农户现金和金融存款（元）	9,358	27,838
	资金借出	去年借出的钱	2,530	21,517
	商业保险	农户家庭是否购买商业保险[1]（是=1；否=0）	0.133	0.339
社会资本	正规组织	农户家庭是否参加正规组织[2]（是=1；否=0）	0.393	0.491
	礼金支出	家庭去年礼金支出（元）	2,087	3,302

注：[1] 商业保险包括为住房、汽车、人身安全购买的商业保险。[2] 正规组织包括共产党、劳工组织、民主党派、合作社以及工业企业联合会等。

参考文献

一 中文文献

北京大学中国社会科学调查中心，2015，"中国家庭追踪调查"，https://doi.org/10.18170/DVN/45LCSO，北京大学开放研究数据平台，V41。

北京天则经济研究所《中国土地问题》课题组、张曙光：《土地流转与农业现代化》，《管理世界》2010年第7期。

卜琦娟、周曙东、易小燕等：《农户农地流转现状、特征及其区域差异分析——以浙江省为例》，《资源科学》2011年第2期。

蔡洁、夏显力：《农地流转真的能够减贫吗?》，《干旱区资源与环境》2018年第7期。

蔡瑞林、陈万明、朱雪春：《成本收益：耕地流转非粮化的内因与破解关键》，《农村经济》2015年第7期。

陈飞、翟伟娟：《农户行为视角下农地流转诱因及其福利效应研究》，《经济研究》2015年第10期。

陈会广、刘忠原：《土地承包权益对农村劳动力转移的影响——托达罗模型的修正与实证检验》，《中国农村经济》2013年。

陈泉生：《我国行政命令初探》，《法律科学》（西北政法学院学报）1991年第3期。

陈姝洁、马贤磊、陆凤平等：《中介组织作用对农户农地流转决策的影响——基于经济发达地区的实证研究》，《中国土地科学》2015年第11期。

陈奕山、钟甫宁、纪月清：《有偿 VS 无偿：耕地转入户的异质性及其资源配置涵义》，《南京农业大学学报》（社会科学版）2019 年第 6 期。

陈媛媛、傅伟：《土地承包经营权流转、劳动力流动与农业生产》，《管理世界》2017 年第 11 期。

程令国、张晔、刘志彪：《农地确权促进了中国农村土地的流转吗?》，《管理世界》2016 年第 1 期。

翟月玲：《经济转型条件下政府对市场干预政策的合法化析论》，《理论导刊》2013 年第 11 期。

丁关良、李贤红：《土地承包经营权流转内涵界定研究》，《浙江大学学报》（人文社会科学版）2008 年第 6 期。

杜鑫：《劳动力转移、土地租赁与农业资本投入的联合决策分析》，《中国农村经济》2013 年第 10 期。

段玉婉、刘用、杨翠红：《中国耕地面积变化及分区域面板数据建模分析》，《统计与决策》2012 年第 3 期。

方杰、张敏强、邱皓政：《中介效应的检验方法和效果量测量：回顾与展望》，《心理发展与教育》2012 年第 1 期。

高晨：《基于区块链技术解决农村金融领域风险问题》，《中国林业经济》2021 年第 1 期。

郜亮亮、杜志雄：《教育水准、代际关系与家庭农场演进的多重因素》，《改革》2016 年第 9 期。

国家统计局：《中国统计年鉴》，中国统计出版社 2008 年版。

国家统计局：《中国统计年鉴》，中国统计出版社 2017 年版。

国家统计局住户调查办公室：《2015 年中国农村贫困监测报告》，中国统计出版社 2015 年版。

韩长赋：《再谈"三权"分置》，《农村经营管理》2017 年第 12 期。

韩长赋：《国务院关于农村集体产权制度改革情况的报告——2020 年 4 月 26 日在第十三届全国人民代表大会常务委员会第十七次会议上》，《农村经营管理》2020 年第 6 期。

韩自强、巴战龙、辛瑞萍等:《基于可持续生计的农村家庭灾后恢复研究》,《中国人口·资源与环境》2016 年第 4 期。

何欣、蒋涛、郭良燕等:《中国农地流转市场的发展与农户流转农地行为研究——基于 2013—2015 年 29 省的农户调查数据》,《管理世界》2016 年第 6 期。

冀县卿、钱忠好:《农地股份合作社农地产权结构创新——基于江苏渌洋湖土地股份合作社的案例研究》,《农业经济问题》2010 年第 5 期。

贾生华、田传浩、张宏斌:《农地租赁市场与农业规模经营——基于江、浙、鲁地区农业经营大户的调查》,《中国农村观察》2003 年。

蒋乃华、卞智勇:《社会资本对农村劳动力非农就业的影响——来自江苏的实证》,《管理世界》2007 年第 12 期。

孔祥智、穆娜娜:《实现小农户与现代农业发展的有机衔接》,《农村经济》2018 年第 2 期。

黎洁、李亚莉、邰秀军等:《可持续生计分析框架下西部贫困退耕山区农户生计状况分析》,《中国农村观察》2009 年第 5 期。

李孔岳:《农地专用性资产与交易的不确定性对农地流转交易费用的影响》,《管理世界》2009 年第 3 期。

李宁、汪险生:《"三权分置"改革下的农地集体所有权落实——基于集体经济组织治理案例的理论思考》,《经济学家》2018 年第 8 期。

李庆海、李锐、王兆华:《农户土地租赁行为及其福利效果》,《经济学》(季刊)2012 年第 1 期。

廖洪乐:《农户兼业及其对农地承包经营权流转的影响》,《管理世界》2012 年第 5 期。

林鹰漳:《农村市场化进程测度与实证分析》,《调研世界》2002 年第 6 期。

刘鸿渊:《农地集体流转的农民收入增长效应研究——以政府主导下的农地流转模式为例》,《农村经济》2010 年。

刘向南、吴群：《农村承包地流转：动力机制与制度安排》，《中国土地科学》2010 年。

刘晓丽：《非农收入、劳动力流转与种植业结构调整——基于省际面板数据的实证研究》，《经济问题》2017 年第 3 期。

罗必良、江雪萍、李尚蒲等：《农地流转会导致种植结构"非粮化"吗》，《江海学刊》2018 年第 2 期。

罗小娟、冯淑怡、Reidsma Pytrik、石晓平、曲福田：《基于农户生物——经济模型的农业与环境政策响应模拟——以太湖流域为例》，《中国农村经济》2013 年第 11 期。

吕炜、张晓颖、王伟同：《农机具购置补贴、农业生产效率与农村劳动力转移》，《中国农村经济》2015 年第 8 期。

《马克思恩格斯文集》第 1 卷，人民出版社 2009 年版。

马贤磊、仇童伟、钱忠好：《农地产权安全性与农地流转市场的农户参与——基于江苏、湖北、广西、黑龙江四省（区）调查数据的实证分析》，《中国农村经济》2015 年。

马贤磊、曲福田：《新农地制度下的土地产权安全性对土地租赁市场发育的影响》，《中国土地科学》2010 年。

马志远、孟金卓、韩一宾：《地方政府土地流转补贴政策反思》，《财政研究》2011 年第 3 期。

毛慧、周力、应瑞瑶：《风险偏好与农户技术采纳行为分析——基于契约农业视角再考察》，《中国农村经济》2018 年第 4 期。

冒佩华、徐骥、贺小丹、周亚虹：《农地经营权流转与农民劳动生产率提高：理论与实证》，《经济研究》2015 年第 11 期。

蒙吉军、艾木入拉、刘洋等：《农牧户可持续生计资产与生计策略的关系研究——以鄂尔多斯市乌审旗为例》，《北京大学学报》（自然科学版）2013 年第 2 期。

彭群：《国内外农业规模经济理论研究述评》，《中国农村观察》1999 年第 1 期。

戚焦耳、郭贯成、陈永生：《农地流转对农业生产效率的影响研究——

基于 DEA-Tobit 模型的分析》，《资源科学》2015 年第 9 期。

齐元静、唐冲：《农村劳动力转移对中国耕地种植结构的影响》，《农业工程学报》2017 年第 3 期。

钱忠好：《非农就业是否必然导致农地流转——基于家庭内部分工的理论分析及其对中国农户兼业化的解释》，《中国农村经济》2008 年第 10 期。

钱忠好：《农村土地承包经营权产权残缺与市场流转困境：理论与政策分析》，《管理世界》2002 年第 6 期。

曲福田：《土地经济学》，中国农业出版社 2011 年版。

饶旭鹏：《国外农户经济理论研究述评》，《江汉论坛》2011 年第 4 期。

宋雨河：《农户生产决策与农产品价格波动研究》，中国农业大学，2015 年。

苏芳、蒲欣冬、徐中民等：《生计资本与生计策略关系研究——以张掖市甘州区为例》，《中国人口·资源与环境》2009 年第 6 期。

谭丹、黄贤金：《区域农村劳动力市场发育对农地流转的影响——以江苏省宝应县为例》，《中国土地科学》2007 年。

谭贵华、吴大华：《农村承包地经营权抵押权的实现方式》，《农业经济问题》2020 年第 6 期。

田传浩、陈宏辉、贾生华：《农地市场对耕地零碎化的影响——理论与来自苏浙鲁的经验》，《经济学》（季刊）2005 年第 2 期。

田传浩、李明坤：《土地市场发育对劳动力非农就业的影响：基于浙、鄂、陕的经验》，《农业技术经济》2014 年第 8 期。

万晶晶、钟涨宝：《非农就业、农业生产服务外包与农户农地流转行为》，《长江流域资源与环境》2020 年第 10 期。

王成、蒋福霞、王利平等：《不同后顾生计来源农户的耕地生产投资行为研究——重庆市白林村 471 户农户调查实证》，《中国土地科学》2013 年第 9 期。

王德福、桂华：《大规模农地流转的经济与社会后果分析——基于皖

南林村的考察》,《华南农业大学学报》（社会科学版）2011 年第
2 期。

王昉：《马克思的土地产权理论与传统中国社会农村地权关系》,
《理论前沿》2008 年第 15 期。

王萍萍、徐鑫、郝彦宏：《中国农村贫困标准问题研究》,《调研世
界》2015 年第 8 期。

王庆明：《西方经典小农理论范式的反思与重构——立足于转型中国
的思考》,《社会学评论》2015 年第 2 期。

王雪琪、曹铁毅、邹伟：《地方政府干预农地流转对生产效率的影
响——基于水稻种植户的分析》,《中国人口·资源与环境》2018
年第 9 期。

温忠麟、张雷、侯杰泰、刘红云：《中介效应检验程序及其应用》,
《心理学报》2004 年第 5 期。

温忠麟、叶宝娟：《中介效应分析：方法和模型发展》,《心理科学
进展》2014 年第 5 期。

吴鸢莺、李力行、姚洋：《农业税费改革对土地流转的影响——基于
状态转换模型的理论和实证分析》,《中国农村经济》2014 年第
7 期。

吴一恒、马贤磊、马佳等：《如何提高农地经营权作为抵押品的有效
性？——基于外部治理环境与内部治理结构的分析》,《中国农村
经济》2020 年第 8 期。

鲜祖德、王萍萍、吴伟：《中国农村贫困标准与贫困监测》,《统计
研究》2016 年第 9 期。

许恒周、郭玉燕：《农民非农收入与农村土地流转关系的协整分
析——以江苏省南京市为例》,《中国人口·资源与环境》2011 年。

许恒周、石淑芹：《农民分化对农户农地流转意愿的影响研究》,《中
国人口·资源与环境》2012 年第 9 期。

薛凤蕊、乔光华、苏日娜：《土地流转对农民收益的效果评价——基
于 DID 模型分析》,《中国农村观察》2011 年。

薛庆根、王全忠、朱晓莉等：《劳动力外出、收入增长与种植业结构调整——基于江苏省农户调查数据的分析》，《南京农业大学学报》（社会科学版）2014 年第 6 期。

姚洋：《中国农地制度：一个分析框架》，《中国社会科学》2000 年第 2 期。

杨钢桥、靳艳艳、杨俊：《农地流转对不同类型农户农地投入行为的影响——基于江汉平原和太湖平原的实证分析》，《中国土地科学》2010 年第 9 期。

杨渝红、欧名豪：《土地经营规模、农村剩余劳动力转移与农民收入关系研究——基于省际面板数据的检验》，《资源科学》2009 年。

杨子、马贤磊、诸培新等：《土地流转与农民收入变化研究》，《中国人口·资源与环境》2017 年第 5 期。

游和远、吴次芳：《农地流转、禀赋依赖与农村劳动力转移》，《管理世界》2010 年第 3 期。

于传岗：《我国政府主导型农地大规模流转演化动力分析》，《农村经济》2012 年第 10 期。

张红宇：《我国农业生产关系变化的新趋势》，《农机科技推广》2014 年第 3 期。

张会萍、胡小云、惠怀伟：《土地流转背景下老年人生计问题研究——基于宁夏银北地区的农户调查》，《农业技术经济》2016 年第 3 期。

张建、冯淑怡、诸培新：《政府干预农地流转市场会加剧农村内部收入差距吗？——基于江苏省四个县的调研》，《公共管理学报》2017 年第 1 期。

张建、王敏、诸培新：《农地流转政策执行偏差与农民土地权益保护——以江苏省某传统农业大县泗洪县为例》，《南京农业大学学报》（社会科学版）2017 年第 2 期。

张建、诸培新、王敏：《政府干预农地流转：农户收入及资源配置效率》，《中国人口·资源与环境》2016 年第 6 期。

张兰、冯淑怡、陆华良、曲福田：《农地不同流转去向对转出户收入的影响——来自江苏省的证据》，《中国农村观察》2017 年第 5 期。

张兰、冯淑怡、陆华良：《农地规模化经营的形成机理：基于农户微观决策视角》，《江海学刊》2016 年第 5 期。

张苇锟、何一鸣、罗必良：《土地流转市场发育对农户非农就业的影响——基于村庄土地流转"成本—规模"视角的考察》，《制度经济学研究》2020 年。

张五常：《佃农理论：应用于亚洲的农业和台湾的土地改革》，易宪容译，商务印书馆 2000 年版。

赵晓峰、赵祥云：《新型农业主体发展与中国农村基本经营制度变革》，《贵州社会科学》2018 年第 4 期。

郑旭媛、徐志刚：《资源禀赋约束、要素替代与诱致性技术变迁——以中国粮食生产的机械化为例》，《经济学》（季刊）2017 年第 1 期。

中国农业年鉴编辑委员会：《中国农业年鉴 2010—2016》，中国农业出版社。

中华人民共和国农业部：《2014 中国农业发展报告》，中国农业出版社 2014 年版。

中华人民共和国农业部：《2016 中国农业发展报告》，中国农业出版社 2016 年版。

钟甫宁、王兴稳：《现阶段农地流转市场能减轻土地细碎化程度吗？——来自江苏兴化和黑龙江宾县的初步证据》，《农业经济问题》2010 年第 1 期。

周怀龙：《如何走出土地流转"非粮化"困局》，《国土资源》2014 年第 8 期。

朱建军、胡继连、安康等：《农地转出户的生计策略选择研究——基于中国家庭追踪调查（CFPS）数据》，《农业经济问题》2016 年第 2 期。

诸培新、张建、张志林：《农地流转对农户收入影响研究——对政府

主导与农户主导型农地流转的比较分析》,《中国土地科学》2015
年第 11 期。

诸培新、张建:《我国农地规模流转中的市场缺陷及政府干预研究》,
《中国科技论文在线精品论文》2015 年第 1 期。

诸培新:《农地非农化配置:公平、效率与公共福利》,南京农业大
学,2005 年。

[美] 奥利佛·威廉姆森、斯科特·马斯滕编:《交易成本经济学》,
人民出版社 2010 年版。

[美] 斯科特:《农民的道义经济学:东南亚的反叛与生存》,译林
出版社 2013 年版。

[美] 西奥多·W. 舒尔茨:《改造传统农业》,商务印书馆 2009 年版。

[英] 配第 (W. Petty):《政治算术》,陈冬野译,商务印书馆 1978
年版。

[英] 亚当·斯密:《国富论》,商务印书馆 2015 年版。

[俄] A. 恰亚诺夫:《农民经济组织》,萧正洪译,中央编译出版社
1996 年版。

二 外文文献

Adams R. H. , "Nonfarm Income, Inequality, and Land in Rural E-
gypt", *Economic Development and Cultural Change*, 1999, 50 (2) .

Anderson T. W. , Hsiao C. , "Estimation of Dynamic Models with Error
Components", *Publications of the American Statistical Association*,
1981, 76 (375) .

Arrow K. J. , "Essays in the Theory of Risk-Bearing", *Journal of Politi-
cal Economy*, 1971, 27 (5) .

Asfaw S. , Pallante G. , Palma A. , "Diversification Strategies and Ad-
aptation Deficit: Evidence from Rural Communities in Niger", *World
Development*, 2018, 101.

Bao H. , Peng Y. , "Effect of land expropriation on land-lost farmers' entrepreneurial action: A case study of Zhejiang Province", *Habitat International*, 2016, 53.

Barrett C. B. , Bezuneh M. and Aboud A. , "Income Diversification, Poverty Traps and Policy Shocks in C? te d'Ivoire and Kenya", *Food Policy*, 2001, 26 (4) .

Berg M. V. D. , "Household Income Strategies and Natural Disasters: Dynamic Livelihoods in Rural Nicaragua," *Ecological Economics*, 2010, 69 (3) .

Bhandari P. , "Relative Deprivation and Migration in an Agricultural Setting of Nepal", *Population & Environment*, 2004, 25 (5) .

Bourguignon F. , Fournier M. , Gurgand M. , et al. , "Selection Bias Corrections Based on the Multinomial Logit Model: Monte-Carlo Comparisons" , *Journal of Economic Surveys*, 2007, 21 (1) .

Bowman M. S. , Zilberman D. , "Economic Factors Affecting Diversified Farming Systems", *Ecology & Society*, 2013, 18 (1) .

Brandt L. , Rozelle S. , "Land Rights in Rural China: Facts, Fictions and Issues", *The China Journal*, 2002, 47 (47) .

Byerlee D. , Klaus Deininger, "The Rise of Large Farms in Land-Abundant Countries: Do They Have a Future?", *World Development*, 2012, 40 (4) .

Cai F. , Wang D. , and Du, Y. , "Regional Disparity and Economic Growth in China: The Impact of Labor Market Distortions", *China Economic Review*, 2002, 13 (2 – 3) .

Cai F. , Wang M. , "A Counterfactual Analysis on Unlimited Surplus Labor in Rural China", *China & World Economy*, 2008, 16 (1) .

Cameron A. C. , Trivedi P. K. , "Microeconometrics: methods and applications", Cambridge University Press, 2005.

Cappellari L. , Jenkins S. P. , "Multivariate Probit Regression using Simulated Maximum Likelihood", *The Stata Journal*, 2003, 3 (3).

Carter C. A., Chen J., Chu B., ":Agricultural Productivity Growth in China: farm Level Versus Aggregate Measurement", *China Economic Review*, 2003, 14 (1).

Carter M. R., Yao Y., "Local versus Global Separability in Agricultural Household Models: The Factor Price Equalization Effect of Land Transfer Rights", *American Journal of Agricultural Economics*, 2002, 84 (3).

Chamberlin J., Rickergilbert J., "Participation in Rural Land Rental Markets in Sub-Saharan Africa: Who Benefits and by How Much? Evidence from Malawi and Zambia", *American Journal of Agricultural Economics*, 2016, 98 (3).

Chambers R., Conway G. R., "Sustainable Rural livelihoods: Practical concepts for the 21st century", IDS Discussion Paper No. 296. Brighton, Institute of Development Studies, 1992, 296.

Chavas J. P., Salvatore D. F., "On the Role of Risk Versus Economies of Scope in Farm Diversification With an Application to Ethiopian Farms", *Journal of Agricultural Economics*, 2012, 63 (1).

Chen H., Zhu T., Krott M., et al., "Measurement and evaluation of livelihood assets in sustainable forest commons governance", *Land Use Policy*, 2013, 30 (1).

Chibwana C., Fisher M., Shively G., "Cropland Allocation Effects of Agricultural Input Subsidies in Malawi", *World Development*, 2012, 40 (1).

Cinner J. E., Mcclanahan T. R., Wamukota A., "Differences in livelihoods, socioeconomic characteristics, and knowledge about the sea between fishers and non-fishers living near and far from marine parks on the Kenyan coast", *Marine Policy*, 2010, 34 (1).

De Brauw A., Giles J., "Migrant Labor Markets and the Welfare of Ru-

ral Households in the Developing World: Evidence from China",
World Bank Economic Review, 2018, 32 (1).

Deininger K., Jin S., Nagarajan H. K., et al., "Efficiency and Equity
Impacts of Rural Land Rental Restrictions: Evidence from India", *Eu-
ropean Economic Review*, 2008, 52 (5).

Deininger K., Jin S., Xia F. et al., "Moving Off the Farm: Land In-
stitutions to Facilitate Structural Transformation and Agricultural Produc-
tivity Growth in China", *World Development*, 2014, 59 (c).

Deininger K., Jin S., "Securing Property Rights in Transition: Lessons
from Implementation of China's Rural Land Contracting Law", *Policy
Research Working Paper*, 2009, 70 (1-2).

Deininger K., Jin S., "The Potential of Land Rental Markets in the
Process of Economic Development: Evidence from China", *Journal of
Development Economics*, 2005, 78 (1).

Deininger K., Zegarra E., Lavadenz I., "Determinants and Impacts of
Rural Land Market Activity: Evidence from Nicaragua", *World Devel-
opment*, 2003, 31 (8).

DFID: Sustainable Livelihoods Guidance Sheets, London, 1999.

Djido A. I., Shiferaw B. A., "Patterns of Labor Productivity and Income
Diversification-Empirical Evidence from Uganda and Nigeria", *World
Development*, 2018, 105.

Ellen B. McCullough, "Labor Productivity and Employment Gaps in Sub-
Saharan Africa", *Food Policy*, 2017, 67.

Ellis F., "Household Strategies and Rural Livelihood Diversification",
Journal of Development Studies, 1998, 35 (1).

Ellis F., "The Determinants of Rural Livelihood Diversification in Devel-
oping Countries", *Journal of Agricultural Economics*, 2000, 51
(2).

Falco S. D., Veronesi M., "How Can African Agriculture Adapt to Climate Change?: A Counterfactual Analysis from Ethiopia", *Social Science Electronic Publishing*, 2012, 89 (4).

Fan S., Chan-Kang C., "Is small beautiful? Farm size, productivity, and poverty in Asian agriculture", *Agricultural Economics*, 2010, 32 (s1).

Fan S., Zhang, et al., "Infrastructure and regional economic development in rural China", *China Economic Review*, 2004, 15 (2).

Fang Y., Fan J., Shen M. et al., "Sensitivity of Livelihood Strategy to Livelihood Capital in Mountain Areas: Empirical Analysis Based on Different Settlements in the Upper Reaches of the Minjiang River, China", *Ecological Indicators*, 2014.

FAO. Rapid Guide for Missions: Analyzing Local Institutions and Livelihoods, Institutions for Rural Development, 2005.

Feng S., Heerink N., Ruben R. et al., "Land rental market, off-farm employment and agricultural production in Southeast China: A plot-level case study", *China Economic Review*, 2010, 21 (4).

Feng S., Heerink N., "Are farm Households' land renting and migration decisions inter-related in rural China?", *Njas Wageningen Journal of Life Sciences*, 2008, 55 (4).

Ganesh Shivakoti, Shiddi Shrestha, "Analysis of Livelihood Asset Pentagon to Assess the Performance of Irrigation Systems", *Water International*, 2005, 30 (3).

Gelder J. L. V., "What Tenure Security? The case for a tripartite view", *Land Use Policy*, 2010, 27 (2).

Gollin D., Lagakos D., Waugh M. E. et al., "The Agricultural Productivity Gap", *Quarterly Journal of Economics*, 2014, 129 (2).

Goodwin B. K., Mishra A. K., "Farming Efficiency and the Determinants of Multiple Job Holding by Farm Operators", *American Journal of Agricultural Economics*, 2004, 86 (3).

Hogarth N. J. , Belcher B. , "The contribution of bamboo to household income and rural livelihoods in a poor and mountainous county in Guangxi, China", *International Forestry Review*, 2013, 15 (1) .

Huang J. K. , Jiang J. , Wang J. X. , and Hou L. L. , "Crop diversification in coping with extreme weather events in China", *Journal of Integrative Agriculture*, 2014, 13 (4) .

Huang J. , Ding J. , "Institutional innovation and policy support to facilitate small - scale farming transformation in China", *Agricultural Economics*, 2015, 47 (S1) .

Huang J. , Gao L. , Rozelle S. , "The effect of off - farm employment on the decisions of households to rent out and rent in cultivated land in China", *China Agricultural Economic Review*, 2012, 4 (1) .

Huber F. K. , Yang Y. , Weckerle C. S. et al. , "Diversification of Livelihoods in a Society in Transition: A Case Study of Tibetan Communities in Southwest China", *Society & Natural Resources*, 2014, 27 (7) .

IFPRI, 2015 Annual Report, Washington, D. C. : International Food Policy Research Institute, 2016.

Ito J. , Bao Z. , Ni J. , "Land rental development via institutional innovation in rural Jiangsu, China", *Food Policy*, 2016, 59.

Ito J. , "Inter-regional difference of agricultural productivity in China: Distinction between biochemical and machinery technology", *China Economic Review*, 2010, 21 (3) .

Jansen H. G. P. , Pender J. , Damon A. et al. , "Policies for sustainable development in the hillside areas of Honduras: a quantitative livelihoods approach", *Agricultural Economics*, 2010, 34 (2) .

Jia X. P. , Luan, et al. , "A Comparative Analysis of the Use of Microfinance and Formal and Informal Credit by Farmers in Less Developed Areas of Rural China", *Development Policy Review*, 2015, 33 (2) .

Jiao X. , Pouliot M. , Walelign S. Z, et al. , "Livelihood Strategies and Dynamics in Rural Cambodia" , *World Development*, 2017, 97.

Jin S. , Deininger K. , "Land rental markets in the process of rural structural transformation: Productivity and equity impacts from China", *Journal of Comparative Economics*, 2009, 37 (4) .

Jin, S. and Jayne T. S. , "Land rental markets in Kenya: implications for efficiency, equity, household income, and poverty", *Land Economics*, 2013, 89 (2) .

Kar G. , Singh R. , Verma H. N. , "Alternative cropping strategies for assured and efficient crop production in upland rainfed rice areas of eastern India based on rainfall analysis", *Agricultural Water Management*, 2004, 67 (1) .

Kasem S. , Thapa G. B. , "Crop diversification in Thailand: Status, determinants, and effects on income and use of inputs", *Land Use Policy*, 2011, 28 (3) .

Kemper N. , Ha L. V. , Klump R. , "Property Rights and Consumption Volatility: Evidence from a Land Reform in Vietnam", *World Development*, 2015, 71.

Khatiwada S. P. , Wei D , Bikash P , et al. , "Household Livelihood Strategies and Implication for Poverty Reduction in Rural Areas of Central Nepal", *Sustainability*, 2017, 9.

Kimura S. , Otsuka K. , Sonobe T. et al. , "Efficiency of Land Allocation through Tenancy Markets: Evidence from China", *Economic Development & Cultural Change*, 2011, 59 (3) .

Kochar A. , "Does lack of access to formal credit constrain agricultural production? Evidence from the land tenancy market in rural India", *American Journal of Agricultural Economics*, 1997. 79 (3) .

Kung J. K. , "Off-farm labor markets and the emergence of land rental markets in rural China", *Journal of Comparative Economics*, 2002, 30 (2).

Lawlor K. , Weinthal E. , Olander L. et al. , "Institutions and Policies to Protect Rural Livelihoods in REDD + Regimes", *Global Environmental Politics*, 2010, 10 (4) .

Lewis W. A. , "Economic Development with Unlimited Supplies of Labour", *The Manchester School*, 1954, 22 (2) .

Li L. , Wang C. , Segarra E. et al. , "Migration, remittances, and agricultural productivity in small farming systems in Northwest China", *China Agricultural Economic Review*, 2013, 5 (1) .

Liu J. , "Ageing, migration and familial support in rural China", *Geoforum*, 2014.

Liu X. and Lynch L. , "Do agricultural land preservation programs reduce farmland loss? Evidence from a propensity score matching estimator", *Land Economics*, 2011, 87 (2) .

Liu Y. , Wang C. , Tang Z. et al. , "Will farmland transfer reduce grain acreage? Evidence from Gansu province, China", *China Agricultural Economic Review*, 2018, 10 (2) .

Liu Z. X. , Liu L. , "Characteristics and driving factors of rural livelihood transition in the east coastal region of China: A case study of suburban Shanghai", *Journal of Rural Studies*, 2016.

Liu Z. , Lan J. , "The Sloping Land Conversion Program in China: Effect on the Livelihood Diversification of Rural Households", World Development. , 2015, 70 (C) .

Liu Z. , Rommel J. , Feng S. et al. , "Can land transfer through land cooperatives foster off-farm employment in China?" *China Economic Review*, 2017.

Loison S. A. , "Rural Livelihood Diversification in Sub-Saharan Africa: A Literature Review", *Journal of Development Studies*, 2015, 51 (9) .

Long H. , Tu S. , Ge D. et al. , "The allocation and management of critical resources in rural China under restructuring: Problems and prospects", *Journal of Rural Studies*, 2016, 47 (47).

Kassie M., Teklewold H., Marenya P. et al., "Production Risks and Food Security under Alternative Technology Choices in Malawi: Application of a Multinomial Endogenous Switching Regression", *Journal of Agricultural Economics*, 2015, 66 (3).

Macours K., De Janvry A., Sadoulet E. et al., "Insecurity of Property Rights and Matching in the Tenancy Market", *European Economic Review*, 2010, 54 (7).

Mckinley T., Grifffin K., "The Distribution of Land in Rural China", *The Journal of Peasant Studies*, 1993, 21.

Mcnamara K. T., Weiss C., "Farm Household Income and On-and Off-Farm Diversification", *Journal of Agricultural and Applied Economics*, 2005, 37 (01).

Minale, L., "Agricultural productivity shocks, labour reallocation and rural-urban migration in China", *Journal of Economic Geography*, 2018, 18.

Mishra A. K., Fannin J. M., Joo H., "Off-Farm Work, Intensity of Government Payments, and Farm Exits: Evidence from a National Survey in the United States", *Canadian Journal of Agricultural Economics/revue Canadienne Dagroeconomie*, 2014, 62 (2).

Nielsen O. J., Rayamajhi S., Uberhuaga P. et al., "Quantifying rural livelihood strategies in developing countries using an activity choice approach", *Agricultural Economics*, 2013, 44 (1).

Popkin S. L., "The rational peasant: the political economy of rural society in Vietnam", Univ of California Pr, 1979.

Pratt J. W., "Risk Aversion in the Small and in the Large", *Econometrica*, 1964, 32 (2).

Qian F. Z., Ma Q., Xu X., "Development of Land Rental Markets in Rural Zhejiang: Growth of Off-Farm Jobs and Institution Building",

The China Quarterly, 2004 (180) .

Qian W. , Wang D. , Zheng L. , "The impact of migration on agricultural restructuring: Evidence from Jiangxi Province in China", *Journal of Rural Studies*, 2016, 47.

Rakodi C. , "A Capital Assets Framework for Analysing Household Livelihood Strategies: Implications for Policy", *Development Policy Review*, 2010, 17 (3) .

Robison, L. J. , Barry, P. J. , Competitive firm's response to risk, Macmillan, 1987.

Samuel P. , "Rational Peasant: The Political Economy of Rural Society in Vietnam" , University of Califorlia Press. 1979.

Scoones, I. , "Sustainable rural livelihoods: a framework for analysis", IDS working paper, 1998.

Shi X. , Chen S. , Ma X. et al. , "Heterogeneity in Interventions in Village Committee and Farmland Circulation: Intermediary Versus Regulatory Effects", *Land Use Policy*, Land Use Policy, 2018, 74.

Shi X. , Heerink N. , Qu F. , "Choices Between Different Off-farm Employment Sub-categories: an Empirical Analysis for Jiangxi Province, China", *China Economic Review*, 2007, 18 (4) .

Siciliano G. , "Urbanization strategies, rural development and land use changes in China: A multiple-level integrated assessment", *Land Use Policy*, 2012, 29 (1) .

Smith, R. E. , "Land tenure, fixed investment, and farm productivity: Evidence from Zambia's Southern Province ", *World Development*, 2004, 32 (10) .

Su W. , Eriksson T. , Zhang L. et al. , "Off-farm employment and time allocation in on-farm work in rural China from gender perspective", *China Economic Review*, 2016, 41.

Tang L. , Ma X. L. , Zhou Y. P. , et al. , "Social relations, public interventions and land rent deviation: Evidence from Jiangsu Province in China-ScienceDirect", *Land Use Policy*, 2019, 86.

Uchida E., Rozelle S., Xu J. T., "Conservation payments, liquidity constraints, and off-farm labor: impact of the Grain-for-Green program on rural households in China", *American Journal of Agricultural Economics*, 2009, 91 (1).

Vermunt J. K., Magidson J., "Latent GOLD 5.0 upgrade manual", Belmont, MA: Statistical Innovations Inc., 2013.

Walelign S. Z., Pouliot, et al., "Combining household income and asset data to identify livelihood strategies and their dynamics", *The Journal of Development Studies*, 2017, 53.

Wang H., Riedinger J., Jin S., "Land documents, tenure security and land rental development: Panel evidence from China", *China Economic Review*, 2015, 36.

Wang J., Chen K. Z., Gupta S. D. et al., "Is small still beautiful? A comparative study of rice farm size and productivity in China and India", *China Agricultural Economic Review*, 2015, 7 (3).

Wang X., Huang J., Rozelle S., "Off-farm employment and agricultural specialization in China", *China Economic Review*, 2016, 42.

Winters P. C., Corral L., Gordillo G., "Rural Livelihood Strategies and Social Capital in Latin America: Implications for Rural Development Projects", *Working Papers*, 2001.

Wooldridge, J. M., Econometric analysis of cross section and panel data, MIT press, 2010.

Xie Y., Hu J., "An Introduction to the China Family Panel Studies (CFPS)", *Chinese Sociological Review*, 2014, 47 (1).

Yao Y., "Egalitarian land distribution and labor migration in rural China", *China Center for Economic Research Working Paper Series*, 2001 (E2001007).

Yao Y. , "The Development of the Land Lease Market in Rural China", *Land Economics*, 2000, 76 (2) .

Yao W. , Hamori S. , "The long-run relationship between farm size and productivity: A re-examination based on Chinese household aggregate panel data", *China Agricultural Economic Review*, 2018.

Yi C. , "Off-farm employments and land rental behavior: evidence from rural China", *China Agricultural Economic Review*, 2016, 8 (1) .

Yi F. , Sun D. , Zhou Y. , "Grain subsidy, liquidity constraints and food security-Impact of the grain subsidy program on the grain-sown areas in China", *Food Policy*, 2015, 50 (50) .

Yu X. H. , Zhao G. Q. , "Chinese agricultural development in 30 years: a literature review", *Frontiers of Economics in China*, 2009, 4 (4) .

Zasada I. , "Multifunctional peri-urban agriculture-A review of societal demands and the provision of goods and services by farming", *Land Use Policy*, 2011, 28 (4) .

Zhai N. X. , Xiang G. Q. , "Employment status, constraints and policy support of land-lost farmers in the process of urbanization" , *Chinese Public Administration* , 2012, 2.

Zhang J. , Mishra A. K. , Zhu P. , "Identifying livelihood strategies and transitions in rural China: Is land holding an obstacle?" , *Land Use Policy*, 2019, 80.

Zhang L. , Dong Y. , Liu C. et al. , "Off-farm employment over the past four decades in rural China", *China Agricultural Economic Review*, 2018, 10 (2) .

Zhang L. , Feng S. , Heerink N. et al. , "How do land rental markets affect household income? Evidence from rural Jiangsu, P. R. China", *Land Use Policy*, 2018, 74.

Zhang L. , Huang J. , Rozelle S. , "Employment, emerging labor markets, and the role of education in rural China", *China Economic Review*, 2002, 13 (2).

Zhang Q. F., Ma Q., Xu X., "Development of Land Rental Markets in Rural Zhejiang: Growth of Off-Farm Jobs and Institution Building", *China Quarterly*, 2004, 180 (180).

Zhang X., Yang J., Thomas R., "Mechanization outsourcing clusters and division of labor in Chinese agriculture", *China Economic Review*, 2017, 43.

Zhang, Q. F., "Retreat from equality or advance towards efficiency? Land markets and inequality in rural Zhejiang", *The China Quarterly*, 2008, 195.

Zhao J., Barry P. J., "Implications of different income diversification indexes: the case of rural China", *Economics & Business Letters*, 2013, 2 (1).

Zhao X., Lynch J. G., Chen Q., "Reconsidering Baron and Kenny: Myths and Truths about Mediation Analysis", *Social Science Electronic Publishing*, 2010, 37 (2).

Zhen N., Fu B., Lü Y. et al., "Changes of livelihood due to land use shifts: A case study of Yanchang County in the Loess Plateau of China", *Land Use Policy*, 2014, 40 (40).

索　引